Ganz anders tritt Satan aus der
brennenden Brust der Hexe, lebendig, bewaffnet
und zu allem bereit. Sosehr wir uns auch
vor ihm fürchten, ohne ihn, laßt es uns gestehen,
wären wir vor Langeweile gestorben."

Jules Michelet, „Die Hexe"

Jean-Michel Sallmann wurde am 15. Januar 1950 geboren.
Er unterrichtet Neuere Geschichte an der Universität
Paris-Nanterre. In seiner Forschung beschäftigte er sich mit
der kulturellen und religiösen Geschichte Italiens seit der
Renaissance. Nach einer Studie über die Magie des
16. Jahrhunderts an Hand der Inquisitionsprozesse arbeitet
er zur Zeit an einem Buch über die Heiligen im Königreich
von Neapel während der Gegenreformation.

Deutsche Textfassung: Martine Kass
Wissenschaftliche Bearbeitung:
Dr. Dr. Ulrich Knefelkamp, Historiker

ABENTEUER GESCHICHTE

Deutsche Erstausgabe als Ravensburger Taschenbuch
© 1991 Ravensburger Buchverlag Otto Maier GmbH

Die Originalausgabe erschien unter dem Titel
„Les Sorcières – Fiancées de Satan"
© 1987 Editions Gallimard, Paris

Redaktion der deutschen Fassung: Martin Sulzer

Alle Rechte dieser Ausgabe vorbehalten durch
Ravensburger Buchverlag Otto Maier GmbH
Satz: Eduard Weishaupt, Meckenbeuren
Printed in Italy by Soc. Editoriale Libraria

5 4 3 2   95 94 93 92

ISBN 3-473-51021-1

HEXENSABBAT

Jean-Michel Sallmann

Otto Maier Ravensburg

ERSTES KAPITEL

WIE ENTSTAND DIE HEXEREI?

Der Hexenglaube ist weder ein Ur- noch ein Aberglaube. Er ist eine mögliche Darstellung der Welt und der unsichtbaren Kräfte, die in ihr walten. Hexensabbate und schwarze Messen, die berüchtigten Inquisitionsprozesse und die Scheiterhaufen aber sind ein Teil der Geschichte, mit einem Anfang und einem Ende.

Der Maler und Kupferstecher Hans Baldung Grien (1484–1545) ist ein Zeitgenosse der ersten Hexenjagd am Ende des Mittelalters. Mehrere seiner Werke illustrieren das Aufkommen des Mythos von der Dämonenverschwörung in Süddeutschland.

Mitte des 15. Jahrhunderts ist
Arras, die Hauptstadt der Grafschaft Artois, eine blühende
und, für die schwierige Wirt-
schaftslage am Ende des
Mittelalters, prosperierende
Stadt. Sie gehört noch nicht
zum französischen Königreich,
sondern ist Teil des großen
Konglomerats einzelner Staaten,
die zum Besitz des Herzogs
Philipp des Guten von Burgund
zählen. Ab 1459 jedoch kommt es
in der Stadt zu einem Ereignis,
das sowohl das wirtschaftliche als
auch das politische Leben von
Grund auf erschüttert.

**<u>1459 werden in der Grafschaft
Artois ein Eremit und mehrere
andere Verdächtige der Hexerei
angeklagt und auf dem Scheiterhaufen verbrannt.</u>**

Es beginnt in Langres, einer kleinen Stadt in Burgund. Dort wird
1459 während der Generalver-
sammlung des Dominikaner-
ordens ein aus dem Artois
stammender Eremit, Robert
de Vaulx, der Hexerei angeklagt
und zum Tode verurteilt. Vor
seiner Hinrichtung belastet
er zwei Komplizen: Demiselle,
eine Prostituierte aus Douai,
und Jean Lavite, einen Maler
aus Arras, der dort auch wegen
seiner Gedichte zu Ehren der
Jungfrau Maria bekannt ist.
Nach ihrer Festnahme wird der
Fall auf Wunsch des zuständigen *Inquisitors** Pierre Le
Broussart durch das bischöf-
liche Gericht untersucht. Zwei
Richter werden mit dem Fall

betraut: Jacques Dubois, Doktor der Theologie und Domherr von Arras, und Jean de Beyrouth, der Weihbischof des Bistums Arras. Bei beiden handelt es sich um angesehene Persönlichkeiten und intellektuelle Größen. Der Franziskaner Jean de Beyrouth war 1450 sogar in Rom Beichtvater des Papstes gewesen.

Unterstützt von herzoglichen Beamten führen die beiden Richter eine gründliche Untersuchung durch. Sie nehmen die beiden Angeklagten in ein scharfes Verhör und greifen schließlich zur Folter. Nach langem Weigern gestehen die beiden Unglücklichen, daß sie Hexe und Hexer seien, und denunzieren weitere Komplizen. Im Mai 1460 werden alle zusammen zu der in der Stadtmitte errichteten Hinrichtungsstätte geführt. Auf dem Kopf tragen sie eine Bischofsmitra mit einer Abbildung des Teufels. Der Inquisitor Pierre Le Broussart liest dem aufgeputzten Volk die Liste ihrer Vergehen vor und übergibt sie dann der weltlichen Gerichtsbarkeit, damit sie hingerichtet werden können. Die Verurteilten werden verbrannt, und ihre Asche wird verstreut.

Bei den ersten Hexern und Hexen handelt es sich um Waldenser, Ketzer, die angeblich einem Satanskult anhängen.

Die Jünger des Petrus Waldus, eines Kaufmanns aus Lyon, der im 13. Jahrhundert die kirchliche Armut gepredigt und praktiziert hatte, wurden vom Papst zu Ketzern erklärt und mußten sich schließlich in den hochgelegenen Alpenländern versteckt halten. In diesem Kontext der Ketzerei wächst der Mythos der Hexerei. Aber was wird den ersten Hexern und

Die spanische Inquisition erlangt Ende des 15. und Anfang des 16. Jahrhunderts vor allem durch ihre Grausamkeit Berühmtheit. Die Hauptopfer ihrer Verfolgung sind konvertierte Juden, Morisken und Häretiker.

Die Opfer der Inquisition (links) werden häufig mit dem „sanbenito", dem Schandgewand, bekleidet. Vor dem Prozeß wird es ihnen ausgezogen und an den Gewölben der Kathedrale aufgehängt. Dadurch soll die Schande auch auf die Nachkommen des Verurteilten übergehen.

*kursive Begriffe siehe Glossar Seite 215.

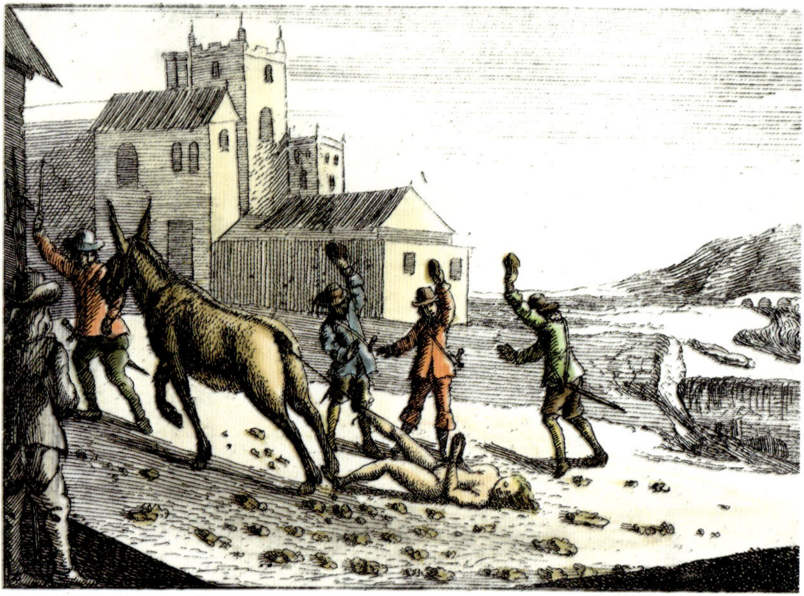

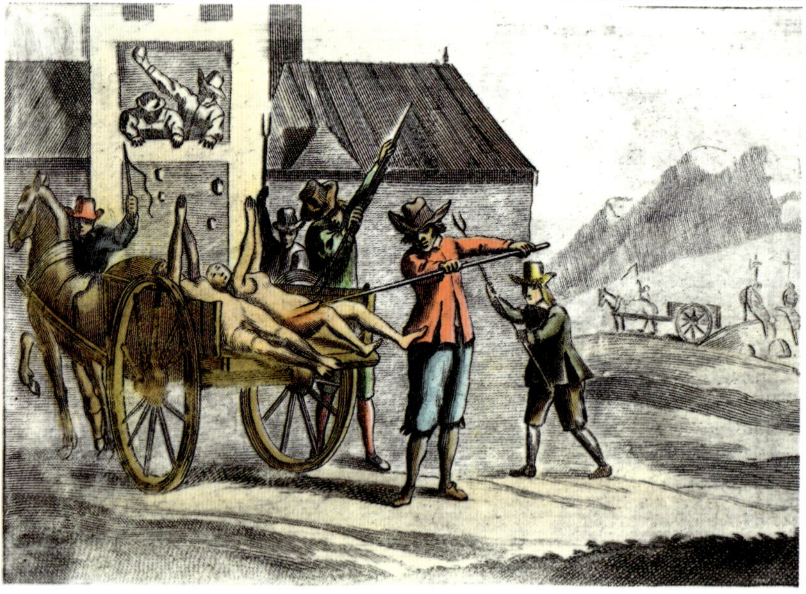

Obwohl sie bereits 1184 vom Veroneser Konzil aus der Kirche ausgeschlossen und im 13. Jahrhundert beinahe vernichtet werden, breiten sich die Waldenser in Frankreich, Italien, den Territorien der heutigen Schweiz, Österreichs und Deutschlands weiter aus. Ab 1555 bauen sie Kirchen in den waadtländischen Tälern und halten öffentliche Messen ab. Dies führt zur weiteren Verbreitung ihres Glaubens. Die Waldenser aus Apulien, Kalabrien und Piemont werden zwischen 1650 und 1750 wiederholt verfolgt.

Hexen eigentlich vorgeworfen? Die Chronisten berichten von den Verbrechen, derer sie angeklagt werden und die sie unter der Folter gestehen. Danach bilden die Waldenser aus Arras eine im Dienst des Teufels stehende Sekte. Bevor sie sich zur „Waldenserei" bzw. zum Hexensabbat begeben, ölen sie ihren Körper mit einer speziellen Salbe ein. Auf dem kleinen Stab, den sie zum Einsalben benutzen, können sie davonfliegen und sehr schnell große Distanzen zurücklegen. Die Stelle, an der der Sabbat stattfindet, befindet sich in einem kleinen Wald in der Nähe von Arras. Hier erwartet die Waldenser ein großer Teufel in Gestalt eines Ziegenbocks, eines Hundes, eines Affen oder eines Menschen. Die Anwesenden beten ihn an, während er eine Predigt gegen die christliche Religion hält. Der Sabbat setzt sich mit einem großen Gelage fort, das in einer hemmungslosen Orgie endet. Während des Sabbats müssen die Hexer und Hexen der Religion entsagen, Gott, die Dreifaltigkeit und die Jungfrau Maria verfluchen, das Kreuz mit Füßen treten und daraufspucken. Die Zeremonie endet mit einer schwarzen Messe, während der das Abendmahl an Kröten verteilt wird, die man dann verbrennt. Ihre Asche wird ein Bestandteil der Hexensalben. Dann machen die Hexen die Felder unfruchtbar, töten Menschen und Vieh, bewirken Stürme und Gewitter und verursachen Epidemien.

Diese unglaublichen Geständnisse werden von den Richtern aus den Angeklagten herausgepreßt, meist mit der Zusicherung, daß sie dadurch ihr Leben retten könnten. Dennoch enden auch die meisten Geständigen auf dem Scheiterhaufen: um durch das reinigende Feuer die verirrten Seelen zu retten, wie es in offiziellen Kirchenquellen heißt.

Der Fall der „Waldenserei" von Arras lebt wieder auf, als im Lauf der Untersuchungen Honoratioren der Stadt angezeigt werden.

Im Juli 1460 werden der Bürger und Schöffe Antoine Sacquespée, der Schöffe Jean Josset und der Wachtmeister Henri de Royville in Arras festgenommen. Guillaume

In den ersten Versionen des Alten Testaments ist Jahwe der Herr des Universums, der Verursacher von Gut und Böse. Erst im 6. Jahrhundert v. Chr. trennt sich die Gestalt Satans (hebräisch: „Feind") von der Gestalt Gottes und wird zur Ursache der Sünde.

Lefebvre, ein weiterer Schöffe, und Martin Cornille, Zolleinnehmer des Herzogs von Burgund, suchen ihr Heil in der Flucht.

Anschließend werden noch weitere Honoratioren beschuldigt und ins Gefängnis geworfen, unter ihnen reiche Bürger und sogar Adlige wie z. B. Payen de Beaufort. Solange das Verbrechen der Hexerei sich auf Angehörige der niederen sozialen Klassen beschränkte, tolerierte man die Sache. Aber mit der Beschuldigung der herrschenden Schicht beginnt das soziale Gleichgewicht der

„Durch die Mißstände der zweiten Hälfte des 14. Jahrhunderts – Hungersnöte, Pest, Hundertjähriger Krieg, Bürgerkriege und Revolten, Großes Schisma und Einfall der Türken in Europa – bekamen (die Menschen) das Gefühl, als befänden sie sich in einer Zeit nicht enden wollenden Unglücks, die nur durch die Exzesse einer sündigen Menschheit und Kirche erklärt werden konnte. Alles ging drunter und drüber, und es schien, als könne der Ausgang einer solchen Krise nur das Letzte Gericht sein."
J. Delumeau,
„Angst im Abendland"

Stadt aus den Fugen zu geraten. Im gesamten französischen Königreich wird den Kaufleuten von Arras kein Kredit mehr gewährt: Alle werden der Hexerei verdächtigt. Auf Antrag des Ritters von Beaufort wird der Fall nach Brüssel übertragen.

Philipp der Gute beruft eine Versammlung von Geistlichen in Löwen ein, um ihr Gutachten über den Fall einzuholen, und läßt den Ablauf des Prozesses durch seinen Herold verfolgen. Am 22. Oktober 1460 findet vor dem bischöflichen Palast in Arras ein letztes Schauspiel von

Ketzerverurteilung statt. Von den vier Angeklagten wird einer der weltlichen Macht ausgeliefert und hingerichtet. Die anderen drei werden zu mehr oder weniger langen Gefängnisstrafen und schweren Geldbußen verurteilt.

Doch damit ist die Sache nicht getan. Dem eingekerkerten Payen de Beaufort gelingt es, aus dem Gefängnis heraus vor dem Obersten Gerichtshof, dem Parlament von Paris, Berufung einzulegen. Durch seine Herkunft verfügt er über genügend Unterstützung, daher gelingt es den Opfern der Verfolgung, Gehör zu finden. Doch dies geschieht nicht ohne Schwierigkeiten, da man sich vielerorts bemüht, ihre Klagen zu ersticken. Als der Berufungsprozeß 1491 endet, ist Jacques Dubois, der fanatischste der Richter aus Arras, dem Wahnsinn verfallen und gestorben. Das Parlament von Paris fällt folgendes Urteil: Alle Richtersprüche werden für null und nichtig erklärt, und die noch lebenden Ankläger müssen eine Geldstrafe bezahlen. Das Geld wird dazu benutzt, Messen für die Verurteilten zu lesen und an der Stelle ihrer Hinrichtung ein Kreuz errichten zu lassen.

Philipp III. der Gute (1396–1467), Herzog von Burgund.

Die Verbindung von Ketzerei und Hexerei, die durch die Inquisition aufgebauscht wird, ist eine Erscheinung des 15. Jahrhunderts.

Heute geht ein großer Teil der Forscher davon aus, daß die Hexenjagd zwischen 1420 und 1430 in der Dauphiné,

den Französischen und Schweizer Alpen und im Jura begann. Dies entspricht in etwa dem Gebiet, in dem sich im 13. Jahrhundert die geflüchteten Waldenser angesiedelt hatten.

Der Mythos von der Verschwörung der Hexen[1] wird besonders durch die Inquisitoren gefördert, die Ketzer und Hexen mit gleichem Fanatismus verfolgen.

Der Hexenprozeß von Arras zeigt die Wirksamkeit der Methoden der Inquisition: die für sie typische Geheimhaltung der Prozeßeinleitung und der systematische Einsatz der Folter – bis zu 15mal bei einzelnen Angeklagten. Es ist leicht zu verstehen, daß sich daraus oft eine Kette von Denunziationen entwickelte.

Die Besonderheit des Prozesses von Arras liegt in seinem Ausgang. Es gelingt dem Inquisitor, einem dominikanischen Mönch, zwar, seinen Verdacht zu behaupten, doch der Herzog ist betroffen über die schnelle Ausbreitung der „Epidemie der Hexerei" und gebietet den Verfolgungen Einhalt. Obwohl sich die Löwener Theologen nicht über

Die Geburt des Hexenmythos und die Wellen von Hexenjagden müssen in dem sehr wirren religiösen Kontext des 15. und 16. Jahrhunderts gesehen werden. Das abendländische Christentum ist durch die Ketzereien entzweit und ab 1517 endgültig durch die protestantische Reformation getrennt. Die Hexerei ist in ihrer Art eine Antwort auf die religiösen Ängste der Zeit.

[1] Der Einfachheit halber wird von nun an nur noch der Begriff Hexe verwendet, auch wenn in der Geschichte der Hexenprozesse immer auch Männer betroffen waren.

den Prozeß einigen können, weigern sie sich, den Richtern von Arras zuzustimmen. Das Parlament von Paris rehabilitiert die Opfer.

Ende des 15. Jahrhunderts breitet sich der Glaube an die Hexerei immer weiter aus. Gleichzeitig entstehen auch die juristischen Mittel, die die Basis der großen Hexenjagd bilden. Noch ist der Widerstand gegen die Verfolgung stark genug, um den nur gelegentlich auftretenden Äußerungen von Intoleranz und Terror Einhalt zu gebieten. Doch nicht mehr lange...

Was ist Hexerei nun wirklich? In ihrer gutartigsten Form stellt sie eine außergewöhnliche Macht dar, in ihrer schlimmsten Form gilt sie als Antireligion.

Hexen sind dazu fähig, das Schicksal eines anderen Menschen durch rituelle oder symbolische Handlungen positiv oder negativ zu beeinflussen. Erst in den ersten Jahren des 15. Jahrhunderts erhält das Wort Hexe seine Bedeutung und steht von da an für einen Menschen, der vom Teufel mit übersinnlichen Kräften ausgestattet wird und sie zum Schaden seiner Mitmenschen nutzt.

Mit dem teuflischen Element erhält die Hexerei, zumindest in den Augen der Theoretiker, den Charakter einer Antireligion. Ihre Anhänger haben sich dem

Das Christentum am Ende des Mittelalters ist deutlich manichäistisch geprägt, dem Dualismus zwischen Gott und Satan, Gut und Böse. Die Dämonen können im wahrsten Sinne des Wortes von einem menschlichen Körper Besitz ergreifen.

„Ihr aber, Fürsten, die Ihr auf Christi Namen getauft seid und Christus angezogen habt, laßt ab und haltet Euch fern von jedem heidnischen Götzendienst, indem Ihr nicht nur Euch selbst bessert, sondern auch Eure Untergebenen. Wahrsager und Losdeuter, Opfer für Tote an Hainen und Quellen, Vorzeichen, Amulette,

Teufelskult geweiht. Ein Charakteristikum des ausgehenden Mittelalters ist es, Satan als mächtigen und omnipräsenten Übeltäter darzustellen und ihn für sämtliches Unglück verantwortlich zu machen.

Daraus entsteht die Idee des Kampfes um die Herrschaft über die Welt zwischen Gott, dem Prinzip des Guten, und Satan, dem Prinzip des Bösen. Vor allem bei den Katholiken herrscht diese Vorstellung bis weit in die Neuzeit hinein vor.

Beschwörer, Zauberer, d. h. Behexer, und gotteslästerliche Bräuche, wie sie in Eurem Land vorzukommen pflegen, weist zurück, unterbindet und wendet Euch ganz Gott zu."
Papst Gregor III. 738 an den Adel von Hessen und Thüringen

Häretiker, Ketzer und Juden werden der Hexerei verdächtigt.

Der Glaube an die Existenz einer den Teufel anbetenden Sekte besteht ab dem 11. Jahrhundert und stellt den stereotypen Vorwurf dar, wenn Kleriker häretische oder angeblich häretische Gruppen aus der Kirche ausschließen wollen.

Um ihre Unterdrückung zu legitimieren, werden die „Ketzer" vor der Öffentlichkeit in den schwärzesten Farben dargestellt. Man sagt ihnen Teufelsanbetung, das Verfluchen der christlichen Religion, das Abhalten schwarzer Messen, das Begehen ritueller Morde, Kannibalismus und sexuelle Promiskuität nach.

Wie die meisten häretischen Bewegungen werden auch die Waldenser und die Fraticelli, eine Sekte, die sich im 13. Jahrhundert von den Franziskanern abspaltete und

Das Klischee der rituellen Ermordung kleiner Kinder wird bereits von den römischen Offizialen gegen die ersten Christen benutzt. Diese verwenden es gegen die Juden, bevor sie es gegen die Häretiker und schließlich gegen die Hexen einsetzen. Seit dem 13. Jahrhundert gehen die französischen Könige systematisch gegen die Juden vor, weniger aus religiösem Eifer als vielmehr aus Geldgier.

die Rückkehr der Kirche zur christlichen Armut verlangte, dieser Greueltaten beschuldigt.

Die gleichen Vorwürfe werden bei jeder neuen Verfolgung auch gegen die Juden erhoben. Diese Anklagen dienen als wirksamer Vorwand, um sie aus dem Reich zu verjagen und ihre Güter dem Schatz des Herrschers einzuverleiben. Der Begriff des Hexen- oder Teufelssabbats, der in der Literatur der Hexenverfolgung immer wiederkehrt, entstammt zweifelsohne dem antisemitischen Wortschatz.

Ähnliche Anschuldigungen werden Anfang des 14. Jahrhunderts auch vom französischen König gegen die Templer benutzt. Indem er sie des Paktes mit dem Teufel anklagt, gelingt es Philipp dem Schönen und seinem Berater Guillaume de Nogaret, die oberen Würdenträger des Ritterordens zu eliminieren. Sie werden zum Scheiterhaufen verurteilt, der Orden wird aufgelöst, und seine immensen Besitztümer füllen die leeren königlichen Kassen.

Am Ende des Mittelalters gibt es noch viele Leprakranke. Aus der Gesellschaft ausgeschlossen und von der Seuche gezeichnet, leben sie in speziellen Häusern außerhalb der bewohnten Orte. Sie stehen für die Welt der Geächteten, der auch die Hexen angehören. Wenn sie auf die Straße gehen, müssen sie sich mit einer Klapper bemerkbar machen.

Armut und Seuchen, die die Bevölkerung dezimieren, müssen übernatürliche Ursachen haben.

Bußbücher belegen schon im frühen Mittelalter (5.–10. Jahrhundert) den Glauben daran, daß ein Mensch einem anderen oder einer ganzen Gesellschaft Schaden anhexen kann. So versucht man Seuchen bei Mensch und Vieh, schlechte Ernten und Klimakatastrophen usw. zu erklären. Die Verbreitung der Seuchen wird im Spätmittelalter z. B. oft den Juden angelastet. Sie werden beschuldigt, Brunnen zu vergiften und die Gefahr der Ansteckung zu fördern, indem sie Fett auf Türklinken und Mauern schmieren. Es gibt Menschen, denen man die Fähigkeit zuschreibt, Stürme und Gewitter auszulösen, um sich an ihren Feinden zu rächen, deren Vieh zu verseuchen, ihre Kühe zu verzaubern und ihre Familien sterben zu lassen.

Im 14. und 15. Jahrhundert findet sich eine wachsende Zahl von Prozessen gegen Hexerei und Zauberei in den Kriminalarchiven. Dies kann wohl als Zeichen für die zunehmende Verunsicherung einer Bevölkerung verstanden werden, die sich der Ideologie der Hexerei und dem Druck der Inquisition immer mehr öffnet.

Der Hexenglaube der Neuzeit ist ein überwiegend ländliches Phänomen, das auf die Instabilität der bäuerlichen Welt hindeutet. Hexen sind die geeigneten Opfer, um schlechte Ernten, Klimakatastrophen und die Ausbreitung von Seuchen zu erklären.

<u>Die erschreckenden Visionen in den Volkserzählungen lassen sich auf alte Legenden zurückführen.</u>

Das Bild der Hexen, der Frauen, die sich nachts in einen Raubvogel verwandeln, während des Fluges furchterregende Schreie ausstoßen, in die Häuser einbrechen und die kleinen Kinder auffressen, bildet einen weiteren wichtigen Bestandteil des Hexenmythos. Diese Legende besteht seit der Antike, sowohl in der römischen Literatur als auch in der germanischen Mythologie. Regino von Prüm schreibt am Anfang des 10. Jahrhunderts einen Leitfaden der

Von allen Malern der Renaissance hebt Pieter Brueghel d. Ä. die Veränderungen in den flämischen Gebieten und die Bedeutung der Viehzucht für die dörfliche Wirtschaft am deutlichsten hervor. In Flandern und in England gilt gerade das Vieh oft als Zielscheibe der Hexen.

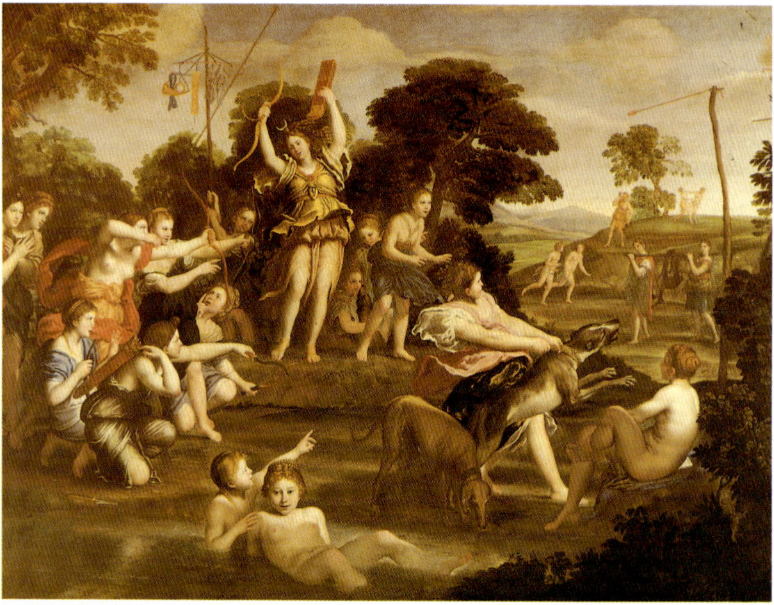

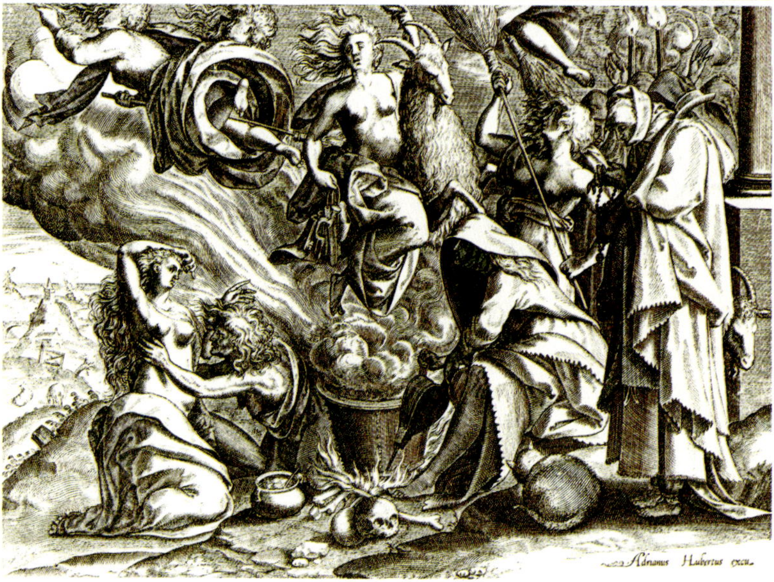
Adrianus Hubertus excu.

geistlichen Disziplin für seine Bischöfe. In dem darin erhaltenen „Canon episcopi", einem Auszug aus einem heute verlorenen karolingischen *Kapitular*, werden vom Satan besessene Frauen beschrieben, die nachts in Begleitung der römischen Göttin Diana auf dem Rücken der verschiedensten Tiere fliegen können. Diana ist so stark mit der Hexerei verbunden, daß viele Experten sie als Göttin der Hexen bezeichnen. Andere Texte erwähnen Herodias, die Frau des Herodes, die für den Tod Johannes des Täufers verantwortlich war, oder Hulda, eine Gottheit des germanischen Pantheons. Auf die Beschreibungen im „Canon episcopi" berufen sich die Hexenjäger allgemein. Seine Rolle für die Ausformung des Bilds der Hexe, die nachts auf einem Besenstiel durch Fenster, Mauern oder Schornstein das Haus verläßt, um zum Hexensabbat zu fliegen, ist nicht zu unterschätzen, obwohl gerade in ihm die Hexerei als Irrglauben abgetan wird.

„Dies darf nicht übergangen werden, daß es verbrecherische Weiber gibt, die, durch die Vorspiegelungen und Einflüsterungen der Dämonen verführt, glauben und bekennen, daß

Die ersten Traktate über Hexen entstehen Mitte des 15. Jahrhunderts. Die Inquisitoren beginnen die Jagd.

Diese alten Bilder, die im Hochmittelalter in die europäischen Legenden und Glaubensvorstellungen eingehen, verschmelzen im 15. Jahrhundert zu einem Hexenmythos, der bis zum Ende des

17. Jahrhunderts bestehen bleibt. Obwohl Hexen schon seit dem Anfang des 15. Jahrhunderts verfolgt werden, beginnt die theoretische Auseinandersetzung mit dem Phänomen der Hexerei erst ca. 1450 – und erst um 1480 folgen zwei Texte, die ungeahnte Auswirkungen haben sollen.

    Am 5. Dezember 1484 erläßt Papst Innozenz VIII. die Bulle „Summis desiderantes affectibus", die sogenannte Hexenbulle. Durch diese Bulle erweitert er die Macht zweier Inquisitoren, die in Oberdeutschland, in der Diözese Konstanz und in Tirol tätig sind. Dort sind sie mit den lokalen Autoritäten in Konflikt geraten, die ihnen ihre Tätigkeit untersagten. Bis dahin hatte die Inquisition ausschließlich Ketzer, hauptsächlich Waldenser, verfolgt.

sie zur Nachtzeit mit der heidnischen Göttin Diana oder der Herodias und einer unzählbaren Menge von Frauen auf gewissen Tieren reiten, über vieler Herren Länder, heimlich und in der Totenstille der Nacht hinwegeilen, der Diana als ihrer Herrin gehorchend, und in bestimmten Nächten zu ihrem Dienst sich aufbieten lassen."
„Canon episcopi",
ca. 907

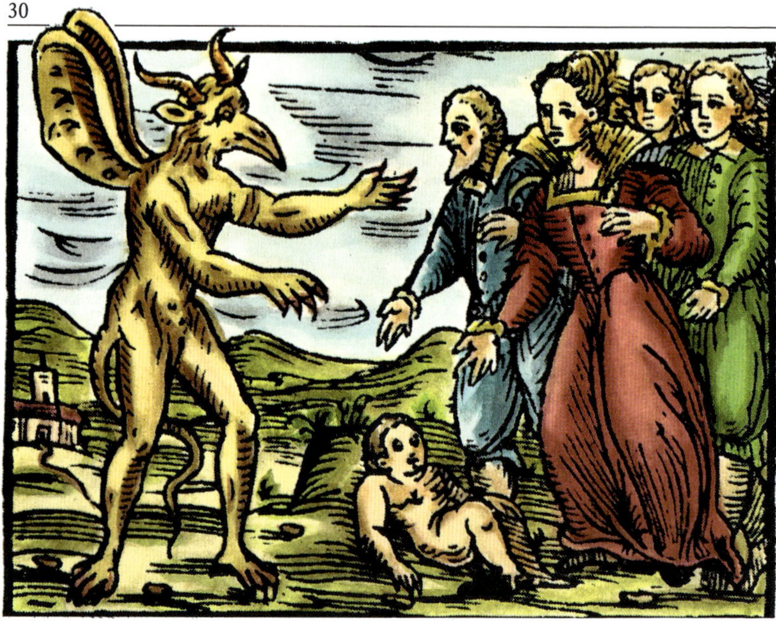

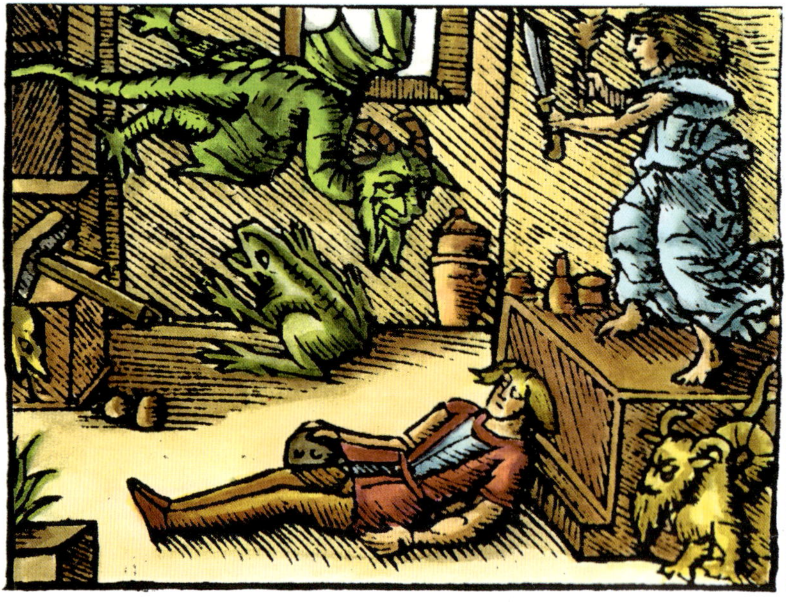

Die verkehrte Liturgie

Mit dem Hexensabbat als Hauptbestandteil ihres Glaubens erscheinen die Hexen im Mittelalter als Anhänger einer Antireligion, der des Teufels. Dieser soll verschiedene Gestalten annehmen können: Ziegenbock, Kröte, Greif, Drache mit Menschenhaupt oder andere Fabeltiere. Da es das einzige Ziel dieser Religion ist, die Gläubigen vom Katholizismus abzubringen, ahmt der Hexensabbat die katholischen Rituale nach. Die neuen Anhänger werden getauft, opfern Kinder, die Frucht ihres Verkehrs mit den Dämonen, und verzehren sie anschließend während eines Festmahls.

Das Problem der Hexerei tritt nun jedoch auch in der Rheinebene auf, und die beiden Inquisitoren Jakob Sprenger und Heinrich Institoris erwirken den Auftrag, die Schuldigen zu richten. Es ist das erste Mal, daß der Papst sich genötigt sieht, Gesetze bezüglich der Hexerei zu erlassen. „Nicht ohne große Kümmernis kam uns kürzlich zu Ohren", schreibt Innozenz VIII., „daß in einigen Teilen Oberdeutschlands und ebenso in den Diözesen und Provinzen von Mainz, Köln, Trier, Salzburg und Bremen eine große Anzahl von Personen beiderlei Geschlechts, des eigenen Heiles uneingedenk und vom katholischen Glauben abfallend, mit dem Teufel Unzucht treiben und mit ihren Zaubersprüchen und Beschwörungen und anderen abscheulichen Hexenkünsten die Kinder der Menschen, die Jungen der Tiere töten, die Saaten der Felder, die Trauben der Weinberge und die Früchte der Bäume zugrunde richten." In der Hexenbulle wird zum ersten Mal eine Verbindung zwischen der Hexerei und der Zauberei hergestellt. Damit wird sie zur konstitutiven Schrift der Hexenjagden.

Mit Hilfe des noch jungen Buchdrucks können die Texte über Hexerei in Europa verbreitet werden. Die Anzeigen häufen sich.

Drei Jahre nach dem päpstlichen Erlaß erscheint das Buch „Der Hexenhammer" („Malleus maleficarum..."), einer der größten Erfolge der *dämonomanischen* Literatur, bei dem Verleger Johann Prüss in Straßburg. Dieses Handbuch für Inquisitoren unterscheidet sich von früheren Schriften dadurch, daß es ausschließlich von der Verfolgung der Hexen handelt, beinhaltet aber nur die Zusammenstellung

MALLEVS
MALEFICARVM,
MALEFICAS ET EARVM

von Bekanntem. Die Autoren sind Heinrich Institoris und Jakob Sprenger, die Männer, an die auch die Bulle von 1484 gerichtet war. Heinrich Institoris, eigentlich Krämers (ca. 1430 – ca. 1505), stammt aus Schlettstadt und gehört dem Dominikanerkloster dieser Stadt an. Neben Hexen, die er vor allem im Elsaß, in Österreich und Böhmen jagt, verfolgt er während seiner langen Laufbahn Waldenser, Hussiten und anderere Häretiker. Er verschwindet während einer seiner Untersuchungsreisen zwischen Olmütz und Brünn. Obwohl er wahrscheinlich der alleinige Autor des „Hexenhammers" ist, muß er seinen dubiosen Ruhm mit Jakob Sprenger (1436 – 1496) teilen. Dieser stammt aus der Gegend um Basel und gehört ebenfalls dem Dominikanerorden an. Als Professor an der Fakultät für Theologie der Universität Köln wird er zum Prior des dortigen *Predigerklosters* ernannt. Er hat eine verantwortungsvolle Stellung in seinem Orden, aber seine Aktivität als Inquisitor ist sehr beschränkt. Einen großen Teil seines Lebens verwendet er darauf, die Dominikanerklöster des Reichs zu reformieren und die Rosenkranzandacht zu verbreiten. Seine intellektuelle und religiöse Autorität dient Heinrich Institoris als moralische und theologische Bürgschaft. Bis ins 17. Jahrhundert hinein bleibt das Buch der beiden Inquisitoren eines der wichtigsten Handbücher der Hexenprozesse.

Obwohl der Wald am Ende des Mittelalters bereits vielfach unter den Äxten der Holzfäller gefallen ist, jagt er noch so manchem Angst ein. Für viele ist er ein von legendären Wesen, bizarren Kreaturen und wilden Tieren bevölkertes Universum. So sind für den Hexenjäger Jean Bodin „die Faune, die Satyrn, die Waldschrate nichts anderes als Dämonen und böse Geister".

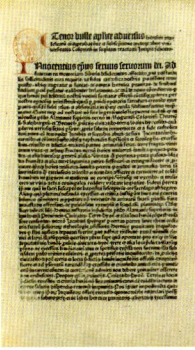

Die Bulle Innozenz' VIII. gibt einen wesentlichen Anstoß zu den Hexenjagden.

ZWEITES KAPITEL

DIE HEXENJAGD

S eit dem Ende des 15. Jahrhunderts finden in Europa in einzelnen Gebieten Hexen-verfolgungen statt. Während des Höhepunkts der Welle von Hexenjagden zwischen 1580 und 1670 kommt es zeitweise zu einer Destabilisierung der gesellschaftlichen Ordnung.

„Und man wisse, daß ich ein eingeschworener Feind der Hexen bin und daß ich sie nie verschonen werde wegen ihrer fluchwürdigen Greueltaten ebenso wie wegen ihrer unend-lichen Zahl, die mit jedem Tage zunimmt."
Henry Boguet,
„Abscheuliche Rede über die Hexen"
(„Discours exécrable des sorciers", 1602)

Ende des 15. Jahrhunderts kommen alle Voraussetzungen für eine Hexenjagd zusammen. Obwohl schon seit Anfang des Jahrhunderts einige Fälle aufgetreten sind, liegen die beiden Hauptperioden zwischen 1480 und 1520 und zwischen 1580 und 1670. Sie unterscheiden sich sowohl in ihrem Ausmaß als auch in ihrer geographischen Ausbreitung. Während der ersten Periode bleibt die Zahl der Opfer relativ gering, die Untersuchungen werden hauptsächlich von den Inquisitionsgerichten durchgeführt. Ein Jahrhundert später leiten die Zivilgerichte die Untersuchungen, die ein bis dahin nicht gekanntes Ausmaß annehmen.

Zwischen 1348 und 1670 leidet Europa regelmäßig unter der Pest. In der Ausbreitung der Epidemie sieht man mit Vorliebe das Werk des Teufels und seiner Anhänger. Daher werden Hexen oft angeklagt, an der Verbreitung der „Geißel" beteiligt zu sein. Der Narr ist am Ende des Mittelalters eine Symbolfigur in Europa. Er steht für das Chaos in der Welt und nimmt aus diesem Grund einen wichtigen Platz in den diversen Karnevalsbräuchen ein.

Hexen gelten als Häretiker und schaden der Gesellschaft. Daher verdienen sie den Tod.

Die Gründe für diese Grausamkeit werden schon im „Hexenhammer" dargelegt und in der Folge nur wiederholt. Das Verbrechen der Hexerei gilt als die schändlichste Untat, die es gibt. Hexen sind nicht nur schädlich für die Gesellschaft, sie begehen auch ein Verbrechen gegen die Religion. Die seuchenartige Ausbreitung der Hexerei beruht darauf, so stellt man sich vor, daß es sich dabei um eine Verschwörung handelt. Die Ketzer unterwerfen sich Satan und unterschreiben den Teufelspakt mit ihrem eigenen Blut. In einer Gesellschaft, in der niemand die Zugehörigkeit zum Christentum oder gar die Existenz des Teufels in Frage stellt, muß die Verbündung mit Satan als das schlimmste denkbare Verbrechen angesehen werden. Die Hexe ist nicht nur Ketzer, sondern, da sie sich von der Religion Gottes abwendet und den Teufel dafür anbetet, auch eine Abtrünnige. Sie begeht ihr Verbrechen im vollen Bewußtsein ihrer Schuld und kann

sich nicht wie jeder andere Sünder auf Nichtwissen berufen. Da das Gericht die Hexen nicht wieder in den Schoß
der Kirche zurückführen kann, darf es ihnen gegenüber
kein Mitleid üben. Wenn eine Hexe ihre Verbrechen
gesteht, wird sie zum Scheiterhaufen verurteilt. Wenn sie
ihre Taten bereut, erweist das Gericht ihr die Gnade, sie
vor der Verbrennung zu erwürgen. Leugnet sie aber ihre
Taten hartnäckig, so finden sich von seiten des Gerichts

Abaddon, Astaroth
und Mammon ge-
hören zu den unzähli-
gen Komplizen Satans.
Die Magier beschwören
sie, um in die Zukunft
sehen zu können.

unterschiedliche Reaktionen. Häufig geht man davon aus, daß die Angeklagte vom Teufel unterstützt wird, vor allem dann, wenn sie vorher eingestandene Taten wieder ableugnet. In diesem Fall bleiben die Richter unbeugsam. Im Zweifelsfall werden mutmaßliche Hexen aber geächtet und damit zu einem Ziviltod verurteilt.

Das Verbrechen der Hexerei weckt bei der geistigen Elite zunehmendes Interesse.

Obwohl die Hexerei als Tochter der Ketzerei angesehen wird und der Mythos der Hexerei in den Reihen der Inquisition entstanden ist, wird die Unterdrückung der Hexen sehr schnell zur Aufgabe der weltlichen Gerichte. Der Klerus weicht der Laienjustiz. In Europa nimmt die Zahl der Abhandlungen zur Teufelskunde um den Anfang des 17. Jahrhunderts stark zu. Manche dieser Texte werden zu echten „Bestsellern".

D er Hexenglaube ur seine Unterdrücku sind kein Monopol der katholischen Welt. End des 16. bis Mitte des 17. Jahrhunderts erlebt auch das protestantisch England eine Welle vor Hexenjagden. Aber die Angelsachsen und die Skandinavier glauben an eine andere Form de Hexerei: Hexen begehe normale Verbrechen, nicht religiöse Untaten, und werden daher gehängt statt verbrannt.

„Sagte aus, daß sie einmal in der Woche (zum Hexensabbat) geht, in der Nacht von Donnerstag auf Freitag, zwischen zehn und elf, damit sie um elf wieder zu Hause ist. Und ihr Liebhaber trägt sie in der Form eines kleinen schwarzen Hundes ohne Schwanz, der in ihrem Ohr sitzt, durch die Lüfte."
Geständnis von P. Goguillon, die am 24. Mai 1679 in Bouvignies als Hexe verbrannt wird

Jean Bodin, 1529 in Angers geboren und 1596 gestorben, unterrichtet zwölf Jahre lang Römisches Recht an der Universität von Toulouse. Er wird selbst der Ketzerei verdächtigt.

Bei den Autoren in Frankreich handelt es sich meist um königliche Richter. Der bekannteste unter ihnen, Jean Bodin, gilt als einer der größten Denker seiner Zeit. Er versteht als erster die Mechanismen der Geldzirkulation und erkennt die Ursachen der starken Inflation, unter der Frankreich um 1560 leidet. Außerdem ist er der bekannteste Autor des 16. Jahrhunderts im Bereich der Politikwissenschaften. Besondere Berühmtheit erlangt er jedoch durch die Veröffentlichung der „Von außgelaßnen wütigen Teufelsheer der besessenen, unsinnigen Hexen und Hexenmeister…" („De magorum daemonomaniae…") im Jahr 1580. Das Buch hat großen Erfolg und erlebt in vielen europäischen Ländern mehrere Auflagen.

Jean Bodin ist aber nicht der einzige, der die Erfahrungen aus seinen Hexenprozessen publiziert. Viele Staatsbeamte von weniger hohem Ansehen schreiben ebenfalls. So veröffentlichen Nicolas Rémy (Nicolaus Remigius), Richter in Lothringen, 1595 die „Démonolâtrie" und Henry Boguet, Richter in der Franche-Comté, 1603 einen „Discours exécrable des sorciers". Pierre de Lancre, Berater des Königs beim Parlament von Bordeaux, der den

Südwesten Frankreichs von Hexen säubert, schreibt zwei
Klassiker der Gattung: „Tableau de l'inconsistence des mau-
vais anges et démons" und 1662 „Incrédulité et mescréance
du sortilège". Aber eines der meistbenutzten Handbücher
sind die „Magischen Nachforschungen", die von dem
spanischstämmigen Jesuiten Martinus Delrio 1599 in
Löwen verfaßt werden und in vielen Auflagen erscheinen.

In der frühen Neuzeit wird die Hexenjagd zur Aufgabe der Laiengerichte.

Ab dem 16. Jahrhundert nimmt die Inquisition nicht mehr
an der Verfolgung der Hexen teil. Die Aufgabe wird von
den herrschaftlichen und königlichen Gerichten übernommen. Die Bedeutung der *Hohen Justiz*, deren Galgen

DISCOVRS

DES SORCIERS,

AVEC SIX ADVIS EN FAICT

DE SORCELERIE.

Das Pontifikat
Pauls III. (1534–
1549) zeichnet sich durch
zwei Ereignisse aus: die
Bildung des Inquisi-
tionsgerichts 1542 und
die Eröffnung des Kon-
zils von Trient 1545.

überall im Europa der frühen
Neuzeit zu finden sind, darf
nicht unterschätzt werden.
Anfang des 16. Jahrhunderts
verschwindet die Inquisition
im französischen Königreich;
die römische Inquisition,
1542 durch Papst Paul III. neu
organisiert, wird nie akzeptiert,
und die bischöflichen Gerichte
verlieren ihre Befugnisse nach
und nach. Die Macht, gegen Hexen vorzugehen, liegt
somit in den Händen der subalternen Gerichte, mit der
theoretischen Möglichkeit, das Parlament in Paris zu Hilfe
zu rufen. In den spanischen Niederlanden nimmt auch die
königliche Macht an den Hexenjagden teil. Durch den
Kriminalerlaß von 1570, der mehrmals verbessert und prä-
zisiert wird, beschreibt Philipp II. selbst das Verbrechen
der Hexerei und legt die Modalitäten der Bestrafung fest.

TABLE

DE L'INCON.

DES MAVVAIS

ET DEMON

Die von den Magi-
straten veröffent-
lichten Abhandlungen
über die Hexerei be-
zeugen ihren Glauben
an den Hexenmythos.

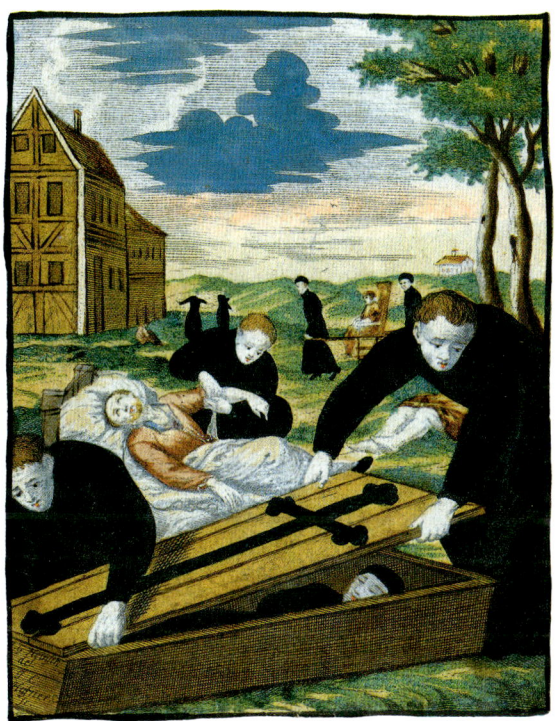

„Untersuchen wir jetzt die Krankheiten, die die Hexen den Menschen vor allem wünschen. In einem Wort, sie wünschen ihnen jede Art von Krankheit: des Magens, des Kopfes, der Füße, Koliken, Lähmungen, Schwellungen etc. (...) Weiter lassen sie dem Verhexten aus dem Mund oder unten Nadeln, Eisen, Steine, Papiere herauswachsen."

Henry Boguet

In Lothringen, im Rheinland, in Süddeutschland, in der Franche-Comté und überall sonst, wo die Hexenjagden durch ihre Härte auffallen, liegt die Verantwortung hierfür bei den herrschaftlichen, fürstlichen oder fürstbischöflichen Gerichtshöfen.

In den dörflichen Gemeinschaften entsteht die für die Hexenjagd günstige Atmosphäre.

Immer wieder entstehen Anklagen gegen Hexen aus Krisen in den zwischenmenschlichen Beziehungen. Den Hintergrund dafür bilden aber die individuellen und kollektiven Mißstände, von denen die bäuerliche Welt betroffen ist.

Der Glaube an Hexerei entwickelt sich mit Sicherheit auch wegen der sehr geringen medizinischen Kenntnisse der Zeit. Die Krankheiten und ihre Geheimnisse bilden ein ideales Thema. Erst Ende des 17. Jahrhunderts sind auf diesem Gebiet, besonders in der Hygiene und der Prophylaxe, Fortschritte zu verzeichnen. Bezeichnenderweise werden gerade unter den Ärzten Anfang des 17. Jahrhunderts die ersten Stimmen des Zweifels am Verbrechen der Hexerei laut.

Die Religionskriege und der Dreißigjährige Krieg führen in ganz Europa zu einer sich permanent verschlechternden Konjunktur, die von Hungersnöten, Pestepidemien und Tierseuchen begleitet wird. Diese Periode von der Mitte des 16. bis zur Mitte des 17. Jahrhunderts schafft die idealen Bedingungen für die Entfaltung des Hexenglaubens. Die Dorfbewohner suchen nach einer für sie verständlichen Erklärung für die Ereignisse. Oft genug finden sie sie in der vermeintlich unheilbringenden Aktivität mancher mißgünstiger Personen.

Die Instabilität und die Unsicherheit, die durch den wiederholten Durchzug von Söldnern, die wechselnden Herrschafts- und Religionsverhältnisse in den mitteleuropäischen Staaten und die sich nur langsam etablierende Verwaltung verursacht werden, fördern die Ausbreitung des Hexenglaubens. Meist gehen die Untersuchungen durch die lokale Justiz auf Anzeigen aus den Reihen der Dorfbewohner zurück. Häufig greift man aber auch zu einem schnelleren Mittel: der Lynchjustiz. Sie wird von angeblichen Hexenopfern oder von Gruppen von Jugendlichen, sogenannten „Jugendabteien", organisiert. Mancher Fall der Lynchjustiz ist jedoch nichts anderes als ein *Charivari* mit tödlichem Ausgang. Die Hexe wird gejagt, ausgepeitscht und mit Stockhieben und Steinwürfen malträtiert – und dabei getötet. Der Mörder taucht für einige Zeit unter, um bald darauf – mit der Unterstützung der Notabeln des Dorfes – eine Begnadigung zu erlangen.

Der enge Kontakt zur Natur macht die Schäfer für übernatürliche Kräfte empfänglich.

1644 mißhandeln Soldaten des Regiments von Guyenne in Auch z. B. eine gewisse Régine, die von den Dorfbewohnern als Hexe verdächtigt wird. Sie schlagen sie, schleifen sie an einem Seil durch die Straßen und werfen sie schließlich in die Gers.

Es gibt auch Menschen, die von sich behaupten, Hexen identifizieren zu können. Sie werden von den Dorfgemeinschaften zu Hilfe gerufen, lösen Wellen von Verfolgungen aus und säen Panik und Chaos, wo immer sie hinkommen.

Die „Hexenseher" können angeblich Hexen erkennen.

Während der Hexenjagd in Burgund um 1644 zieht ein
junger Schäfer durch die Gegend. Er behauptet, die Hexen
an einer diabolischen Marke in ihren Augen zu erkennen.
Seine Opfer werden an die Gerichte weitergereicht. Nur
ein Jahr später reitet hoch zu Roß Matthew Hopkins durch
die östlichen Grafschaften Englands, ein ehemaliger Jura-
student, der sich in hochtrabenden Schreiben als „General-
hexenfinder" bezeichnet. Für 20 Shilling pro „Hexe" jagt
er in 14 Monaten Hunderte von Menschen in den Tod.

Wie gefährlich die seherischen Fähigkeiten werden
können, zeigt auch ein Fall im Hochstift Augsburg. Zu
Beginn einer Prozeßwelle im bischöflichen Pfleggericht
Rettenberg-Sonthofen wird im Juli 1586 der Roßhirt

Die dörflichen
Gemeinschaften
werden immer wieder
sowohl durch Hungers-
nöte und Seuchen als
auch von häufig vorbei-
ziehenden Soldaten
aus dem Gleichgewicht
gebracht. Durch die
öffentliche Meinung an-
gesteckt und immer auf
der Suche nach Aben-
teuern, beteiligen sich
die Soldaten nur zu gern
an den Hexenjagden.

Conrad Stöckhlin wegen schwerer Verleumdung festgenommen, als er eine Frau in Oberstdorf der Hexerei bezichtigt. Er hat sich außerhalb des Orts in Gebirgstälern aufgehalten und sich als Wahrsager und „Hexenfinder" betätigt. Das Gericht will von ihm wissen, wie er die beschuldigte Anna Enzensbergerin als Hexe erkannt habe. Er antwortet, das habe ihm sein Engel mitgeteilt. Das Gericht folgert: Da dem Roßhirten wohl kaum auf Geheiß Gottes ein Engel erschienen sei, müsse es der Teufel gewesen sein. Nach einigen Verhören unter der Folter durch südwestdeutsche „Spezialisten", den Henkern von Biberach und aus der Grafschaft Tettnang, wird aus dem weißen Engel eine schwarze „Buhlteufelin" mit Geißfuß: Der Roßhirte erkennt also die Hexen durch seine eigene Teilnahme am Hexensabbat. Nachdem Stöckhlin als Hexer überführt ist, glaubt man ihm alle Beschuldigungen gegen andere Personen, was zu einer Ausdehnung der Verfolgung führt. Aus den Prozeßakten ist ersichtlich, daß mindestens 23 Personen hingerichtet werden.

In den Dörfern sind Gerüchte und persönliche Feindschaften ausschlaggebend.

Bei einer Verfolgungswelle im Fürstbistum Paderborn wird am 21. März 1631 Elisabeth Tutke aus dem Dorf Siddinghausen der Herrschaft Büren verhaftet und zum Kriminalgericht auf die Burg Ringelstein zum Verhör gebracht. Dort wird sie mit zwei geständigen

Eine Krankheit muß nur unerwartet auftreten, mit unerklärlichen Symptomen und häufigen Rückfällen, um einer Verhexung zugeschrieben zu werden.

Vorbereitungen einer jungen Hexe zum Hexensabbat.

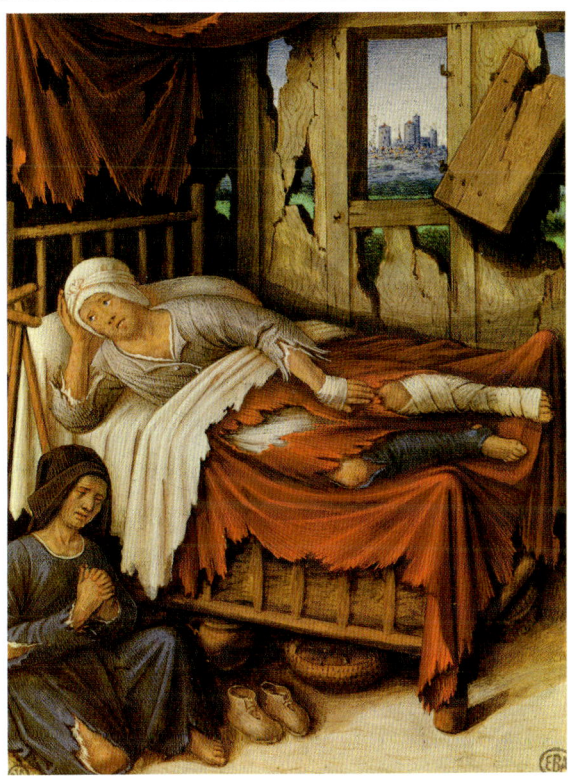

Bis ins 16. Jahrhundert wird die Geburt eines abnormalen Kindes oder Tieres als göttliche Strafe oder als Werk des Teufels angesehen. Diese Zeichen werden von den Astrologen gedeutet. Die Nachricht verbreitet sich schnell durch Flugblätter oder Zeitungen. Erst Ende des 16. Jahrhunderts, mit Abnahme der apokalyptischen Spannungen durch die Beendung des italienischen Kriegs und der Religionskriege, verliert das Wunderbare seine Bedeutung als Orakel und wird zu einer weiteren Kuriosität in den Kabinetten der Gelehrten.

Hexen konfrontiert und anschließend gefoltert. Wegen ihres hohen Alters wird sie nur mit Schrauben *torquiert* und nicht „aufgezogen".

In ihrem erzwungenen Geständnis bezeichnet sie ihren Vater als Lehrmeister, der selbst einem früheren Prozeß zum Opfer gefallen sein soll. Ihr Buhlteufel hieß Hans Federwisch, der Beischlaf mit ihm wird zum „kalten Werk". Er gibt ihr schwarzes Pulver für Schadenszauber an Menschen und Vieh. Die Pferde der Nachbarn, die ihr Hilfeleistungen versagten, werden vergiftet, ebenso wie nach einem Streit mit ihrer Tochter die Kuh ihres Schwiegersohns. Auch Heinrich Schmidt will sie nach einer Auseinandersetzung mit Gift im Bier umgebracht haben. Diese Aussagen werden jeweils durch Randbemerkungen des Inquisitors bestätigt, der die angeblichen Untaten überprüfen ließ.

Natürlich fehlt auch in diesem Fall die Hexensalbe nicht, mit der sie sich einschmiert, um jeden Donnerstag gegen Mitternacht zum Tanzplatz zu fliegen. Dort sah sie zwei andere Frauen, die sie unter der Folter besagt. Damit nicht zufrieden, läßt das Gericht sie am nächsten Tag wieder foltern, wobei sie zwei weitere Frauen aus Siddinghausen angibt. Nachdem schließlich noch das Hexenmal auf der Schulter der Angeklagten gefunden ist, wird das Abschlußprotokoll aufgesetzt, und am 27. März wird sie mit acht anderen Frauen und einem Mann hingerichtet.

In diesem Fall sind alle typischen Merkmale der Hexenlehre vertreten: Teufelspakt, Teufelsbuhlschaft, Schadenszauber und Hexensabbat. Die hingerichteten Personen stehen alle in einem Zusammenhang miteinander, da sie sich gegenseitig besagen. Wer in der Tortur zu Aussagen gezwungen ist, wird zuerst die Personen nennen, mit denen man noch etwas auszutragen hat oder die in der Dorfgemeinschaft mit magischen Praktiken in Zusammenhang gebracht werden.

<u>Trotz vieler Unterschiede erlaubt die Vielzahl der Aussagen, die Hauptzüge des Hexenglaubens zu rekonstruieren.</u>

Der Eintritt in den Kreis der Hexen geschieht nach Aussagen der gefolterten Opfer in einer rituellen Einweihung. Als guter Psychologe versteht es Satan, Momente der Schwäche und der Verwirrung auszunutzen. Er führt sie in Versuchung und schlägt ihnen einen Pakt vor: seine Hilfe und Unterstützung im Austausch gegen einen Treueschwur, ein Verfahren, das an das Lehnsverhältnis erinnert. Das auserwählte Opfer versucht zu widerstehen. Es besprüht sich mit Weihwasser, bekreuzigt sich und verflucht den Verführer, aber nichts hilft. Der Teufel ist ihm überlegen, und es gelingt ihm, das erstrebte Versprechen zu erhalten. Der Betroffene schwört seiner ursprünglichen Religion ab und verpflichtet sich seinem neuen Herrn. Dieser hinterläßt das Teufelsmal als Zeichen der Unterwerfung auf dem Körper seines neuen Dieners mit Hilfe eines schwarzen Dorns oder seiner Krallen. Es ist für Schmerzen unempfindlich, und an ihm kann man jede Hexe erkennen: eine kleine Verhornung, eine Warze oder ein Kratzer. Bei einer Hexe erfolgt anschließend der Geschlechtsakt mit dem Teufel.

Im Gegensatz zu den Annahmen der Dämonologen empfinden die Hexen die Paarung mit dem Teufel nicht als Lust. Sie beklagen sich oft über die Tyrannei ihres neuen Liebhabers und über die Schmerzen, die sein Eindringen ihnen verursacht. Die dämonische Initiation wird durch eine Vermählung beendet, die endgültig den Pakt zwischen Satan und seiner neuen Partnerin besiegelt. Zur Belohnung schenkt der Herr der Finsternis ihr einige Gold- oder Silberstücke, die sich meist als unecht erweisen, zwischen ihren Händen verschwinden oder sich in Schlamm oder Exkremente verwandeln.

Es gibt keine Hexe ohne die Teilnahme am Hexensabbat. Wenn ein Richter eine Hexe gefangennimmt, versucht er vor allem, sie zum Geständnis ihrer Teilnahme daran zu bringen. Das bedeutet den Tod. Alle Mittel sind erlaubt, um das Geständnis abzupressen

Vorbereitungen zum Hexensabbat

Die Kupferstiche von Hans Baldung Grien sind sehr detailliert. Zuerst wird die Salbe oder das Hexenfett hergestellt: Hierzu werden Wiedehopf- und Fledermausblut, Glockenspäne und Ruß benötigt. Eine der Hexen zerstößt Drogen in einem kleinen Mörser, der über einem Eisenkrautfeuer steht. Die anderen befinden sich bereits in den Wolken und fliegen auf einer Mistgabel oder einem Ziegenbock zum Hexensabbat. Mit der fertiggestellten Salbe reiben die Hexen ihren Stab (Phallus) ein, wobei sie einen fürchterlichen Fluch sprechen. Eine Hexe hebt ein Tablett mit Knochen zum Himmel empor, während eine andere mit einem Rosenkranz betet, der anstatt Perlen Schellen, zwei Spielwürfel und den Schädel eines Fötus enthält. Beim Hexensabbat vollziehen Hexer und Hexen den Geschlechtsverkehr in den – nach Boguet – seltsamsten Paarungen: „Der Sohn verschont nicht die Mutter, noch der Bruder die Schwester, noch der Vater die Tochter: (…) Ich frage mich, ob man dabei nicht auch noch alle anderen Verdorbenheiten der Welt ausübt."

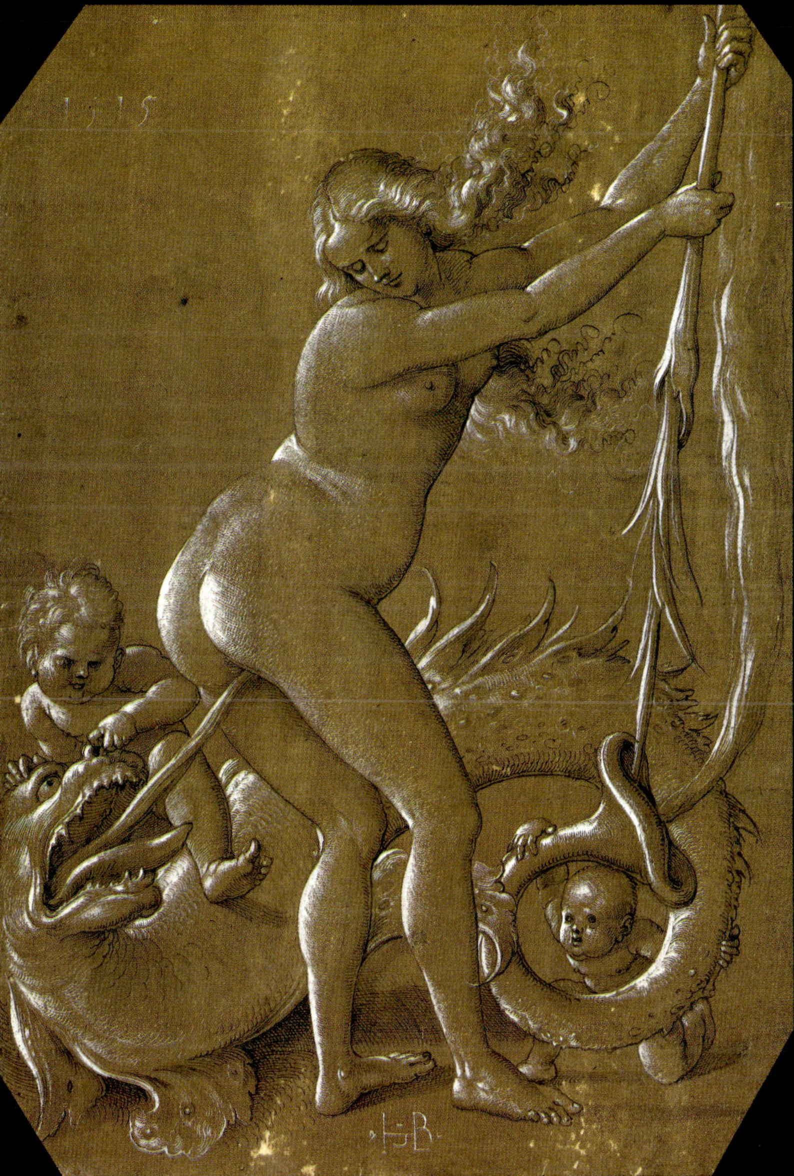
1515
HB

**Die Dämonologen
sind sich manchmal
nicht schlüssig, ob die
Berichte der Hexen wahr
oder erfunden sind.**

Die Meinungen darüber
sind geteilt. So auch über
die Beteiligung am Hexen-
sabbat, dem Angelpunkt
des ganzen Glaubens. Der
Hexensabbat soll nachts
stattfinden. An einem abge-
legenen Ort, auf einer An-
höhe, in einem Wald oder
an einer Straßenkreuzung
taucht ein Feuer die ganze
Zeremonie in bleiches
Licht. Die Hexen werden
einzeln vom Teufel zu diesen Treffen geladen und
erreichen sie meist zu Fuß.
Manchmal trägt sie der
Teufel auch auf

Mit der Wiederent-
deckung der Antike
in der Renaissance
bedienen sich die Maler
vieler Motive aus der
griechischen und römi-
schen Mythologie. Für
die Hexerei, die man in
dieser Zeit zu fürchten
beginnt, dient Circe als
Vorbild, während die
Sibyllen von Delphi
und Cumae an die Pro-
phetinnen erinnern.

dem Rücken eines Schweins, eines Esels, eines Ziegenbocks oder eines Hahns oder fegt sie in einem großen Wirbel hinweg. In Lothringen gibt es zwar den Ritt auf dem Stock oder dem Besenstiel nicht, doch auch hier reiben die Hexen ihren Körper mit einer speziellen Salbe ein, die sie unsichtbar macht und ihnen erlaubt, mit hoher Geschwindigkeit große Distanzen zu überwinden. Der Hexensabbat selbst ist eine ins Gegenteil verkehrte katholische Messe. Die Hostie wird durch eine Scheibe Rettich oder Holz ersetzt. Am Ende der Zeremonie huldigen die Teilnehmer ihrem Herrn, der auf einem Schemel hockt. Hexen beten den Teufel, der meist in Form eines Ziegenbocks erscheint, an und küssen seinen Hintern. Anschließend findet ein Festmahl statt, das in der Regel in einer Orgie endet. Die Dämonen nehmen daran als männliche *Inkubi* oder weibliche *Sukkubi* teil.

„Verloren in der Nacht an einem einsamen Ort, beschleicht eine geheimnisvolle Angst meine Sinne; ich sehe oder glaube tausend erstaunliche Dinge im Schein eines dunklen Lichtes zu sehen: den Hexensabbat.“

Anonym

Ihr Geschlechtsorgan verursacht anscheinend keine Befriedigung, und ihr Same ist kalt. Die Früchte dieser Paarungen werden auf dem Altar des Hexensabbats geopfert und beim Festmahl verzehrt.

Durch diese Initiation erhalten die Hexen, als Komplizen des Teufels, die Zauberkräfte, mit denen sie zugunsten ihres neuen Herrn handeln können. Sie lösen Wolkenbrüche aus, die die Ernten ertränken, Blitze, die Häuser und Bäume zerstören, Hagel, der Getreide und Obst niedermäht. Sie verhexen Menschen, machen Vieh und Frauen unfruchtbar, Männer impotent. Sie verursachen unerklärliche Unfälle. Mit einem aus Menschenknochen gemahlenen Puder vergiften sie Brunnen und verbreiten die Pest mit Hilfe eines Fettes, das sie auf Mauern und Türklinken schmieren.

Hexen besitzen zudem die Fähigkeit, sich in Tiere zu verwandeln. Als Katzen steigen sie in Wiegen, um Kleinkinder zu ersticken oder ihnen die Augen auszukratzen. Als Werwölfe fallen sie Reisende an. Außerdem besitzen sie keinerlei körperliches Empfinden mehr. Sie sind unempfindlich für die Folter und können nicht mehr weinen. In ihrem Grauen entwickeln die Menschen eine blühende Phantasie.

Alleinstehende Witwen sind anfangs die bevorzugten Opfer der Hexenjäger.

Hexen werden in der Regel vor allem unter den Frauen des Dorfes gesucht. Gerade die ältesten und ärmsten erweisen sich als ideale Opfer für eine Anklage. Häufig besitzen sie mündlich überlieferte Kenntnisse der empirischen Medizin und Geburtshilfe und verfügen über Fähigkeiten in der Heilkunst. So entsteht leicht der Verdacht, daß sie auch die Kunst des Hexens beherrschen.

Eine Anklage wegen Hexerei entsteht nie zufällig. Frauen, die ihr zum Opfer fallen, spielen oft eine besondere Rolle in der dörflichen Gemeinschaft. Sie kennen beispielsweise die Kräfte der Pflanzen. Wenn die Spannungen zunehmen und die Gerüchte der Hexerei sich ausbreiten, erscheinen sie in den Augen der Dörfler, die sich insgeheim bereits vor ihren Fähigkeiten fürchten, besonders verdächtig.

Die antifemininen Stereotypen bleiben bis zum 17. Jahrhundert bestehen. Die Frauen flößen Furcht ein. Ihre Physiologie ist den Ärzten wenig bekannt, und die Theologen sehen in ihnen wechselhafte Wesen, auf die man aufpassen muß. Von der Vormundschaft des Vaters gelangen sie in die des Ehemanns. Erst als Witwe erhalten sie eine gewisse Unabhängigkeit, aber oft verschlechtert sich ihre Situation damit auch. Jules Michelet sieht in diesem Ausschluß durch die Gesellschaft einen Grund für die Rachsucht der Witwe, die sie dann in der Hexerei auszuleben versuchte.

Meist sind es Witwen, isoliert in einer Gesellschaft, die nicht besonders mitleidvoll gegenüber ihren Alten ist.

Selbst die Theologen berufen sich auf die alten medizinischen Theorien Galens und lassen sich gerne über die Schwäche des weiblichen Geschlechts und seine größere Empfänglichkeit für den Glauben an den Teufel aus. So wandelt sich die Jagd auf Zauberer und Hexer im Lauf der Zeit in eine Jagd auf die Hexe. Diese Verfolgungen breiten sich jedoch nie gleichmäßig über eine Region aus. Vielmehr entstehen sie in einzelnen Dörfern, wenn der Wahn

N eben dem beson-
deren Interesse, die
diese beiden Bilder
schon wegen ihres The-
mas (zwei adlige Damen
beim Hexensabbat) ver-
dienen, ist auch die im
Hintergrund ablaufende
Teufelsanbetung es wert,
untersucht zu werden.
Zwei Hypothesen wer-
den von den Speziali-
sten vertreten: Nach den
einen erinnert der Teu-
felskult an den Janus-
kult (der Gott mit den
zwei Gesichtern) der
römischen Antike.
De Lancre sagt selbst:
„Janette (…) behauptet,
daß er (der Teufel) ein
Gesicht nach vorn und
ein Gesicht nach hinten
besaß, so wie man den
Gott Janus beschreibt."
Nach der zweiten Auf-
fassung handelt es sich
um ein Volksfest, eine
Art Fest der verkehrten
Welt. Dort befindet
sich das Hohe anstelle
des Niedrigen und um-
gekehrt.

einer Dorfgemeinschaft Gehör bei einem fanatischen Richter findet. Sobald die Leidenschaften abgekühlt sind, verschwindet die Hexenjagd, um später an einem anderen Ort wieder aufzuflammen. Dieses zufällige Element erschwert eine globale Erfassung des Phänomens.

Heute glauben die Historiker, daß die Zahl der Opfer kleiner war, als viele Gerüchte es scheinen lassen.

Es wäre falsch, anzunehmen, daß Mitteleuropa zwischen 1580 und 1670 in einem allgemeinen Blutrausch lebte. Vielmehr gab es unerwartet auftretende Höhepunkte, abhängig von den örtlichen Gegebenheiten und der Persönlichkeit des Richters. Die höchste Intensität des Hexenwahns wird im ersten Viertel des 17. Jahrhunderts erreicht. Mit dem Ende des 17. Jahrhunderts erlöschen überall in Europa die großen Brandherde, auch wenn einzelne davon vorübergehend wieder aufflammen. Nur Polen erlebt seine Hexenjagden erst im 18. Jahrhundert.

Darf man den Hexenrichtern glauben, was die Zahl der Opfer angeht? Ihre Aussagen sind oft vom Fanatismus gekennzeichnet. So behauptet Nicolas Rémy, der zwischen 1576 und 1606 Lothringen säubert, 2000 bis 3000 Hexen verbrennen lassen zu haben. Pierre de Lancre, der das Labourd mit der Unterstützung seines Kollegen Jean d'Espagne reinigt, will Hunderte von Scheiterhaufen entzündet haben. In Kursachsen verbreitet der Jurist und Leipziger Schöffe Benedikt Carpzov (1596 – 1666) das Gerücht von 20 000 Todesurteilen. Nach Meinung des Historikers Wolfgang Behringer sind in Deutschland jedoch insgesamt „nur" etwa 20 000, in ganz Europa weniger als 100 000 Menschen hingerichtet worden.

Die Justiz des Ancien Régime ist auch um eine pädagogische Wirkung bemüht. So sind die schweren Strafen zu erklären, die die Verurteilten auch sozial erniedrigen sollen.

Die fanatischen Jäger haben wohl das Ausmaß der Hexenjagden übertrieben. Doch die Angst zu schüren und das Phänomen anzuheizen ist das Ziel der Inquisition.

Historiker heute zeigen eine gewisse Zurückhaltung hinsichtlich der Aussagen der Dämonologen. Ohne das Ausmaß der Unterdrückung leugnen zu wollen, gestehen sie ihm doch nur begrenzte Wirkung zu. Im heutigen Département du Nord, damals Teil der spanisch regierten Niederlande, einer Hochburg der Hexenverfolgung, werden zwischen dem Ende des 14. und dem Ende des 17. Jahrhunderts weniger als 300 Personen angeklagt. Nur etwa die Hälfte von ihnen wird hingerichtet.

Zwar sind den Historikern möglicherweise verschiedene Prozesse entgangen, vielleicht haben die Hexenjagden weitere, heute unbekannte Höhepunkte erlebt. Und nicht alle Fälle von Hexerei sind vor den Gerichten behandelt worden – die Lynchjustiz war durchaus aktiv. Dies bedeutet jedoch nicht, daß in Europa während des 16. und 17. Jahrhunderts ständig Scheiterhaufen brennen. Trotzdem ist es wahr, daß die Prozesse zahlreich und verbreitet genug sind, um das Gedächtnis der Bevölkerung stark zu beeinflussen.

Wahrscheinlich beziehen die Hexenjagden ihre spektakuläre Wirkung aus der Verfolgungs- und Untersuchungsprozedur. Sie ist verantwortlich für die seuchenartige Ausbreitung des gesamten Phänomens und verwandelt es in etwas Unfaßbares, Erschreckendes.

Die Druckerei und der Handel mit Büchern im Europa des 16. Jahrhunderts stehen unter der gemeinsamen Aufsicht des Staats und der Kirche. 1559 ruft Papst Paul IV. den ersten öffentlichen Index der verbotenen Bücher ins Leben. Seine Nachfolger ergänzen den Index. 1571 beruft Pius V. eine Versammlung von Kardinälen ein, die sich dieser Aufgabe annehmen sollen. Bei den verbotenen Büchern handelt es sich vor allem um Werke Andersgläubiger. Da weder Hexerei noch Magie sich des Mediums Schrift bedienen, sind sie von diesen Verboten nicht betroffen, wohl aber die Gegner der Hexenprozesse.

DRITTES KAPITEL

DIE UNERBITTLICHE MASCHINERIE DES GERICHTS

Als die Hexerei im 16. Jahrhundert als Verbrechen gegen die göttliche Majestät der Ketzerei gleichgestellt wird, übernehmen die weltlichen Gerichte die Aufgaben der Inquisition. Wenn ein Bauer oder eine Bäuerin in die Fänge der weltlichen Gerichtsbarkeit gerät, gibt es wenig Möglichkeiten, wieder heil herauszukommen.

Neben ihrem spektakulären Aspekt und der Grausamkeit, die ihr anhaftet, führt die Hexerei zwischen dem Mittelalter und dem Zeitalter der Aufklärung auch zu einer Infragestellung und Veränderung der Strafverfahren. Ihre Wirkung bleibt bis zur Französischen Revolution hin spürbar.

Ein Gerücht genügt, um den Gerichtsapparat und sein schreckenerregendes Arsenal zu aktivieren. Sobald der Verdacht der Hexerei aufkommt, muß der Richter eingreifen und eine Untersuchung einleiten. Es braucht nicht viel, um einen solchen Verdacht aufkommen zu lassen. Sämtliche Todesfälle, Erkrankungen, Unfälle, alle ärgerlichen, unvorhersehbaren Ereignisse können auf Hexerei beruhen: totgeborene Kinder, Stürze von Leitern oder Dächern, Flüche wie „Soll dich doch der Teufel holen", absonderliche sexuelle Sitten, häufiger Wechsel des Wohnorts, Anzeichen von Unruhe bei einem Gespräch über Hexerei, der zu offensichtliche und zu häufige Besuch von Kirchen, der Besitz eines Rosenkranzes mit zerbrochenem Kreuz usw.

Erscheinen eines durch eine Hexe herbeibeschworenen Monsters.

„Wenn ihr richtet, fürchtet niemanden, denn ihr richtet mit Gott", sagt Jean Bodin.

Als Beweis gilt auch die Besagung durch andere Hexen, selbst unter der Folter. Sogar die Aussagen von Kindern gegen ihre Eltern werden, im Gegensatz zu den generellen gerichtlichen Regeln, als Beweise anerkannt.

Bevor wir uns dem Ablauf einer solchen Untersuchung widmen, stellt sich folgende Frage: Wie suchen sich die Richter, als Hauptfeinde der Hexen, vor deren Zauberkraft zu schützen? Die Richter und ihre Helfer bewegen sich dauernd in der Umgebung der Hexen, ohne jemals von deren Künsten behelligt zu werden. Als Erklärung erfindet man die Immunität der Richter und Henker: Die Zauberkünste des Teufels können ihnen nichts anhaben.

Die Hexerei dient auch als Ersatz für die phantastische Welt, die die Europäer bis zu diesem Zeitpunkt in die für sie fremden Länder projizierten. Während sich der Leser im 16. Jahrhundert noch vom „Buch der Wunder" Marco Polos oder dem „Itinerarium" John de Mandevilles zum Träumen bringen läßt, verkleinert sich die exotische Fremde mit der Entdeckung der Neuen Welt. Die Hexerei nimmt einen Teil des Wunderbaren, das durch die objektive Kenntnis der Welt immer weiter zurückgedrängt wird, in sich auf.

Um der Hexerei auf die Spur zu kommen, stehen dem Richter mehrere Methoden und Beweise zur Verfügung.

Es gibt erprobte Methoden, um festzustellen, ob es sich bei der Angeklagten wirklich um eine Hexe handelt. Häufig wird die Wasserprobe angewandt. Sie gilt als ebenso untrüglich wie das Auffinden des Teufelsmals am Körper der Angeklagten. Bei der Wasserprobe wird die Beschuldigte mit gebundenen Händen und Füßen, und oft durch Steine beschwert, in einen Fluß oder einen Teich geworfen. Geht sie nicht unter, nimmt man an, daß sie der Teufel vor dem Ertrinken bewahrt: Sie wird sofort als Hexe hingerichtet. Ertrinkt sie, wird sie als unschuldig begraben.

Da Hexen an der spirituellen Natur des Teufels teilhaben und daher fliegen können, führt man

eine Wiegeprobe ein: Ist das Gewicht der Angeklagten geringer, als man es bei ihrem Aussehen erwarten würde, ist das ein weiterer Schuldbeweis. Eines der wichtigsten Indizien ist das schon erwähnte Hexenmal. Es kann sich überall am Körper der Hexe befinden. Es ist schmerzunempfindlich und blutet nicht. Um die Suche zu erleichtern, werden die Angeklagten rasiert. Gleichzeitig entfernt man dadurch die in den Haaren versteckten, schützenden Amulette des Teufels. Anschließend traktiert man die Verdächtige mit Nadelstichen, bis die Stelle gefunden ist, an der sie nicht mehr reagiert. Auch wenn unter der Folter keine Tränen fließen, gilt das als Beweis der Hexerei.

Die Dämonologen glauben, der Teufel gebe den Hexen die Kraft, nicht zu weinen. Angeklagte, die unter der Folter zu wenig Empfindungen oder Schmerz verraten, sollen vom Teufel in einen Trancezustand versetzt worden sein.

Das Gottesurteil ist ein juristisches Verfahren aus der Epoche der germanischen Invasionen und der Christianisierung Europas. Es beruht auf dem Prinzip, daß ein Unschuldiger nicht von Gott verlassen sein kann. Bis zum 17. Jahrhundert ist die bei den Hexenprozessen angewandte Wasserprobe der letzte Ausdruck dieser archaischen Prozedur.

**Eine der Hexerei verdächtigte Frau wird nur selten frei-
gesprochen: Das Verhör läuft so ab, daß jede Aussage
die Anschuldigung bekräftigt.**

Am 28. Dezember 1627 wird Katharina
Haan, die Frau des bischöflichen Kanzlers,
in Bamberg verhaftet. Beim ersten Verhör
erklärt sie, es geschehe ihr Unrecht, sie
wolle sich gern peinigen lassen und etwas
bekennen, wenn sie nur etwas wisse.
Am 30. Dezember wird sie „gütlich" befragt, leugnet aber jede Beteiligung an
Hexerei. Daraufhin wird sie drei Zeugen
gegenübergestellt, die sie besagen.

Die Gleichstellung
von traditionellem
Wissen und magischen
Kräften wirkt sich zuun-
gunsten der Frauen aus.

Als sie nicht gesteht, erhält sie die erste Folter durch Daumenschrauben. Während sie die Dreifaltigkeit um Hilfe anruft, werden ihr die Beinschrauben angelegt. Anschließend wird sie eineinviertel Stunden auf den Bock gesetzt, obwohl die Folter nur eine halbe Stunde dauern soll. Diese harte Tortur führt zum ersten Geständnis: Sie sei 25 Jahre zuvor vom Teufel verführt worden, was sie auch gerne büßen wolle.

Beim nächsten Verhör, am 3. Januar 1628, widerruft sie alle Aussagen, da sie sie nur wegen der unerträglichen

Obwohl die Inquisition einen schwarzen Fleck in der europäischen Geschichte hinterlassen hat, trägt sie nicht überall die Hauptschuld an den großen Hexenjagden. So verfolgt man z. B. auch in England ohne die Inquisition die Hexen aufs Grausamste.

Die Maschinerie der Inquisition

Ursprünglich hat die Inquisition etwas Zwiespältiges: Als geistliches Tribunal hängt sie von der Kurie ab, gleichzeitig ist sie aber eine spanische Institution. Sie wird von einem obersten Rat geleitet. Der Herrscher ernennt den Präsidenten des Rats (Generalinquisitor) und seine Mitglieder. 15 lokale Tribunale wirken im Namen seiner Autorität. Jedes Tribunal besteht aus mehreren Richtern, die den Verbrechen gegen den Glauben, die ihnen vorgeführt werden, eine theologische Benennung geben sollen, und einem Staatsanwalt. Die Inquisition verfügt im übrigen über eine Vielzahl von „Vertrauten", eine Art freiwilliger Polizei, der oft Mitglieder des höchsten Standes angehören.

Im Namen des Glaubens

Auch die weltliche Rechtsprechung wird am Ende des Mittelalters nach und nach durch das Verfahren der Inquisition beeinflußt. Colberts Großer Beschluß von 1670 verankert diese Evolution im französischen Recht. Bei der wahrhaft diabolischen Prozedur muß der Angeklagte seine Unschuld beweisen, ohne von den Anklagen Kenntnis zu erhalten. Die Situation entwickelt sich erst zugunsten des Beschuldigten, als Colbert von den Magistraten verlangt, für ihre Anklagen materielle Beweise zu erbringen. Das ist auf dem Gebiet der Hexerei besonders schwer zu realisieren. Aber die Unklarheit über die Befugnisse des Richters und der Magistrate, das Fehlen eines Anwalts und die Anwendung der Folter bleiben weiterhin erhalten. Obwohl sie bereits vor 1780 fast nicht mehr angewandt wird, ist die Folter in Frankreich bis zu diesem Jahr offiziell erlaubt.

Schmerzen gemacht habe. Von diesen Dingen habe sie gewußt, weil ihre Mutter als Hexe verbrannt worden sei. Daraufhin wird sie erneut auf den Bock gesetzt, doch sie gesteht nichts. Zwei Tage später wird sie am ganzen Körper rasiert, und man forscht nach dem Hexenmal, das man schließlich auch auf der rechten Schulter findet. Nun verlangt sie nach einem Jesuiten als Beichtvater, doch statt dessen wird ihr der Kopf geschoren und dann ihr erneutes Geständnis aufgezeichnet.

„Wenn der Angeklagte unter der Folter gesteht, so bringe man ihn dazu, sein Geständnis innerhalb von 24 Stunden an einem anderen Ort zu wiederholen. (…)
Wenn er widerruft, so unterwerfe man ihn erneut der Folter."
Henry Boguet

Als Fortsetzung ihres Bekenntnisses erzählt sie, daß ihr Teufel, Wolf Lucas, zwei Jahre zuvor wiedergekommen sei. Nun gibt sie auch die Teilnahme an der „Taufe" eines Knaben zu und besagt weitere Personen. Darunter sind die Bürgermeister der Stadt. Auch an weiteren Treffen habe sie teilgenommen, wobei ihre „Gespielinnen" getanzt und ein Männerbein ausgegraben hätten, um daraus Hexensalbe zum Wettermachen herzustellen. Schließlich gesteht sie noch Hostienschändung – ein schweres Vergehen gegen die katholische Kirche –, zu der sie der böse Feind gezwungen habe.

Am 7. Januar bringen die Hexenkommissare die Angeklagte soweit, daß sie ihre eigene Beteiligung am Schadenszauber zugibt: Sie hätten gemeinsam aus einem Kind Schmiere gemacht und damit die Früchte erfroren.

Dann wenden die Kommissare noch einen üblen Trick an: Sie behaupten, ihr Sohn habe ausgesagt, seine Mutter hätte ihn zur Hexerei bringen wollen. Schließlich gesteht sie, daß man ihren Sohn mit zwei Jahren dem bösen Geist habe übergeben wollen, was erst viel später geklappt habe, als ihr Sohn von einer jungen Frau verführt worden sei und den Verkehr mit ihr rektal vollzogen habe. Am 15. und 16. Januar bestätigt sie ihre Aussagen, das Urteil datiert auf den 19., und am 24. Januar soll sie hingerichtet worden sein.

„Welche Belohnung erhält sie vom Teufel für den Tod eines Menschen (…)? – Gestand, daß der Böse ihr allen Reichtum auf Erden versprochen habe."
Prozeß von P. Goguillon, die am 24. Mai 1679 verbrannt wurde

Am Prozeß gegen diese Frau wird deutlich, wie eine unbescholtene, fromme Frau unter dem Druck der Folter alles gesteht, was die männlichen Mitglieder der Hexenkommission wollen. Sie ziehen die Schraube des Verfahrens Stück für Stück an und komplettieren so das Bild von einem vollkommen klaren Fall von Hexerei. Ganz offensichtlich scheint die sexuelle Phantasie der Männer dabei ein gestalterisches Element zu sein: Anders läßt sich die Aussage der Angeklagten über den Geschlechtsverkehr ihres Sohnes kaum erklären.

Das Verhör beginnt immer ohne Folter: „Der Richter braucht sich bei dem Verhör nicht zu beeilen", empfiehlt der „Hexenhammer".

Nur wenn das einfache Verhör nicht zum gewünschten Geständnis führt, wird gefoltert. Bodin empfiehlt, die Folterinstrumente sichtbar in einem Nebenzimmer auszubreiten oder unsichtbare Komparsen Schmerzensschreie ausstoßen zu lassen. Die Foltermethoden variieren, abhängig von Zeit und Ort. Da gibt es z. B. die Wassertortur, bei der das Opfer mit Händen und Füßen an eine Mauer gefesselt wird, während ihm mit Hilfe eines Trichters bis zu 18 l Wasser in den Hals geschüttet werden. Oder man legt ihm Feuer unter den Füßen oder schlägt ihm Eisenspitzen unter die Nägel, nach Bodin „die wirksamste Gehenna von allen". Sehr häufig ist auch die Wadenschraube, bei der dem Opfer Holzteile um die Beine gelegt werden, die dann mit Hilfe von Seilen und Schrauben zusammengepreßt werden.

Im Prinzip darf eine Angeklagte nicht öfter als dreimal gefoltert werden. Auch muß wenigstens ein Tag zwischen jeder Sitzung liegen. Dieses Intervall ist jedoch nicht dazu bestimmt, den Angeklagten zu schonen. Er erhöht vielmehr die Wirksamkeit der Folter und verlängert die Qualen, da die Gefangene Zeit hat, sich vor der nächsten Sitzung zu fürchten. Um gültig zu sein, müssen die Geständnisse, die unter der Folter gemacht wurden, am Tag darauf freiwillig wiederholt werden. Widerruft die Angeklagte ihre Aussagen, foltert man sie erneut.

Da die Maschinerie des Gerichts jeden Widerstand im Keim erstickt, sind viele Angeklagte unter der Folter geständig.

Der Widerstand unter der Folter währt bei den Beschuldigten unterschiedlich lang. Manche widerstehen sowohl psychischer als auch physischer Qual erstaunlich lange. Aber meistens führen der Druck der Nachbarschaft, das scheinbare Einverständnis zwischen Richtern und Zeugen, der lange Aufenthalt in einem ungesunden Gefängnis, die wiederholten Verhöre und Foltersitzungen schließlich zu Geständnissen. Eine letzte Folterung ergibt in der Regel auch die Besagung von Komplizen: Der Richter erhält somit Stoff für weitere Untersuchungen.

Die Hexen-Epidemien entstehen also nicht zuletzt durch die Art der Untersuchung.

Theoretisch können Verurteilte vor einem höheren Gericht Berufung einlegen: dem Parlament in Frankreich, dem Privaten Rat in den spanischen Niederlanden. Praktisch tun sie es jedoch fast nie. In ihrer Isolation kennen sie oft ihre Rechte nicht. Dazu kommt die Entmutigung nach den ausgestandenen Torturen. Zudem wird das Urteil sofort nach der Verkündung vollstreckt. Das reinigende Feuer nimmt alles mit sich. Auch die Prozeßakten werden von den Richtern ins Feuer geworfen, um jede Erinnerung an das Verbrechen auf immer auszulöschen.

Im 16. Jahrhundert übernehmen die weltlichen Richter eine außergewöhnliche Vorgehensweise, die von der Inquisition bereits drei Jahrhunderte vorher gegen die Ketzer angewandt wurde.

Die Übertragung einer juristischen Praxis aus dem *kanonischen* in das weltliche Recht bedeutet eine Revolution in der Rechtspraxis. Bis dahin wurden Anklagen nach dem Usus erhoben, der von den germanischen Völkern

Den verstockten Ketzer erwarten die Peitsche, die Galeere, das Rad und der Scheiterhaufen. Für die Hexe ergibt sich eine einfachere Situation. Auch wenn sie der Folter widersteht und ihre Teilnahme am Hexensabbat erfolgreich leugnet, ist sie nicht von jedem Verdacht befreit. Die Verurteilung zum Exil oder der Ausschluß aus ihrer Gemeinschaft ist für sie, deren Ruf endgültig befleckt ist, nichts anderes als ein hinausgezögertes Todesurteil.

nach Europa eingeführt worden war. Um jemanden anzuklagen, mußten konkrete Beweise vorliegen. Das Gericht hatte nur die Stichhaltigkeit der Anklage zu untersuchen, die Argumente der beiden Parteien anzuhören und gegebenenfalls die Höhe des Schadensersatzes festzulegen. Wenn es dem Ankläger nicht gelang, das Gericht von der Richtigkeit seiner Aussagen zu überzeugen, wurde er je nach dem Ausmaß der Verleumdung und des erbrachten Schadens bestraft.

Bei der Inquisition spielt der Richter eine wesentlichere Rolle, und der Angeklagte muß seine Unschuld beweisen.

Oft entscheidet der Richter auf Grund von nicht selten anonymen Anschuldigungen, ob er die Untersuchung aufnimmt. Der Ankläger bleibt geheim. Das Vorgehen der Inquisition ist genau das Gegenteil der germanischen Anklagepraxis: Der Angeklagte muß seine Unschuld beweisen. Und das gegenüber einem Richter, der von vornherein von der Schuld des Angeklagten überzeugt ist und nur noch das Ziel verfolgt, ein vollständiges Geständnis zu erpressen.

Dazu kommen noch weitere Schwierigkeiten für den Beschuldigten. Die Untersuchung ist geheim: Von der Welt abgeschlossen, erfährt er nie, wer ihn angeklagt hat, nicht einmal, was die Hauptanklagepunkte sind. Bei den strengen Verhören spielt der Richter Katz und Maus mit dem Opfer und versucht, es durch seine Fragen aus dem Gleichgewicht zu bringen. Selbst wenn dem Angeklagten die Hilfe eines Anwalts zugebilligt wird, rät ihm dieser aus Angst um sein eigenes Leben nicht selten zum Geständnis. Nach dem Geständnis besteht eine realistische Chance, auf mildernde Umstände zu plädieren.

Es erstaunt also nicht, daß dieses Verfahren, kombiniert mit der Grausamkeit der Folter, der Feuerfolter oder der Seilfolter, in aller Regel falsche Geständnisse erzwingt, die dem Angeklagten im Lauf des Prozesses in den Mund gelegt werden.

Viele Angeklagte gestehen ihre Teilnahme an den Hexensabbaten mit erstaunlicher Bereitwilligkeit. Dies stellt ein überzeugendes Argument für die Hexenjäger dar, doch die Historiker haben Mühe, diese Tatsache zu erklären. Daher besteht die berechtigte Frage, ob nicht ein großes Mißverständnis zwischen Anklägern und Angeklagten herrscht: Für die Bauern ist der „Sabbat" nichts anderes als ein Volksfest, eine Art „Fest der Narren"; für den Richter dagegen handelt es sich um ein Vergehen gegen die zivilen und religiösen Autoritäten.

In Europa verbreitet sich während des 16. Jahrhunderts in allen Schichten der Dämonenglaube.

Die Grundlage liegt darin, daß in den abendländischen Kulturen bereits vielfältige Glaubensvorstellungen über übernatürliche Kräfte und die Möglichkeiten der menschlichen Einflußnahme darauf bestehen. Diese Vor-

stellungen bilden zur Zeit der Hexenprozesse und zweifellos auch schon lange vorher durchaus zusammenhängende Systeme. Richter und Theologen zögern nun nicht, sie, wo es ihrer Sache dient, mit dem Phänomen der Hexerei zu vermischen. Die Historiker folgten ihnen dabei auf dem Fuß. In Europa waren die von der Hexenjagd betroffenen Regionen aber relativ fest umrissen.

Es geht nun darum, nicht denselben Fehler zu machen und die geographischen Grenzen und die Grenzen zwischen den Vorstellungen klar zu definieren. Zwischen 1500 und 1650 glaubt man in ganz Europa an die Existenz der Hexerei, der Teufelssabbate und einer Sekte von Zauberern. Die schriftlichen Aussagen darüber sind gleichlautend, von Deutschland bis Italien, von England bis Spanien.

Wenn es aber darum geht, die tragische Auswirkung dieses Glaubens festzustellen, die Regionen der aktiven Hexenverfolgungen mit ihren Prozessen und Scheiterhaufen zu benennen, ergibt sich ein ganz eigenes geographisches Bild.

Verschiedene Regionen, vor allem im Norden Mitteleuropas, erleben mehr oder weniger starke Verfolgungswellen, andere bleiben davon fast ganz verschont. Am stärksten betroffen sind das Artois, Flandern, der Hennegau, Cambrésis, Brabant, Luxemburg, Lothringen, das Rheinland, Südwestdeutschland, Hessen, Franken, Sachsen, Thüringen, Bayern, die Alpen, Burgund, Kurmainz, Kurtrier

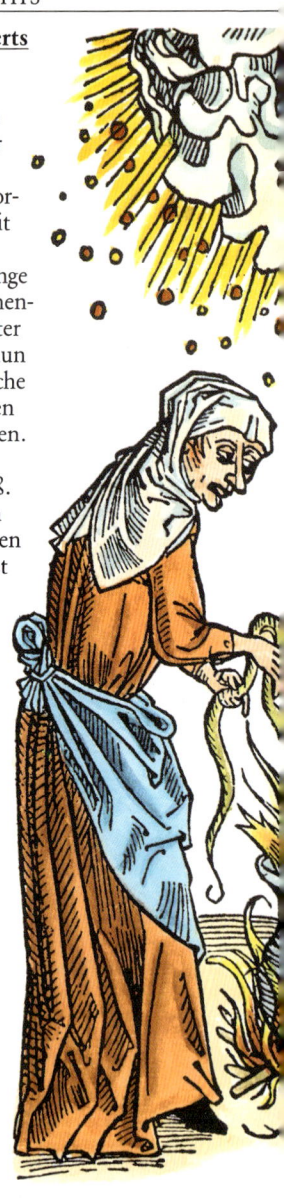

und das Elsaß. In Südeuropa erleben die Guyenne, das Béarn, das Labourd, das Baskenland, Piemont und die Alpentäler Norditaliens das Fieber der Hexenjagden. In der Normandie oder im Pariser Becken treten nur sporadische Fälle von Hexenprozessen auf, in den größten Teilen Italiens und Spaniens und in der Bretagne, im Languedoc und im Forez fehlen sie völlig. Zwar existiert auch dort der Hexenglaube, aber es kommt nie zu Verfolgungen.

„(Die Hexen) kochen in Töpfen über einem verfluchten Feuer vergiftete Gräser und Substanzen, die von Tieren oder menschlichen Körpern stammen."

Aussage von Anne-Marie G., die von der Inquisition von Toulouse verurteilt wurde

Goya ironisiert den Glauben an die Kraft der Zähne von Gehängten bei der Zubereitung von Zaubertränken.

Wenn schon ihre geographische Verbreitung überrascht, ist die Analyse der Hexenprozesse selbst nicht weniger erstaunlich. Häufig liegen Abgründe zwischen den Ausführungen der Richter, überzeugten Dämonologen, die, koste es was es wolle, ihre Ansichten den Gerichtsuntertanen aufzwingen wollen, und den Aussagen der Betroffenen. Ein Bauer zeigt diesen oder jenen Nachbarn an, wegen des Schadens, den er ihm selbst oder der Gemeinde durch seine angeblichen Hexenkünste zugefügt hat. Diese aus Unwissen und Aberglauben sowie aus sozialen Spannungen entsprungenen Anklagen erhalten erst in den Prozessen ihr tragisches Gewicht. Denn es sind meist erst die Richter, die diese Elemente der zwischenmenschlichen Aggressivität in die Sprache der Hexerei übersetzen und sie den Angeklagten durch Gewalt oder Überzeugung aufzwingen.

Die Vorstellung von der Hexenverschwörung ist also eine Schöpfung der sozialen Elite und der weltlichen oder geistlichen Gelehrten. Von diesen wird sie in Prozeßakten und Handbüchern zur Hexenverfolgung schriftlich

Zwischen 1560 und 1670 erlebt Südwestdeutschland eine besonders unerbittliche Hexenjagd. Mehr als 3 200 Menschen werden hingerichtet. In Wiesensteig werden allein im Jahr 1562 63 Frauen als Hexen verbrannt, in der Region Obermarchtal sind es zwischen 1586 und 1588 43 Frauen und 11 Männer, 7 % der damaligen Bevölkerung.

festgehalten und verbreitet.
Erst dadurch setzt sie sich in
der bäuerlichen Gesellschaft,
wenn auch nur langsam, mit
Hilfe der Kommunikations-
mittel der damaligen Zeit
durch: Predigten, Dorf-
gespräche, Legenden und
Märchen – oder durch das be-
eindruckende Beispiel öffent-
licher Hinrichtungen.

IOÁNES
STRATENSÍS
FLANDRVS
1570

VIERTES KAPITEL

HEXEREI ODER MAGIE?

In den katholischen Grenzgebieten der reformierten Länder Nordeuropas erlebt die Teufelsaustreibung durch das Feuer eine große Blüte: Die Hexerei gilt als Tochter der Ketzerei. In den mediterranen und vom Protestantismus unberührten Ländern wie Spanien und Italien werden die Hexen dagegen nicht verdächtigt, im Pakt mit dem Teufel zu stehen.

Die zeremonielle Magie entwickelt sich unabhängig von der Hexerei. Auf ihrem Höhepunkt im 16. Jahrhundert wird sie zu einer Art Gnosis, da die Magier mit ihren den Initiierten vorbehaltenen Mitteln versuchen, Kenntnis über göttliche Geheimnisse zu erlangen.

Auch Magier, Astrologen, Alchimisten, Seher und Propheten üben mit Hilfe ihrer okkulten Praktiken eine gewisse Macht über Dinge und Wesen aus. Und obwohl um sie herum auch der Glaube an die Hexerei besteht, bleiben sie von den Hexenjagden verschont. Der Mythos von den Dämonen ist in Italien von 1420 bis 1430 zu finden. Er besitzt auch hier bekannte Verteidiger, z. B. den großen Prediger Bernardo von Siena und den Inquisitor Bernardo Rastegno. Letzterer veröffentlicht Ende des 15.,

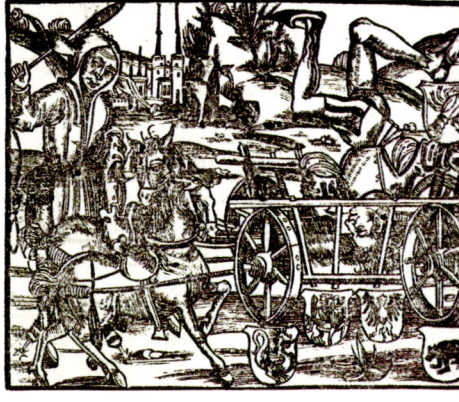

Anfang des 16. Jahrhunderts zwei Handbücher: die „Laterne der Inquisitoren" und die „Abhandlung über die Hexen". Die Verfolgungen bleiben aber sowohl in der Zeit als auch im Raum limitiert. Um die Jahrhundertwende (1490–1510) finden in Piemont und in der Lombardei, hauptsächlich in der Diözese von Como, den Grenzbereichen des Veltlintals und den Graubündner Tälern einige Hexenjagden statt. In Genua und im Potal wurden ebenfalls einige Scheiterhaufen entzündet. Aber die Hexenjagden sind nur Episoden und von kurzer Dauer. Vor allem entgeht Italien dem großen Hexenwahn des 17. Jahrhunderts. Nur die Trienter Gegend erlebt eine größere Jagd am Anfang des 17. Jahrhunderts. Doch diese Region ist bereits zum Einflußbereich der germanischen Kultur zu zählen.

In diesem Holzstich (oben) sieht der Künstler die herumirrenden Seelen als einen Zug von Narren.

Paradoxerweise ist es die Inquisition, die verhindert, daß Italien dem Hexenwahn verfällt.

Die kurze Hexenjagd, die Ende des 15. Jahrhunderts in Norditalien stattfindet, ist noch das Werk der Inquisition. Aber nach der durch Papst Paul III. organisierten Zentralisierung der Inquisition im Heiligen Gericht der römischen und universellen Inquisition üben die geistlichen Gerichte oft mildernden Einfluß auf die strengeren Ansprüche der weltlichen Justiz aus. Im Gegensatz zu den überkommenen Vorstellungen muß man heute zugeben, daß die Inquisition ab Mitte des 16. Jahrhunderts eine verständnisvolle und tolerante Einstellung gegenüber religiösen

Verbrechen, die nicht an protestantische Ketzerei grenzen, zeigt. Sogar in Sardinien und Sizilien, Regionen, in denen die gefürchtete spanische Inquisition wütet, finden keine Hexenjagden statt.

ADVIS
AVX
CRIMINALISTES
SVR LES ABVS QVI SE GLISSENT
dans les Proces de Sorcelerie.

A LYON
CLAVDE PROST, à la Verité.
M. DC. LX.
Avec Approbation, & Permission.

Im Friaul bekämpfen die „benandanti“ die Hexen, um eine gute Ernte sicherzustellen.

Nach der Erneuerung durch das Trienter Konzil im Jahr 1570 versucht die katholische Kirche die Glaubensvorstellungen ihrer Anhänger zu ordnen. Im Friaul, nordöstlich von Venedig, entdecken die Inquisitoren einen sehr altertümlichen Brauch. Eine Gruppe auserwählter junger Männer zieht unter einem jungen Kapitän in der Nacht des Fronfastens aus, um die Hexen zu bekämpfen. Als Waffen tragen sie *Sorghostäbe*. Der Kampf findet in der Ebene von Josaphat statt. Von seinem Ausgang hängt die Qualität der Ernten ab. Nur ein Sieg der „benandanti“ führt zu fruchtbarem Boden und reichen Ernten. Auf dem Rückweg dringen die „benandanti“ in die Häuser ein und stärken sich an den Vorräten und dem Wein.

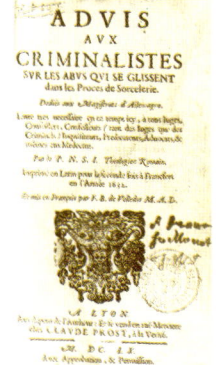

Das Fronfasten, ein altes, in den christlichen Kalender eingegliedertes Fest, findet in der Nacht von einem Donnerstag auf einen Freitag statt.

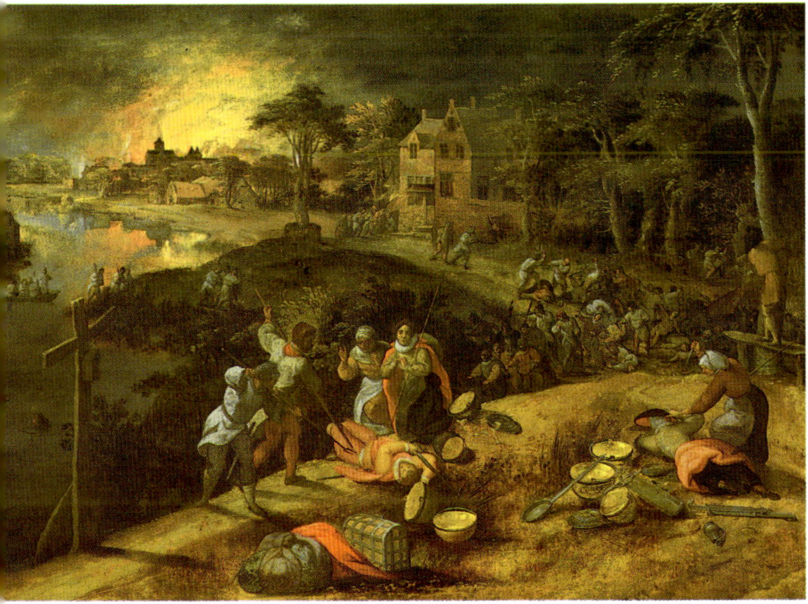

Man glaubt, daß nur die Männer am Kampf teilnehmen, die bei der Geburt noch die *Amnionhülle* tragen. Sie können ihrem Schicksal nicht entgehen; in der Nacht des Fronfastens verfällt ihr Körper in einen *katatonischen* Zustand, während ihr Geist am Kampf gegen die Hexen teilnimmt. Die Untersuchungen der Richter bringen weitere alte Glaubensvorstellungen zutage. Verschiedene Frauen behaupten, in der Nacht fliegen zu können und in die Häuser einzudringen, um dort die Vorräte zu essen und die Weinfässer anzuschlagen. Die Inquisitoren sind fest überzeugt, hier einem Phänomen der Hexerei gegenüberzustehen. Sie sehen die „benandanti" nicht als Wohltäter, die Hexen bekämpfen, sondern gehen davon aus, daß sie selbst eine Sekte von Hexen sind. Die Kämpfe in der Ebene von Josaphat sind nichts anderes als Hexensabbate, zu denen auch die „fliegenden" Frauen geladen sind.

Die Konfrontation dauert etwa ein Jahrhundert. Anfangs beteuern die Friauler „benandanti", arme Bauern, ihre Aufrichtigkeit. Aber unter dem Druck der Richter geben sie nach und gestehen ihre Teilnahme an Hexensabbaten. Gegen Mitte des 17. Jahrhunderts sind die alten Sitten ausgerottet, und in den Berichten darüber spricht man von Hexerei.

In Süditalien und Sizilien ist im 17. und 18. Jahrhundert der Gebrauch von rituellen Masken sehr verbreitet. Ihnen werden okkulte Kräfte zugesprochen. Wie in den heutigen „primitiven" Gesellschaften gelten auch in der Magie die rituellen Tänze, Trancen und Masken als Ausdrucksmittel für die Geister. So benutzen die Hexen sie z. B. bei der Verdoppelung ihrer Persönlichkeit.

Kerzen und Talismane werden in der Magie für die Beschwörung mit der Kristallkugel gebraucht.

Die Bauern aus Friaul erinnern sich an sehr alte Mythen germanischen Ursprungs, die das Christentum kaum verändert hat.

Wir wissen heute, daß die „benandanti" den Inquisitoren gegenüber im Recht waren. In der germanischen Kultur galten die in der Schlacht gefallenen Krieger als dazu verdammt, unter der Führung ihres Gottes Wotan herumzuirren. Mit dem Christentum wurden dieser wilden Schar die Seelen aller Verstorbenen hinzugefügt, die nicht begraben wurden. Diesen Mythos beleben die „benandanti" in ihren Trancen neu. Der Kapitän, der sie führt, wurde von den Germanen als König des Fronfastens bezeichnet. Der Anführer der Hexen, die sie bekämpfen, ist Harlekin, ein grausamer und bösartiger Geist, den erst die „Commedia dell'arte" in eine ungefährliche Maske verwandelt. Die Frauen auf ihren nächtlichen Flügen erinnern an die „mesnie sauvage", von der bereits die mittelalterlichen Legenden berichten. Auf sie bezieht sich auch der „Canon episcopi" aus dem 10. Jahrhundert. Diese Glaubensvorstellungen bewahren große Lebendigkeit und bilden über Jahrhunderte einen Teil des kulturellen Erbes der Friauler Bauern. Obwohl sie in keiner Beziehung zur negativen oder dämonischen Hexerei stehen, überleben sie die hartnäckige Verfolgung der katholischen Kirche während der Gegenreformation nicht.

Doch die Überzeugung der Inquisitoren, es hier tatsächlich mit Hexen zu tun zu haben, ist nicht sicher genug, als daß man Scheiterhaufen entzündet hätte. Die Strafen, die sie verhängen, bewegen sich im Rahmen der normalen strafrechtlichen Praxis, und es kommt nie zu einem Hexenwahn wie in Mitteleuropa.

Mit seinem Gewand aus dreieckigen Flicken, seiner schwarzen Maske und seinem Stock stellt Harlekin im Mittelalter einen bösartigen Geist dar, der mit der zwielichtigen Welt der Hexen und Dämonen in Verbindung steht. In der „Commedia dell'arte" wird er zum zynischen und feigen Narren. Das klassische Theater verändert seine Persönlichkeit. Marivaux macht ihn zu einem Einfaltspinsel in „Harlekin, von der Liebe verändert", einem philosophischen Diener in „Die Sklaveninsel" und einem ironischen Witzbold in „Das Spiel von Liebe und Zufall".

In Süditalien besteht ein lebendiger Glaube an die Magie. Ab Ende des 16. Jahrhunderts bemüht sich die Inquisition vergeblich darum, ihm ein Ende zu setzen.

Durch Magie versucht man, die übernatürlichen Kräfte mit Hilfe ritueller Formeln zu beherrschen, um Einfluß auf Angelegenheiten der Liebe, der Gesundheit und der Finanzen zu nehmen. Es gibt verschiedene Wege, um magische Fähigkeiten zu erwerben. Doch hier nach Hexerei zu suchen erscheint sinnlos, denn es hat nie Spuren negativer oder dämonischer Einflüsse gegeben.

Eine frühe Form der (Weißen) Magie wird von Gelehrten praktiziert, kultivierten Männern, Humanisten, oft sogar Bettelmönchen und Priestern. Ihr Ursprung ist

alt und vielfältig; nicht zuletzt wurde sie von arabischen Gelehrten betrieben, und bereits im 14. Jahrhundert wird die Zauberei durch Papst Johannes XXII. verboten.

Die Magie beruht auf Traditionen, die aus der jüdischen Kabbala und der arabischen Magie übernommen wurden, und wird im Lauf der Zeit durch Kenntnisse aus der Alchimie und der Astrologie ergänzt. Im wesentlichen hat sie die Funktion, Geister zu rufen, die nach Belieben des Magiers in Fläschchen oder Ringen gefangengehalten werden können.

Mit der Wiederentdeckung der Antike in der Renaissance (15. Jahrhundert) wird dieses Wissen anhand

Die Alchimie entstand im 2. und 3. Jahrhundert in Alexandria, im Umfeld der hellenistischen Gnostiker. Die Araber führen sie im 12. Jahrhundert im Abendland ein. Der Alchimist versucht, den Stein der Weisen – universelle Medizin und golderzeugenden Puder – zu finden.

hermeneutischer Texte der Spätantike neu erlernt. Verschiedene neuplatonische Philosophen, z. B. Pico de la Mirandola, versuchen, die Magie mit dem Christentum zu versöhnen. Die neuplatonische Synthese aller Strömungen der intellektuellen Magie wird durch den großen Magier der späten Renaissance, Cornelius Agrippa von Nettesheim, realisiert. Sein 1533 erschienenes Werk „De occulta philosophia" erlebt einen großen Erfolg.

Im Jahr 1583 verbreitet sich in Europa die Nachricht, daß der Stein der Weisen gefunden sei. Drei Jahre später verbietet Papst Sixtus V. durch seine Bulle „Coeli et terrae creator" („Der Schöpfer des Himmels und der Erde") sämtliche Formen der Seherei.

Da die Prinzipien der Alchimisten symbolischer und nicht wissenschaftlicher Natur sind, können sie nicht als Vorfahren der heutigen Chemiker gelten. Durch die Umwandlung von einfachen Metallen in Gold versuchen sie, den Menschen in seiner anfänglichen Ähnlichkeit mit Gott zu restituieren. Alchimie und Chemie sind sich so wenig ähnlich wie Astrologie und Astronomie.

Auf die hermeneutische Tradition und Denkart berufen sich Humanisten, Philosophen, Astrologen, aber auch diejenigen, die von der Magie Spektakuläres erwarten.

Die neapolitanischen Magier bleiben bis auf wenige Ausnahmen weit entfernt von wissenschaftlichen Spekulationen. Sie suchen vielmehr nach Formeln, die direkt anwendbar sind und sofort wirken. Deshalb verschlüsseln viele ihre Texte aus Geheimhaltungsgründen und handeln nur unter der Hand damit. Dies trifft auch für „Die kleinen Schlüssel Salomons" zu, einen Text aus der jüdischen und arabischen Tradition, oder für „Das vierte Buch des Cornelius Agrippa", ein der dämonischen Magie gewidmetes Buch. Die Magier hoffen, durch ihre Rituale und Formeln die Hilfe der übernatürlichen

Kräfte zu erhalten. Diese sollen ihnen die Geheimnisse des Steins der Weisen enthüllen, ihnen die Verwandlung von Metall in Gold zeigen und sie zu verborgenen Schätzen führen.

In Neapel bricht eine regelrechte Schatzsuche der Intellektuellen aus. Einer der gesuchten Schätze ist der Schatz von Lautrec, einem französischen Kriegsführer, der 1582 unter den Mauern der Stadt starb. Ihm soll es gelungen sein, vor seinem Tod ein Kanonenrohr voller Goldstücke zu verbergen. Doch daneben bereiten die Magier auch Liebestränke zu, die die Wirkung auf das andere Geschlecht erhöhen, benutzen Talismane, die ihnen die Gunst des Herrschers sichern, oder schreiben hebräische Formeln auf Zettel, die sie vor Krankheit oder Überfällen bewahren sollen.

Neben dieser „wissenschaftlichen" Magie gibt es auch eine volkstümliche Magie, die auf mündlich übermittelter Tradition beruht. Diese Form der Magie wird von Frauen aus dem Volk ausgeübt, den Gattinnen kleiner Handwerker, Kräuterfrauen oder Prostituierten. Die Wurzeln dieser

Die Handlesekunst ist eine der unzähligen Wahrsagetechniken des Mittelalters und der modernen Zeit. Sie versucht, die Zukunft eines Individuums an der Form und dem Aussehen seiner linken Hand und den Linien des Handtellers zu erkennen.

Magie liegen in einem alten, von Frauen tradierten Wissen: Mit Hilfe ritueller Handlungen und der Kenntnis verschiedener Kräuter heilen sie Krankheiten von Kindern und Frauen, die keinen Arzt aufsuchen können oder wollen, und fügen ausgerenkte oder gebrochene Glieder wieder zusammen. Aber ihr Wissen geht über die Behandlung rein organischer Krankheiten hinaus, sie sind auch in der Lage, Zauber zu lösen und den bösen Blick, den „malocchio", dem man in Italien bis heute begegnet, zu bannen. Man fragt sie um Rat, wenn ein Kind dahinkümmert, ohne daß ein Mittel dagegen gefunden wird, wenn eine Frau vor Liebe zu ihrem Geliebten oder ihrem untreuen Ehemann verschmachtet oder wenn ein Mann in der Blüte seiner Jahre von Impotenz getroffen wird.

Haben die Künste der Heilerinnen Grenzen? Oder sind diese Frauen auch in der Lage, jemanden zu verhexen?

Können Heilerinnen nur heilen? Diese Frage beschäftigt ihre Zeitgenossen sehr. Nach und nach werden die weisen Frauen, die die Kräfte der Pflanzen kennen, Liebestränke und Talismane herstellen und die wundertätigen Heiligen anbeten, verdächtigt, „fattucchiere" (Hexen) zu sein – auch wenn sie nicht selten eher respektiert als gefürchtet werden. Verschiedene Praktiken der Geisterbeschwörung haben Eingang in die volkstümliche Magie gefunden, und mehr als eine „fattucchiera" rühmt sich des Besitzes eines Geistes, gefangen in einem Fläschchen oder einem Ring. Über einen Spiegel nimmt sie Kontakt zu diesem Geist auf – wie z.B. Schneewittchens Stiefmutter –, etwa um in die Zukunft zu sehen.

Gerade im klassischen Theater kommen oft Hexen und Magier vor. Dadurch verlieren sie jedoch ihren geheimnisvollen Charakter. Giordano Bruno, einer der größten Magier seiner Zeit, macht sich Ende des 16. Jahrhunderts selbst in seinem Theaterstück „Il Candelaio" über die Magier und Pedanten lustig.

Für die Richter der Inquisition gibt es keinen Zweifel: Magier, Geisterbeschwörer und „fattucchiere" sind Hexer und Hexen. Die Richter werden in ihrer Überzeugung durch Legenden bestärkt, die den Ort des Hexensabbats nahe Benevent, nördlich von Neapel, in der Nähe eines berühmten Nußbaums, oder in der Region der Flegräischen Felder nördlich von Neapel ansiedeln.

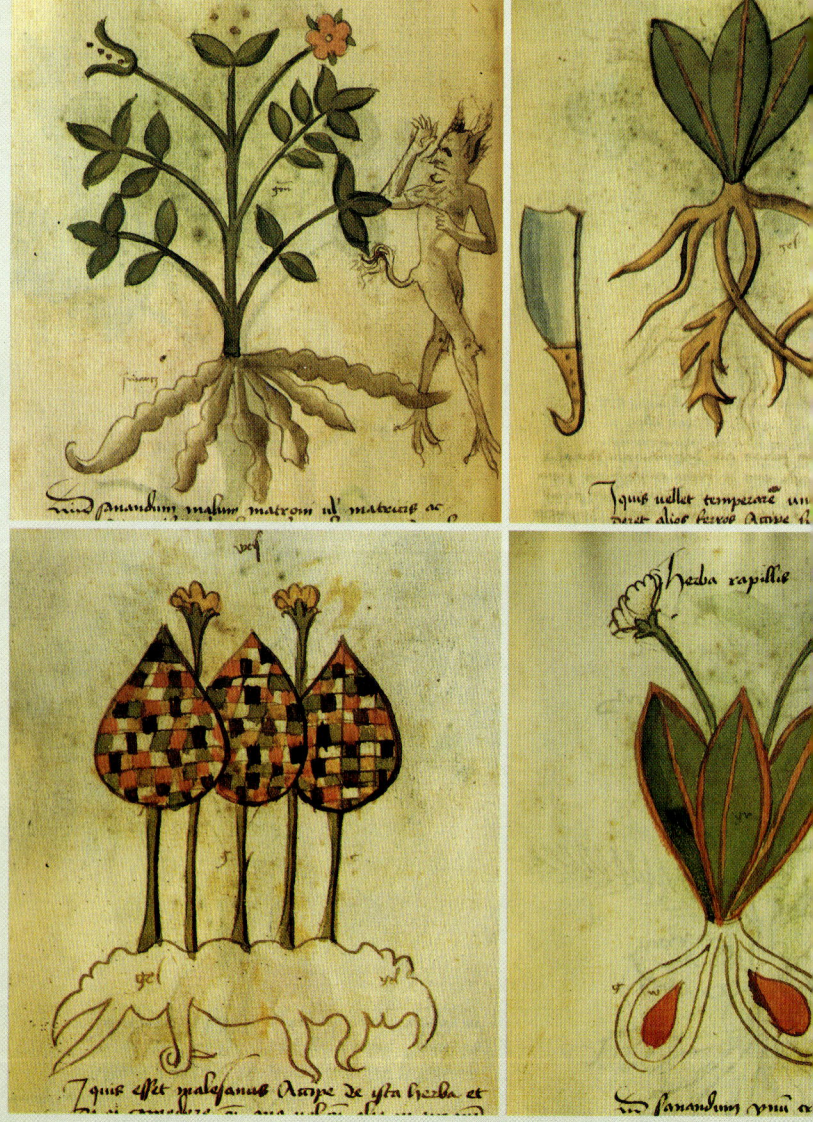

Herba peonia

Herba folio

verf

Herba rapillis

Und parandum malum matron uf mateas ac

Jquis uellet temperare un ....
paret alios herbos ....

Jquis esset malesanus Accipe de ista herba et

Und paranudum venu ...

herba dictami bianchi

S. [manuscript Latin text, partially illegible]
quem momordeat serpens Aut dia bestia uenenosa...

Vor der Entstehung der wissenschaftlichen Medizin im 19. Jahrhundert ist der Einsatz von Heilpflanzen die einzige zur Verfügung stehende Heilmethode. Die Qualitäten, die den Heilkräutern zugeordnet werden, beruhen weniger auf ihren chemischen Eigenschaften als auf den symbolischen Werten, mit denen man sie in Verbindung bringt. So dürfen sie beispielsweise nur in verschiedenen Nächten des Jahres gepflückt werden: an Christi Himmelfahrt, am Tag Johannes des Täufers und in Neumondnächten. So wie die Hexe durch ihre Fähigkeit des Heilens auch die Macht des Tötens besitzt, so sind auch verschiedene Heilpflanzen gleichzeitig gefürchtete Giftpflanzen. Bestandteile des Bilsenkrauts und der Tollkirsche, beides stark giftige Pflanzen und Attribute der Hexen, werden heute zur Herstellung von Medikamenten benutzt.

Wie die Höhle der Cumäischen Sibylle und der Höllen-
eingang am See von Averna besitzen diese Orte große
Bedeutung. Daher leiten die Richter, wie überall in
Europa, ab 1580 vermehrt Prozesse ein. Sie erreichen
jedoch nie ein Geständnis über das Herzstück des Hexenmythos: die Teilnahme am Hexensabbat. Nichts ist der
hermeneutischen Magie und der „fattura" (Hexerei) frem-
der als die bösartige, dämonische Hexerei. Die Inquisition
verfolgt zwar bis zum 17. Jahrhundert weiterhin den
sogenannten „Aberglauben", aber in ganz Süditalien
brennt niemals ein Scheiterhaufen.

**In Spanien tritt die Hexenjagd als sehr
begrenztes Phänomen auf. Nur im
Baskenland werden Hexen auf
den Scheiterhaufen
geschickt.**

In vieler Hinsicht ähnelt die
Haltung der Spanier gegenüber
der Hexerei der der Italiener. Die
gefürchtete spanische Inquisition,
die noch strenger organisiert ist als
die römische, geht kaum gegen
die angeblichen Hexen vor.
Nur das Baskenland wird
wirklich vom Hexenwahn
betroffen. Die Inquisition
greift oft nur gegen ihren
Willen ein, auf Anfrage der
jeweiligen Gemeinden und
der zivilen Justiz. Ab 1466 bittet die Junta der Provinz Guipúzcoa
König Heinrich IV. von Kastilien um die
Verfolgung der Hexen, die in der Gegend auftreten. In den ersten Jahren des 16. Jahrhunderts
werden einige Herde der Hexerei in Durango an
der Biskaya entdeckt, und 1507 verbrennt der
Inquisitor von Logroño etwa 30 Personen. 1527
beschuldigen zwei Mädchen von neun und elf
Jahren, die sich selbst als frühere Hexen bezeichnen, mehrere Menschen der Hexerei. Ein
Mal in deren linken Augen soll das beweisen.
150 Personen werden daraufhin verhört.

HISPANIS SCHI

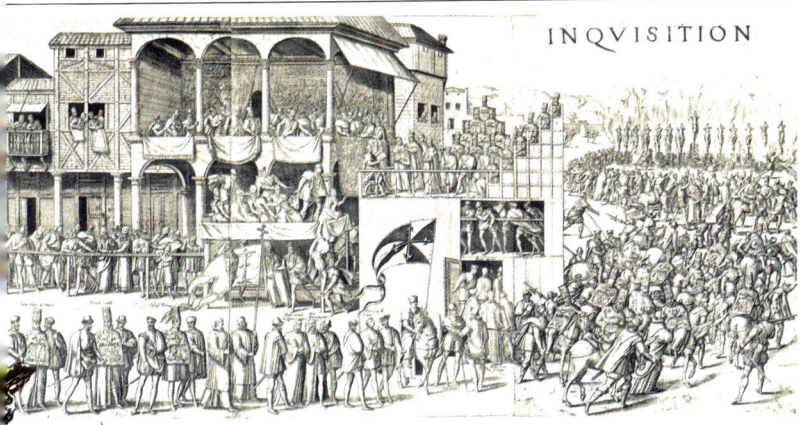

INQVISITION

Nach einem kurzen Auflodern der Gewalt hören die Verfolgungen bereits in der ersten Hälfte des 16. Jahrhunderts auf.

Die Inquisitoren dämpfen den Übereifer der zivilen Justiz und der Bevölkerung, von denen sie zu Hilfe gerufen wurden. Sie lassen sich nur selten von den Anklagepunkten überzeugen, und die Strafen, die sie verhängen, sind nicht sehr streng. Häufig werden die Angeklagten bereits nach einem gründlichen Verhör wieder freigelassen.

Das eigentliche Ziel der Inquisition ist das Aufspüren der nur nach außen hin Bekehrten, der *Marranen* und *Morisken*. Die Hexerei erlangt nur marginale Bedeutung. Aber wie die Region um Trient in Italien, erlebt auch das spanische Baskenland Anfang des 17. Jahrhunderts ein kurzes Aufflammen der Hexenjagd. Während sich Pierre de Lancre in Frankreich mit der Region Labourd beschäftigt, gerät das Baskenland in Aufruhr. Auf Anfrage der weltlichen Justiz entsendet der Inquisitor von Logroño 1610 einen Kommissar nach Zugarramurdi.

Die Alraune, von unangenehmem Geschmack und Geruch, besitzt narkotische und entschlackende Kräfte. Den Pflanzen, die man am Fuß des Galgens findet, werden magische Kräfte zugesprochen.

Die Basiliskenschlange, ein weiteres Attribut der Hexe, soll mit ihrem Blick töten können.

Über 300 Personen werden vor Gericht verhört. Die Prozesse dauern bis 1614. Im Gegensatz zu den Forderungen der weltlichen Richter werden aber relativ milde Strafen verhängt. Sieben Hexen werden auf dem Scheiterhaufen verbrannt. Fünf andere, die während des Prozesses gestorben sind, werden symbolisch verbrannt. 18 werden begnadigt.

Die seherische Nachtwandlerin stellt eines der Lieblingsmotive der romantischen Maler dar. In diesem Portrait blickt sie mit weitgeöffneten Augen in die Welt der Träume.

Nach den Prozessen legen sich die Spannungen. In anderen Gegenden Spaniens stößt die Inquisition nur auf Fälle von zeremonieller Magie, die „hechiceria", die der italienischen „fattura" ähnelt. Wie die römische Inquisition zeigen auch die spanischen Inquisitoren in diesen Fällen eine relativ große Toleranz.

<u>In Frankreich werden Magier, Seher, Heilerinnen und alle anderen, die mit okkulten Kräften in Kontakt stehen, den Hexen gleichgestellt.</u>

Die Besonderheit Frankreichs, der Beneluxländer, Deutschlands und angrenzender Gebiete, in denen der Hexenwahn wütet, liegt darin, daß die Variationen des magischen Glaubens systematisch auf das dämonische Modell reduziert werden. Besonders in ländlichen Gebieten gibt es Wahrsagerinnen, deren Rat jeder einholt, ob er nun in die Zukunft schauen, ein geliebtes Wesen oder einen verlorenen Gegenstand wiederfinden will. Wegen des völligen Fehlens ärztlicher Versorgung ist die

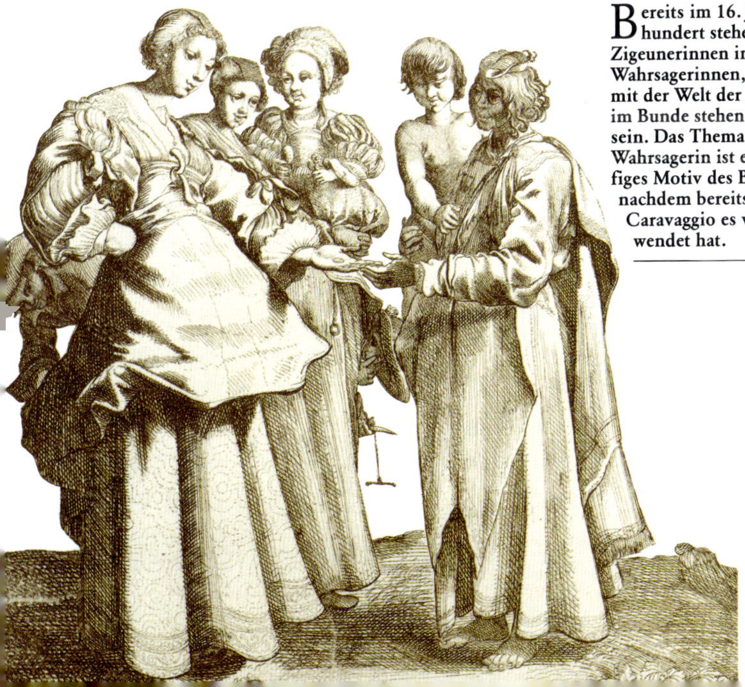

Luzifer, Kaiser

Beelzebub, Prinz

Astaroth, Großherzog

Luzifugé, Premierminister

Satanachia, Großer General

Agaliarept., General

Fleurety, Generalleutnant

Sargatanas, Brigadier

Nebiros, Feldmarschall

Bereits im 16. Jahrhundert stehen Zigeunerinnen im Ruf, Wahrsagerinnen, die mit der Welt der Magie im Bunde stehen, zu sein. Das Thema der Wahrsagerin ist ein häufiges Motiv des Barock, nachdem bereits Caravaggio es verwendet hat.

Gesellschaft ohnehin auf die Hilfe von Heilerinnen und anderen Empirikern angewiesen. Gerade diese Menschen – meist Frauen – werden aber oft der Hexerei verdächtigt. Mehr als eine endet auf dem Scheiterhaufen, da man ihr vorwirft, sie habe ihre Kunst vom Teufel gelernt und zum Schaden der Menschen angewandt. Auch in den Städten fehlt es nicht an Intellektuellen und Priestern, die von der Alchimie und der Astrologie fasziniert

sind und die davon träumen, mit Hilfe von Geistern verborgene Schätze zu entdecken. Oft genug landen diese Geisterbeschwörer vor den Gerichten und bezahlen ihre *demiurgischen* Träume mit dem Leben.

Auch die wissenschaftliche Magie bleibt nicht verschont. Die Intellektuellen kommen vor Gericht.

Da sich die historische Forschung mehr für den dörflichen Hexenglauben interessiert, ist dieser Aspekt des Problems weniger untersucht, auch wenn wir durchaus Kenntnis über die Ausbreitung der „gelehrten" Magie haben. Zwischen 1565 und 1640 richtet das Parlament von Paris über 1119 Personen, die der Hexerei beschuldigt werden. Es handelt sich hierbei meist um Berufungsprozesse von Menschen, die von lokalen Gerichten bereits zum Tode verurteilt worden sind. Die Zuständigkeit des Parlaments erstreckt sich etwa über zwei Drittel des Landes. Die Verurteilten, die in Berufung gehen, kennen ihre Rechte. Sie stammen meist aus den Städten und besitzen ein höheres soziales und kulturelles Niveau. Über die Hälfte davon sind Männer, während der Anteil der Frauen in der dörflichen Hexerei bei über 80 % liegt. Diese

Die Faust-Sage entstand Ende des 16. Jahrhunderts in Deutschland. Sie wird erst 1604 durch den englischen Dramatiker Christopher Marlowe niedergeschrieben. Faust ist ein promethischer Held, der den Wissensdurst und den Machthunger des Menschen gegenüber den übernatürlichen Kräften verkörpert. 1831 macht Goethe Faust zum Objekt einer Wette zwischen Gott und dem Teufel. Mephistopheles versucht, ihn in seinen Bann zu schlagen, während Gott glaubt, ihn vor der Versuchung bewahren zu können. Mephisto gelingt es, Faust zu überzeugen, indem er ihm unendliche Erkenntnis im Austausch für einen Pakt vorschlägt. Aber der Doktor entkommt der Falle. Er wird in die mythische Welt der griechischen Antike versetzt und wird durch seine Vermählung mit Helena von Troja, dem Sinnbild der Schönheit, gerettet.

Männer, die an die Nachsicht der Gerichte appellieren, sind wohl Magier, deren Leben in Italien oder Spanien vor keinem Inquisitionsgericht in Gefahr gewesen wäre. Auch das Parlament von Paris beweist eine erstaunliche Mäßigung in bezug auf die Hexerei. Trotzdem werden über 100 dieser Verurteilten auf den Scheiterhaufen geschickt. In Deutschland hat sich 1519 der rechtskundige Syndikus der Stadt Metz, Agrippa von Nettesheim, ein Meister der Weißen Magie, für eine angeklagte Bauersfrau eingesetzt und sie freibekommen, obwohl sie unter der Folter schon ein Geständnis abgelegt hatte. Er ist daraufhin einigen Verdächtigungen ausgesetzt, und nach seinem Tod wird gar behauptet, der Teufel in Gestalt eines schwarzen Pudels habe ihn geholt. Sein Schüler Johannes Weyer, der später selbst im Kreuzfeuer der Hexereigläubigen steht, hat viel zu tun, um diese Gerüchte zu widerlegen.

FÜNFTES KAPITEL

DAS ENDE DES HEXENWAHNS

Im 17. Jahrhundert ist die Hexenjagd noch sehr lebendig. Verschiedene aufsehenerregende Prozesse stehen im Mittelpunkt der Chroniken. Aber die Unterstützung dafür ist nicht einmütig. Stimmen werden laut, vor allem unter den Geistlichen und den Ärzten, die neue Erklärungen für die Hexerei vorbringen.

Die Hexerei stellt den Status der Frau in der christlichen Gesellschaft in Frage. Vom theologischen Standpunkt aus ist besonders die Frau durch die Erbsünde gezeichnet. Sie bleibt die Agentin des Teufels. Aber auch ihr Körper beunruhigt die Männer. Die Unkenntnis ihrer Physiologie gebiert die wildesten Vermutungen sexueller Phantasie.

Der Verdacht der Hexerei ergreift schließlich vom Denken der Richter und der intellektuellen Elite des 16. Jahrhunderts Besitz. Aber bei einer Reihe von Intellektuellen – vereinzelt am Anfang, in wachsender Zahl im Lauf der Zeit – tritt selbst in Perioden der schlimmsten Unterdrückung Widerstand gegen die Hexenprozesse auf. Ihre Ideen setzen sich schließlich in der zweiten Hälfte des 17. Jahrhunderts durch.

Die Einstellung zu den Thesen über die Hexerei ist nicht an die Zugehörigkeit an eine soziale Klasse oder eine Institution gebunden. Jeder entscheidet sich seiner persönlichen Überzeugung entsprechend. Doch muß auf die zeitweise auftretende Zurückhaltung der Theologen, der Inquisitoren und der römischen Kurie hinsichtlich der Hexerei hingewiesen werden. Es geht hierbei nicht darum, die Verantwortung der Inquisition und des Papstes für

Während die Dämonen von Bosch und Brueghel Jahrmarkt- oder Fastnachtsmonster darstellen, fallen die Dämonen von Rijckaert durch ihren „Realismus" auf. Die verfaulenden Körper, die sich in einem teuflischen Reigen drehen, sind außergewöhnlich wahrheitsgetreu und dadurch besonders furchterregend.

die Entstehung des Hexenwahns im
15. Jahrhundert zu leugnen, aber
bereits im 16. Jahrhundert nehmen
sie angesichts der von ihnen ausge-
lösten Exzesse Abstand davon.
Die katholische
Kirche bleibt
sich in den
wesentlichen
Fragen treu.
Der Teufel
wird als real
angesehen,
und die Vor-
stellung, daß er
versucht, die Mensch-
heit ins Verderben zu
stürzen, ist eine grund-
legende Aussage des *post-
tridentinischen* Katholizismus.

Noch 1586 veröffentlicht Papst Sixtus V.
eine Bulle, die die Zuflucht zur Astrologie und jeder anderen Art von Wahrsagung mit der Begründung verbietet,
daß die Kenntnis der Zukunft ohne die Hilfe des Teufels
unmöglich sei.

Die Mäßigung der Geistlichkeit wird vor allem in der gerichtlichen Praxis empfunden.

Die Inquisition greift vor allem in die Hexenprozesse ein,
um den Eifer der weltlichen Gerichte zu dämpfen. Im Fall
von Zugarramurdi im Baskenland weigert sich einer der
Richter des Inquisitionstribunals von Logroño, die angeblichen Hexen zu verurteilen. Alonso de Salazar y Frias
wird 1611 damit beauftragt, einen Gnadenerlaß in der
Provinz durchzusetzen. Sein Eingreifen beruhigt die
Geister. Für ihn ist die Hexerei die Frucht der Leichtgläubigkeit, sind ihre Bilder das Produkt einer krankhaften
Phantasie, das Szenario von Monstern und Dämonen
bloße Einbildung. Er erbringt Beweise dafür, indem er
Hunderte von widersprüchlichen Zeugenaussagen analy-
siert. Eine gewichtige Stimme, die sich gegen den Glauben
an die Hexerei und ihre Unterdrückung erhebt, ist die
von Friedrich Spee, einem deutschen Jesuiten. Sein 1631
anonym erschienenes Werk „Cautio Criminalis reu de

Saturn gilt als Schutz-
patron der Hexen.
Anfänglich ist er der
Schutzpatron der Minen-
arbeiter. Das bringt ihn
in den Bereich der
„höllischen Gottheiten".
Außerdem ist er der
erste Menschenfresser,
und auch die Hexer wer-
den oft des Kannibalis-
mus beschuldigt. Sein
nächtliches Domizil,
der Planet Saturn, steht
unter dem Zeichen des
Steinbocks, eine der
häufigen Darstellungs-
formen des Teufels.

Processibus contra sagas" („Rechtliches Bedenken wegen der Hexenprozesse") erlangt große Bekanntheit. 1657 rät Papst Alexander VII. den Richtern, bei der Verurteilung von Hexen mit größter Vorsicht vorzugehen. 1671 veröffentlicht der Kapuzinermönch Jacques d'Autun in Frankreich die erste große Abhandlung gegen die Idee der Existenz eines Verbrechens der Hexerei. „Die gelehrte Ungläubigkeit und die unwissende Leichtgläubigkeit über Magier und Hexen" leitet eine Wende in der Einstellung der französischen Gerichte ein.

Die weltlichen Intellektuellen vertreten die widersprüchlichsten Meinungen und bekämpfen sich dabei gnadenlos.

Ohne die Rolle des Teufels in der Religion zu leugnen, betrachten einige Protestanten den Hexenwahn als einen Auswuchs des päpstlichen Fanatismus. Auch mehr und mehr Ärzte stellen sich an die Seite der Gegner der

Johann Weyer zweifelt bereits im 16. Jahrhundert an der Hexerei. Erst ein Jahrhundert später wagen es die Ärzte, die Hexerei unter einem medizinischen Blickwinkel zu betrachten.

Hexenprozesse und sehen in der Hexerei einen Auswuchs ungezähmter Phantasie. Manche Ärzte gehören mit zu den Anführern im Kampf gegen die Hexenrichter. Schon 1563 veröffentlicht Johann Weyer in Basel seine Schrift „De praestigiis Daemonum et incantionibus ac venefeciis" („Über die Blendwerke des Teufels"). Er leugnet weder die Existenz des Teufels noch die der ihm untertanen wahren Hexen. Aber er sieht in den meisten sogenannten Hexen einfach Kranke, denen mit Medikamenten besser geholfen wäre. Nur im Fall eines Mißerfolgs bei der Heilung soll sich der Arzt an die Kirche wenden. Johann Weyer ist Leibarzt des Herzogs von Cleve und somit kein völlig Unbekannter. Als feindselige Antwort auf seine Schrift veröffentlicht Jean Bodin seine weitverbreitete „Dämonomanie der Hexen". Auch im 17. Jahrhundert stehen einige Ärzte an der Spitze des Kampfes gegen die Hexenverfolgung. Es sind in Frankreich so bekannte Persönlichkeiten wie Guy Pantin, Marc Duncan und Pierre Yvelin. Neben ihnen gibt es diejenigen, die man als Freidenker bezeichnet, Intellektuelle, oft gläubig, manchmal Atheisten,

Die Epilepsie wird lange Zeit als göttliches Gebrechen angesehen. Eine respektvolle Furcht umgibt die Epileptiker und räumt ihnen einen besonderen Platz in der bäuerlichen Gesellschaft ein. Verschiedene therapeutische Heilige, wie Sankt Donath oder Sankt Vitus (Veitstanz), werden gegen die Krankheit angerufen. Die Pilgerfahrten zu den ihnen geweihten Kirchen sind durch das Auftreten gemeinsamer epileptischer Anfälle besonders spektakulär. Meist bleibt der Kranke dann bis zur nächsten Pilgerfahrt gesund.

Vorreiter der Philosophen der Aufklärung. Ihr Anführer ist Gabriel Naudé, der Bibliothekar Kardinal Mazarins. Ihr Einfluß macht sich auch in den Galerien und Salons geltend. Die Magistrate, die dort verkehren, sind ebenfalls geteilter Meinung.

Die Mehrzahl der Magistrate stellt sich hinter ihre Kollegen, die durch ihre Schriften über die Dämonomanie berühmt geworden sind.

Viele von ihnen, vor allem die Richter der niederen Gerichtsbarkeit, glauben den Aussagen Jean Bodins. Die Magistrate der königlichen Tribunale, insbesondere die der Parlamente, zeigen mehr Zurückhaltung bei der Hexenverfolgung und mehr Gnade bei der Bestrafung. Am Anfang sorgen sie sich vor allem um die richtige Anwendung der Bestrafung und sehen in der übertriebenen Aktivität ihrer fanatischen Kollegen in der niederen Gerichtsbarkeit eine Gefahr für die öffentliche Ordnung und die königliche Macht. Aber langsam entwickelt sich daraus ein Widerstand gegen die Hexenjagden selbst. Nicht alle sind gleich fortschrittlich. Die Parlamentarier von Paris und Dijon erweisen sich als progressiv, während die von Rouen viel konservativer bleiben.

Ein wichtiges Ereignis des 16./17. Jahrhunderts ist die Gegenreformation. Die Zunahme der Klöster und eine immer striktere Anwendung der Regeln führen zu zahlreichen Spannungen. Durch die Klausur, das Eingreifen der Beichtväter und die Einmischung der adligen Familien durchleben gerade Frauen in den Klöstern eine schwierige Zeit.

REFVTATION DES
OPINIONS DE IEAN
W I E R.

Im 17. Jahrhundert ändert sich die öffentliche Meinung in Europa, insbesondere in den gehobenen und damit den allein einflußreichen Gesellschaftsschichten, und kehrt sich gegen die Hexenverfolgung. Einige wichtige Fälle tragen zur Meinungsbildung in Frankreich bei.

1609 wird in Aix-en-Provence eine junge adlige Ursulinernonne, Madeleine Demandois de La Palud, Opfer von Halluzinationen und nächtlichen Angstzuständen.

In der Überzeugung, es mit Besessenheit zu tun zu haben, unterwerfen sie zwei Dominikaner aus Aix, die Brüder Michaelis und Domptius, öffentlichen Exorzismen, die von einer wachsenden Volksmenge verfolgt werden. Bald darauf beschuldigt die junge Nonne einen Priester von sehr gutem Ruf, Pater Louis Gaufridy von der Pfarrei von Accoule in Marseille. Er war der Beichtvater ihrer Familie und hatte sich ihrer angenommen, als sie noch in Marseille lebte. Sie beschuldigt ihn, sie verhext zu haben. Louis Gaufridy ist eine angesehene Persönlichkeit. Von seinem Bischof unterstützt, kann er sich zunächst rechtfertigen. Aber das Parlament von Aix beschäftigt sich weiter mit dem Fall, und im Februar 1611, nach längerer Folter, gesteht der Priester. Er beschuldigt sich, einen Pakt mit

Mitte des 17. Jahrhunderts macht sich eine intellektuelle Erneuerung bemerkbar. In mancher Hinsicht deutet sie bereits auf die Aufklärung hin. Gabriel Naudé († 1653) ist der Bibliothekar Kardinal Mazarins und Christians von Schweden. Er verhilft dem Kardinal zu einer der reichsten Sammlungen von Büchern und Handschriften. Die Protektion und die Straflosigkeit, derer er sich erfreut, machen ihn zu einem der ersten Freidenker jener Zeit. Seine Arbeit wird jedoch durch die Fronde zugrunde gerichtet. Colbert hilft Mazarin bei seiner Rückkehr an die Macht, sich seine Bibliothek wieder aufzubauen.

dem Teufel geschlossen, seinem Glauben abgeschworen, am Hexensabbat teilgenommen und Leute verhext zu haben. Er habe Madeleine verzaubert, um aus ihr eine Hexe zu machen. Er habe sie verdorben, und er behauptet sogar, sie sexuell verführt zu haben. Der Fall ist innerhalb von zwei Monaten abgeschlossen. Am 30. April 1611 wird Louis Gaufridy verbrannt. Der Fall der Besessenheit von Aix findet großen Widerhall im gesamten Reich. Er wird zum Prototyp für mehrere ähnliche Fälle im Lauf des 17. Jahrhunderts.

1665 unternehmen Colbert und seine Mitarbeiter eine Herkulesarbeit: die längst fällige Neubearbeitung des Strafgesetzes.

Diese gigantische Arbeit, die das alltägliche Leben der Untertanen des Reichs von Grund auf ändert, gipfelt in der großen Kriminalverfügung von 1670. Darin gibt es keinen einzigen Paragraphen über die Hexerei mehr. Das ist um so überraschender, als die letzte Hexenjagd in Burgund noch frisch im Gedächtnis der Bevölkerung ist.

Frauenklöster stehen unter der strengen Aufsicht der bischöflichen Autorität. Diese beschäftigt sich jedoch weniger mit dem Phänomen der Besessenheit durch den Teufel als vielmehr mit der Nichtbeachtung der Disziplin der Klausur und den mystischen Aspirationen verschiedener Nonnen. Das häufige Auftreten von Visionen und Ekstasen ist typisch für das klösterliche Leben im 17. Jahrhundert. In ihnen kommt der Wunsch der Nonnen nach religiöser Autonomie zum Ausdruck.

Das Fehlen eines solchen Paragraphen ist jedoch noch nicht das Ende des Hexenwahns: Daß die Hexerei nicht mehr als Verbrechen behandelt wird, bedeutet zwar einen Fortschritt, doch sie wird nur totgeschwiegen, was auf den immer noch bestehenden Widerstand der lokalen Bevölkerung zurückgeht.

1671 und 1672 setzen mehrere Beschlüsse des „Conseil des Dépêches" den Hexenjagden im Béarn, der Guyenne und der Normandie ein plötzliches Ende. Das Parlament von Rouen, das frömmelndste und konservativste aller französischen Berufungsgerichte, besteht darauf, die Macht in den Händen der lokalen Justiz zu lassen. Erst 1682 greift der Staat definitiv in das Problem der Hexerei ein. Das öffentliche Edikt über Magier, Seher und Giftmischer ist eine Konsequenz aus dem „Fall der Gifte", der auch Madame de Montespan, die Mätresse Ludwigs XIV., betraf. Die Existenz der Hexerei wird zwar nicht geleugnet, aber sie wird endgültig nicht mehr als Verbrechen behandelt. Einfache Gerüchte genügen nicht mehr zur Einleitung einer Untersuchung. Die Verfolgung von Magiern und Hexen ist nur vorgesehen, wenn materielle Beweise ihrer Vergehen, wie z. B. der Gebrauch von Gift, vorliegen. Diese Vorgehensweise läßt sich durch die fromme Atmosphäre erklären, die zu dieser Zeit, dem Höhepunkt der katholischen Gegenreformation, am Hof und in der Bevölkerung herrscht. Der Gesetzgeber darf weder die Existenz des Teufels noch seinen Einfluß auf seine Untergebenen leugnen. Dadurch, daß materielle Beweise verlangt werden, rückt die Hexerei aus dem Status eines spirituellen Verbrechens in den Bereich des „gewöhnlichen" Morddelikts. Durch die Philosophie der

Im 17. Jahrhundert ist der Streit über die Hexenverfolgung untrennbar mit der Stärkung der königlichen Autorität verbunden, deren eifrigster Verfechter in Frankreich Kardinal de Richelieu ist.

L'OMBRE
D'VRBAIN GRANDIER
de Loudun.

SA RENCONTRE
& conference àuec Gaufridy
en l'autre monde.

Aufklärung schließlich wird der Hexenglaube immer mehr zum Aberglauben, zum Ausdruck volkstümlicher Ignoranz und zur Illusion erklärt.

Setzen im Deutschland des 17. Jahrhunderts die Hexenjäger geltendes Recht außer Kraft?

Im Heiligen Römischen Reich Deutscher Nation besitzt jedes der mehr als 300 Territorien weitgehende Hoheitsrechte und eine eigene Gerichtsbarkeit. Es gibt zwar seit 1495 ein Reichskammergericht, das seinen Sitz später in Speyer nimmt, aber niemand kann die Hexenverfolger in den Territorien zwingen, sich an die Auflagen dieses Gerichts zu halten. Wenn sie einmal in einem Herrschaftsgebiet oder in einer Stadt das Recht zur Hexenverfolgung erhalten haben, sind sie in ihrem Vorgehen eigenständig und halten sich oft nicht an geltendes Recht.

    Im Jahr 1532 kodifiziert Kaiser Karl V. in seiner „Carolina" oder „Peinlichen Hals- und Gerichtsordnung" das Strafrecht. Damit gibt es erstmals ein zentral festgelegtes Strafrecht, an dem man sich orientieren kann.

„Besagter Pater Lactance berichtete uns, daß, während (...) besagter Grandier an den Pfosten gefesselt war, an dem er verbrannt werden sollte, und während er das Holz exorzierte, aus Angst, der Teufel habe die Hitze und die Glut, die zur Verbrennung Grandiers dienen sollten, unterbunden, eine schwarze Fliege, dick wie eine Nuß, auf das Buch der Exorzismen gefallen sei."

    Zeugenaussage des Notars Angevin 1634

Ein Zeuge beschreibt die der Hexerei angeklagte Jeanne-des-Anges als „schön wie eine weiße Lilie, nicht nur von den Dornen der Versuchung fast zerrissen, sondern auch auf grausamste Art von einem schrecklichen Gewitter fast zerschlagen". Sie wird Exorzismen zur Teufelsaustreibung unterzogen.

Durch ihre übernatürlichen Kräfte eignen sich die Heiligen besonders gut als Teufelsaustreiber: hier z. B. der heilige Martin bei der Austreibung eines Dämons aus dem Körper eines Besessenen.

Mehr als eine Orientierung ist es aber auch nicht, denn in der Praxis gilt vorläufig weiterhin das bisher jeweils ausgeübte Recht vor Ort. Trotzdem versuchen die Hexenprozeßgegner unter Berufung auf die „Carolina" gegen die Ungerechtigkeiten vorzugehen. Auch Angehörige von Angeklagten begründen ihre Eingaben mit dem Hinweis auf den speziellen Passus in der „Carolina". Aber das Reichskammergericht ist meist nicht imstande, den Beschwerdeführern zu helfen, und der Kaiser selbst greift nur in ganz wenigen Ausnahmefällen ein. Dies ist der besondere Unterschied zu den stärker zentralisierten Staaten England und Frankreich.

Die Hexenjagd bleibt also im Deutschen Reich den Fürsten, Bischöfen, Grafen und Stadtherren überlassen, die herumziehende Hexenjäger für die „Dreckarbeit" einstellen. So kommt der Hexenrichter Franz Buirmann 1631 in das Städtchen Rheinbach in der Eifel und bringt

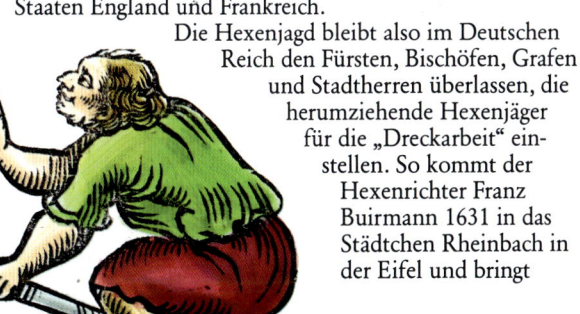

die Scheiterhaufen zum Brennen. Der Schöffe des sieben-
köpfigen Hexengerichts, Hermann Löher, und andere
Bürger bieten ihm eine Menge Geld, damit er abzieht.
Buirmann geht darauf ein, kehrt aber 1636 zurück und
wütet schlimmer als zuvor. Der Schöffe flieht mit seiner
Familie nach Holland und verfaßt dort ein Buch, um
die deutschen Obrigkeiten aufzurütteln. Veröffentlicht
wird das Werk allerdings erst kurz vor seinem Tod.

In einem anderen Fall ist die Reaktion in der
Bevölkerung erfolgreicher. Im Burgflecken Lindheim in
der Wetterau wird der Amtmann Georg Ludwig Geiß
1661 angestellt. Er verfaßt einen Brief an seine Herrschaft,
in dem er ausmalt, wieviel Geld es einbringen würde,
wenn sie nur Lust am Brennen hätten. Von dem einge-
zogenen Vermögen könnte sie ihre Burg und auch die
Kirche instand setzen lassen, da auch Hausbesitzer und
andere vermögende Personen verbrannt werden dürften.

Der Amtmann erhält die Erlaubnis und sucht sich
vier „ehrenwerte" Personen als Blutschöffen, mit denen er
30 Menschen ums Leben bringt. Von den Gefangenen
bricht einer aus, um in Würzburg bei einem Domdechan-
ten Hilfe zu suchen, wird bei seiner Rückkehr aber wieder
gefangen. Als er zum dritten Mal der Folter unterzogen
werden soll, befreien ihn die Ortsbewohner. Mit ihm
können auch andere entweichen, die völlig entkräftet und
zermartert beim Reichskammergericht in Speyer auftau-
chen. Nur mit Mühe gelingt es, die adligen Herren dazu
zu bringen, den Amtmann zu entlassen. Geiß ahnt, was
ihm blüht, und entkommt dem rasenden Volk nur mit
knapper Not auf seinem Pferd. Die Sage will es, daß er zur
Strafe als Gespenst umgehen müsse.

Im 18. Jahrhundert siegt schließlich die Vernunft.

Zu den Wegbereitern des Siegs über den Hexenwahn muß
Christian Thomasius gezählt werden, der selbst noch in
den Irrlehren aufwächst und als Jurist ausgebildet wird.
Erst als er während seiner Tätigkeit an der Universität
Halle um ein Rechtsgutachten in einem extrem schwieri-
gen Fall gebeten wird, befaßt er sich intensiv mit der
Thematik und erklärt schließlich 1701, daß es kein
Bündnis mit dem Teufel und keinen Schadenszauber gebe:
Schuld an der Verbreitung des Hexenwahns habe vor
allem die Folter. Sein Schüler Hermann Adolf Meinders
ist als Preußischer Rat maßgeblich daran beteiligt, daß

Friedrich Wilhelm I. von Preußen 1714 einen Erlaß unterzeichnet, der weitere Hexenprozesse in Preußen unmöglich macht. Wenn dies auch nicht zu einem sofortigen
Ende der Prozesse führt, so ist es doch ein bahnbrechendes
Zeichen. Die Abschaffung der Folter erlebt Thomasius,
der 1728 stirbt, nicht mehr: Sie wird von Friedrich dem
Großen 1740 verfügt.

Ebenfalls 1740 veröffentlicht Kaiserin Maria Theresia
in Österreich ihren Erlaß, daß alle Anklagen auf Hexerei
der kaiserlichen Regierung zur Nachprüfung und Entscheidung zu unterbreiten seien. Damit ist den Hexenprozessen ein erheblicher Stein in den Weg gelegt. Endgültig
eingearbeitet wird diese Maßregel in die „Landesordnung,
wie es mit den Hexenprozessen zu halten sei", die 1766

In der Gesellschaft des
Ancien Régime ist die
Besessenheit der kultu-
relle Ausdruck dessen,
was die Psychiater Ende
des 19. Jahrhunderts als
Hysterie bezeichnen.
Die offizielle Form des
Exorzismus, die den
Priestern vorbehalten
ist, wird durch das 1614
von Papst Paul V. ver-
öffentlichte „Römische
Ritual" festgelegt.

herausgegeben wird. Darin wird verboten, daß jemand wegen „eitlen-alten Wahns, bloßer Besagung und leerer Argwöhnigkeiten" vor Gericht gezogen werden darf. Die Folter schafft Maria Theresia erst 1776 ab. Alle auf Zauberei und Hexerei bezogenen Gesetzesbestimmungen werden dann von ihrem Sohn, Kaiser Joseph II., im Jahr 1787 gestrichen.

In Frankreich führt Jean-Baptiste Colbert, wie oben erwähnt, in den Jahren 1661 bis 1683 eine Reform des Strafgesetzbuchs durch. Darin wird das Verbrechen der Hexerei nicht einmal mehr erwähnt, obwohl es in derselben Zeit in Burgund zu einer blutigen Verfolgungswelle kommt: Es zeichnet sich ab, daß die Hexerei als Verbrechen aus dem Bewußtsein zu schwinden beginnt, und seit 1682 darf die Hexerei nicht mehr allein aufgrund von Gerüchten verfolgt werden, sondern es müssen Beweise, z. B. über den Gebrauch von Gift, vorgelegt werden.

Mit dem Aufblühen des Rationalismus in der Aufklärung wird die Hexerei in Frankreich endgültig ins Reich des Aberglaubens verbannt, und die Hexenprozesse hören auf.

Die letzten Hexenprozesse finden in Süddeutschland und in der Schweiz statt.

Im deutschen Sprachraum werden immer noch Hexenprozesse durchgeführt, als sie in anderen Ländern bereits gestoppt sind. Zu den letzten gehören die Kinderprozesse in Bayern zwischen 1714 und 1722, bei denen die Opfer von Kindern beschuldigt werden. Im Kanton Zug in der Schweiz bezichtigt sich 1731 ein 17jähriges schwachsinniges Mädchen selbst als Hexe und reißt zehn weitere Menschen mit ins Verderben. Im Kanton Schwyz werden 1753 zwei Frauen zu Tode gefoltert. Demgegenüber bringt die Tortur in Marchtal (Oberschwaben) so viel Erfolg, daß eine Frau ihr eigenes Kind in den Tod führt.

Zu den aufsehenerregenden Besessenheitsprozessen zählt das Verfahren gegen die Nonne Renata in Würzburg aus dem Jahr 1749. Im Prämonstratenserkloster Unterzell bricht die Besessenheit aus. Die Subpriorin Renata wird von einer sterbenden Nonne auf dem Totenbett beschuldigt, eine Hexe zu sein. Die Exorzismen der Mönche von Oberzell richten nichts aus, so daß man zu neuen Maßnahmen greift. Nach 20 Streichen mit der geweihten Geißel gibt die Nonne Renata alles zu und erzählt von ihren sexuellen Fehltritten. Die aufgeklärten Geister in Würzburg glauben der Angeklagten nicht, sondern meinen, sie solle wegen ihrer törichten Bemerkungen eingesperrt werden. Der Prälat von Oberzell läßt jedoch nicht locker, so daß die greise Nonne am 17. Juni zuerst enthauptet, dann verbrannt wird.

Als letzter Prozeß im Deutschen Reich gilt allgemein derjenige gegen die Dienstmagd Anna Maria Schwägel in der Fürstabtei Kempten. Wegen ihres Glaubenswechsels lebt sie in ständigen Angstzuständen und Vorstellungen von einem arglistigen Verführer. Die Hausmutter des Asyls, in dem sie unterkommt, zwingt sie mit Schlägen und Drohungen zu dem Geständnis, daß sie mit dem Teufel gebuhlt habe. Ohne Folter gibt sie dies vor dem Tribunal den drei Richtern zu Protokoll. Der regierende

B ei den Hexenprozessen verhalten sich die Provinzparlamente unterschiedlich: In Dijon und Toulouse verbieten sie die Wasserprobe und bestehen auf das Recht auf Berufung, in Aix, Grenoble und Rouen ist man konservativer. Insgesamt gelingt es jedoch der parlamentarischen Rechtsprechung, sich gegenüber den subalternen Richtern durchzusetzen.

J ean-Baptiste Colbert, der zwischen 1661 und 1683 unter Ludwig XIV. dient, gelingt es nicht, das Strafverfahren völlig zu erneuern. Die beiden großen Beschlüsse von 1667 und 1670, die er herausgibt, dienen vielmehr dazu, das bestehende Recht zu kodifizieren und festzuhalten.

Das Ende eines Glaubens

„Es ist sehr schade, daß es heute keine Besessenen und Magier, keine Astrologen und Geister mehr gibt. Man kann sich fast nicht mehr vorstellen, wo man vor 100 Jahren alle diese Geheimnisse hernahm. Die Adligen lebten zu dieser Zeit in ihren Schlössern. Die Winterabende waren lang. Und ohne diese noblen Belustigungen wären sie vor Langeweile gestorben. Es gab kaum ein Schloß, in dem nicht regelmäßig eine Fee einkehrte, wie Melusina auf Schloß Lusignan. (...) Jedes Dorf besaß seinen Hexer oder seine Hexe, jeder Prinz seinen Astrologen, alle Damen befragten die Wahrsager, die Besessenen füllten das Land, es ging hauptsächlich darum, den Teufel gesehen zu haben oder ihn zu sehen."

Voltaire, „Philosophisches Lexikon"

Plädoyer für die Hexen

„ Vor der ganzen Welt, die mir zuhört, beschwöre ich, fordere ich, zitiere ich, rufe ich die ehrwürdigste Feijona und die ganze Gesellschaft der Sektenanhänger, vergangene, gegenwärtige, zukünftige, deren Sprache ohne Rückhalt die reale und wahrhafte Existenz der Hexen leugnete, leugnet und leugnen wird. Jedoch, es gibt sie, ich behaupte es, und wenn mein Wort nicht genügt, so bin ich bereit, es zu beweisen, durch das Gespräch oder die Waffen, wie man will, in den Straßen, auf der Kanzel, auf den Plätzen und auf den Feldern."

Don Francisco Sanchez Barbiro, „Satyrische Dialoge" (1816)

Fürstabt prüft die Akte und bestätigt das Urteil. So wird sie 1775 enthauptet.

Der letzte belegte Prozeß in Europa hat sich, ebenfalls gegen eine Dienstmagd, in Glarus in der Schweiz, abgespielt. Nach nicht mehr nachprüfbaren Berichten sollen in Polen jedoch noch 1793 zwei Frauen als Hexen verbrannt worden sein.

L'HISTOIRE DES IMAGINATIONS EXTRAVAGANTES DE MONSIEUR OUFLE CAUSEES PAR LA LECTURE DES LIVRES qui traitent de la Magie, du Grimoire, des Démoniaques, Sorciers, Loups-garoux, Incubes, Succubes & du Sabbat; des Fées, Ogres, Esprits Folets, Genies, Phantômes & autres Revenans, des Songes, de la Pierre Philosophale, de l'Astrologie Judiciaire, des Horoscopes, Talismans, Jours heureux & malheureux, Eclypses, Cometes & Almanachs; enfin de toutes les sortes d'Apparitions, de Divinations, de Sortileges, d'Enchantemens, & d'autres superstitieuses pratiques.

LE TOUT ENRICHI DE FIGURES, & accompagné d'un très-grand nombre de Nottes curieuses, qui rapportent fidellement les endroits des Livres, qui ont causé ces imaginations extravagantes, ou qui peuvent servir pour les combattre.

TOME PREMIER.

A AMSTERDAM, Chez Estienne Roger, Pierre Humbert, Pierre de Coup, & les Freres Chatelain, Marchands libraires.

M.D.CC.X.

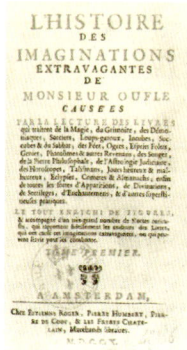

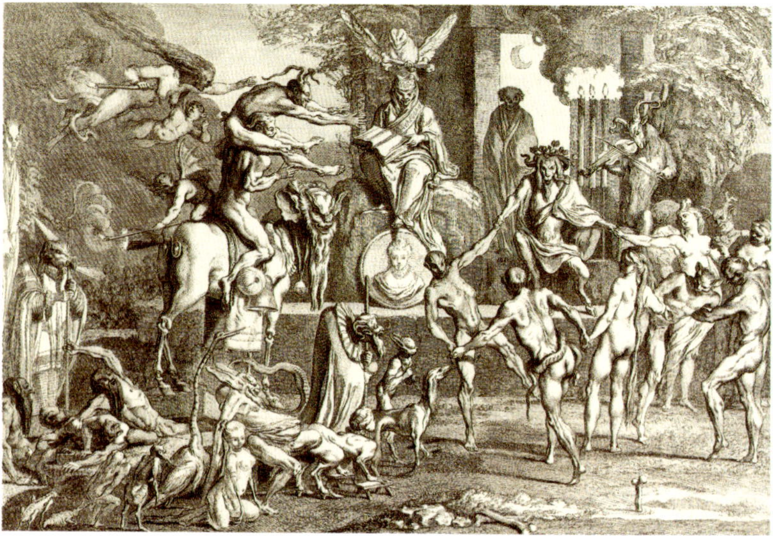

„Monsieur Oufle“ (Anagramm von le fou, der Narr) ist eine Satire: Sie handelt von einem armen Mann, der sein Leben lang Zauberbücher las und fest daran glaubt, daß das Gelesene der Wirklichkeit entspricht.

Ab dem 18. Jahrhundert verliert die Hexerei ihren kulturellen Status und wird zum einfachen Aberglauben.

Im Lauf des 18. Jahrhunderts verschwindet die Hexerei aus den Gesetzbüchern der westlichen Länder. Erst im folgenden Jahrhundert erhalten sie einen Teil ihres verlorenen Glanzes wieder: Die Hexen und Magier mit ihren Brennkolben und Schwefeldämpfen erstehen dank der von okkulten Kräften und unsichtbaren Geistern begeisterten romantischen Phantasie wieder auf. Die Romantik verwandelt sie in ein literarisches, malerisches und musikalisches Motiv.

Wahrscheinlich erscheint die Hexe als vielschichtiges Symbol in der ersten Hälfte des 19. Jahrhunderts in allen europäischen Ländern, auch in den Regionen, die vorher

noch nie etwas davon gehört hatten.
In der Literatur trägt die Wiederentdeckung der volkstümlichen Kultur, vor allem durch die deutsche
Romantik, dazu bei, das Hexenbild
auf immer zu fixieren. Märchen und
volkstümliche Legenden, die meist
mündlich überliefert werden, tragen
noch den Stempel der alten dämonomanischen Vorstellungen.

   Ihre Sammlung durch Schriftsteller und Ethnologen wie die Brüder
Grimm führt zu ihrem Eingehen in
die literarische Kultur jener Zeit. Erst
dadurch erlangt die Hexerei einen
Teil ihrer schon verlorenen Bekanntheit wieder.

   Die Hexerei dient auch als Motiv
für viele Maler, allen voran Francisco
de Goya. Hexensabbate und Hexen-
portraits sind ein wichtiger Bestand-
teil seines Werks, obwohl Spanien kaum von der Hexenjagd betroffen war.

Während der Romantik entdecken Maler, Poeten, Schriftsteller und Musiker die Zeit des „Mittelalters" erneut.

Viele romantische Musiker haben sich in ihren Themen
von der Hexerei inspirieren lassen. So z. B. Felix Mendels-
sohn-Bartholdy und Hector Berlioz. Das Werk des Historikers Jules Michelet ist eine Fortsetzung dieser romantischen Wiederentdeckung. 1862 publiziert er „Die Hexe",
ein Buch, das wesentlich für das Erwachen des Interesses
der Historiker an der Dämonomanie und der Zeit des
Hexenwahns war. Michelet beschreibt darin ein dunkles,
dämonisches, vollkommen vom Teufel besessenes Mittelalter, in dem die Hexe den Archetyp der revoltierenden
und durch die Kirche unterdrückten Frau darstellt.
Die so unterdrückte Frau ist für Michelet durch ihre
Kenntnis der Natur, des Körpers und der Medizin die
Mutter der modernen Naturwissenschaften.

Madame de Monte-
span ist von 1667
bis 1677 die Mätresse
des Sonnenkönigs. Sie
ist mitverdächtig im
Fall um die Marquise
de Brinvilliers (1676
hingerichtet) und im
„Fall der Gifte" (1677 –
1681), der mit der
Hinrichtung von etwa
20 Personen endet. Sie
wird aber durch einen
Bericht Colberts ent-
lastet.

Welche Bedeutung aber hat die Geschichte des Hexenwahns für uns heute?

Diese noch sehr romantisch geprägte Vision der Hexerei hat in der weiteren Forschung jedoch nur wenige Anhänger gefunden, wurde dafür aber von der Frauenbewegung des 20. Jahrhunderts in veränderter Form wieder aufgegriffen. Die feministische Geschichtsschreibung interpretiert die Hexenverfolgung – besonders in ihrer frühen Phase – als einen gezielten Schlag des patriarchalischen und männlich-kirchlichen Systems gegen die noch sehr einflußreiche Frau: So seien der Hexenverfolgung vor allem Frauen zum Opfer gefallen, die noch über archaisches Wissen in der Heilkunst verfügten und daher über ein Selbstwertgefühl verfügten, das sie der Dominanz der Männer entzog. Ob diese Interpretation nun stimmt oder nicht – immerhin gibt es darüber verständlicherweise keinerlei schriftliche Quellen –, sei dahingestellt. Tatsache ist, daß gleichzeitig

„Der neue Geist hat so schnell gewonnen, daß er darüber seinen Kampf vergißt und sich kaum noch an seinem Sieg erfreut. Es wäre nicht unnötig, ihn an seine ersten Anfänge, an die demütigen und vorlauten, barbarischen und auf das Grausamste komischen Formen zu erinnern, die er während der Unterdrückung annahm, als eine Frau, die arme Hexe, ihm seinen ersten Aufschwung im Volke gab. (...) Sie ist untergegangen, mußte untergehen. Wie? Vor allem durch die Wissenschaften selbst, die durch sie geboren wurden; durch den Arzt, den Naturwissenschaftler, für die sie gearbeitet hat. Die Hexe ist für immer verschwunden, nicht aber die Fee. Sie wird in dieser ihrer unsterblichen Form wieder auferstehen. Die Frau, in den letzten Jahren zu sehr mit Männersachen beschäftigt, hat ihre wahre Rolle verloren: die der Besänftigung, der Tröstung, die der heilenden Fee. (...) Die Anti-Natur verblaßt, und der Tag ist nicht weit, an dem ihre glückliche Finsternis für die Welt einen neuen Sonnenaufgang bedeuten wird."

Jules Michelet,
„Die Hexe"

mit der Hexenverfolgung eine Verdrängung der Frau aus ihrer angestammten Domäne, der Erziehung, einherging.

Obwohl der Hexenwahn eines der furchtbarsten und kontroversesten Themen der historischen Forschung darstellt, bleibt uns seine Bedeutung doch weitgehend verborgen. Die jüngsten Forschungen, die durch die Anthropologie unternommen wurden, könnten uns helfen, auch die Geheimnisse aufzudecken, für deren Klärung alte Dokumente nicht genügen.

ZEUGNISSE UND DOKUMENTE

Ursprünge und Ursachen der Hexenverfolgung

Als im 15. Jahrhundert, ausgehend von Südfrankreich, die Welle der Hexenverfolgungen und -verbrennungen in ganz Europa um sich griff, entfaltete sich unter der Bevölkerung ein zuvor kaum gekannter Fanatismus. Welche Vorstellungen aber, welche Ängste und Motive lagen dem zugrunde?

Volksglaube und Magie

Der zentrale Begriff im Zusammenhang mit den Hexenverfolgungen ist der der Magie. Es bestand kein Zweifel daran, daß es das Phänomen der Magie, der Zauberei gebe. Die magischen Kräfte wurden sogar in eine positive und eine teuflische unterschieden: die weiße und die schwarze Magie.

Ein (…) Merkmal aller magischen Systeme ergibt sich aus der Zuordnung des Umganges mit den magischen Kräften des Oben und Unten sowie ihrer Verwendung zur weißen oder zur schwarzen Magie auf Frauen und Männer. Allgemein wird und wurde in allen magisch geprägten Kulturkreisen den Vertretern beiderlei Geschlechts die Kenntnis magischer Mittel, Substanzen und Gegenstände, das Wissen um magische Gesetzmäßigkeiten, Vorschriften, Wirkungszusammenhänge und Anwendungsregeln sowie die Ausübung magischer Rituale zugestanden. Besondere Fertigkeiten und Geschicklichkeiten in der Anwendung und Durchführung magischer Praktiken sowie der Besitz persönlicher magischer Kräfte wurden prinzipiell Frauen und Männern gleichermaßen zugesprochen. Während sich in vielen traditionalen Gesellschaften keine besondere geschlechtsspezifische Ausrichtung oder Bewertung magischer Praktiken herausbildete, stand gerade in den europäischen Ländern die Frau mehr als der Mann im Ruch der Ausübung von Magieformen, die dem Bereich der schwarzen Magie zugeordnet wurden oder sich die oberen dämonischen Kräfte anzueignen suchten.

Dies mag damit zusammenhängen, daß Frauen seit alters die Fähigkeit zugesprochen wurde, leichter und häufiger mit der Geister- und Dämonenwelt, deren magische Kräfte ihnen somit vor allem zur Schadenstiftung zur Verfügung standen, in Verbindung treten zu können. Man unterstellte ihnen auch, sich mit Hilfe von Salben in Vögel, Eulen, Katzen, Esel und Steine verwandeln zu können, auf Holzstücken, Besen oder dämonischen Tieren durch die Lüfte zu reiten, um auf Geheiß der römischen Göttin Diana Schädigungen an Mensch und Tier, Haus, Hof und Feldern zu begehen. Außerdem brauten sie Zauber- und Gifttränke, beherrschten Liebeszauber und das Nestelknüpfen, verursachten böse Träume, Unwetter und Tod, ja flogen sogar in Eulengestalt zu den Wiegen der Kinder, um ihnen das Blut aus den Körpern zu saugen. Elemente dieser uralten Phantasien über die magischen Möglichkeiten und Ungeheuerlichkeiten von Frauen – Tierverwandlung, nächtlicher Flug, Schadenzauber, Kindstötung – finden sich Jahrhunderte später in der von der Kirche im 15. und 16. Jahrhundert erstellten und verbreiteten Hexenlehre wieder. Das weibliche Geschlecht, aus männlicher Sicht in gewisser Weise unkontrollierbar und geheimnisvoll, nicht mehr Tier und noch kein vollwertiger Mensch, war demgemäß schlechthin prädestiniert zur Zauberei, der ambivalenten und unberechenbaren Form der Magie, zugleich jedoch auch zur Hexerei, der schwarzen Teufelsmagie, wie sie die Kirche seit dem 16. Jahrhundert lehrte und bekämpfte. Der europäische magische Volksglaube des Mittelalters und der frühen Neuzeit umfaßte, wie der anderer traditionaler Gesellschaften, alle angeführten dualistischen Elemente der Magie. Er bildete eine neben anderen, vor allem christlichen, Weltinterpretationen existierende magische Weltsicht. Innerhalb dieser Weltdeutung hatten die Überzeugung, daß man mittels volksmagischer, weißer und diesseitsorientierter Praktiken Beeinflussungen des Alltagslebens vornehmen und lebensbedrohliche Situationen bewältigen könne, und die Überzeugung vom schädigenden Wirken der Zauberinnen, Zauberer, Hexen und Hexenmeister ihren festen Platz. Dennoch stellte die magische Interpretation von Alltagsgeschehnissen und weltlichen Zusammenhängen kein geschlossenes statisches System dar, sondern war eine unter mehreren möglichen Deutungsmustern zur Erklärung von Ereignissen, plötzlichen Entwicklungen oder gewandelten Situationen. Diesem Deutungsmuster entsprachen zugleich Handlungsmuster, d. h. mögliche Formen des Umganges mit verfügbaren magischen Mitteln und Kräften oder mögliche Formen der Abwehr unerwünschter magischer Kräfte. Neben dieser Magie des Volkes existierten gleichzeitig die Magie der Gelehrten – vor allem Alchemie und Astrologie – und die Magie der Kirche, deren christliche Heilssymbole und Rituale wegen der ihnen zugesprochenen besonderen Kräfte und Wirkungsweisen von den Geistlichen in einem durchaus als magisch zu bezeichnenden Sinne eingesetzt wurden.

Richard van Dülmen:
„Imaginationen des Teuflischen"

Der immer wieder erhobene Vorwurf, bei der Verfolgung der Hexen sei vor allem ausschlaggebend gewesen, die Fähigkeiten zur Geburtenkontrolle und zur Abtreibung auszurotten, trifft nicht zu. Hexen und Hexern wurden üble Machenschaften in allen Bereichen des täglichen Lebens nachgesagt.

Was Ulrich von Pottenstein von einer „czauberinn" berichtet, hat mit kontrazeptionellen und abortiven Manipulationen nichts zu tun, da es sich um schlichten Diebszauber handelt: Jemand war bestohlen worden, und die Zauberin versprach, es wiederzubeschaffen. (...) Die Zauberinnen betrieben, partiell, das gleiche Geschäft wie die kirchliche Liturgie; die Themen sind die gleichen: Benediktionen oder Besegnungen gegen Fieber, Augenleiden, fallende Sucht u. a. Allerdings war das Zauberangebot noch reichhaltiger: Segen und Mittel gegen Podagra, Gicht und Kopfschmerzen, Magen-, Darm- und Lungenbluten, Blutfluß, Blattern und Geschwüre, Schwindsucht, Nasenbluten, Frauenleiden.

Daß zu den berühmtesten unter diesen Zauberinnen „ain gelewffe" ging wie „czu ainem hailtum", konnte zu seiner Zeit wohl nicht mehr nur einen Wiener Domkapitular empören. Im Vergleich zur älteren normativen Kirchenliteratur wird deutlich, worin dieses Neue bestand: Wo früher Superstitionen und pagane Überlieferungen liturgisch zu integrieren gesucht worden sind, wurde nun Paraliturgisches vom Bestand des christlichen Kultes ausgesondert.

Dieter Harmening:
„*Zauberinnen und Hexen*"

Als durchaus normaler Bestandteil des täglichen Lebens wurden „Zauberinnen", „Hexen" oder „Wahrsagerinnen" auch zu Hilfe gerufen oder befragt, wenn man sich keinen Rat mehr wußte. In dem im folgenden beschriebenen Beispiel wird deutlich, mit welchem psychologischen Geschick Menschen vorgehen konnten, die anerkannterweise ihre „magischen Fähigkeiten" nutzten.

Solche Techniken waren in der Bevölkerung allgemein bekannt, es gab jedoch auch „kundige" Personen, die auf die Ausübung solcher Techniken spezialisiert und deswegen weithin berühmt waren. Diese Personen, sogenannte „Wahrsager", können als Mittelpunkte der „magischen Volkskultur" gelten. Die Wahrsager bestätigten in der Regel Hexereiverdächtigungen ihrer Kunden und gingen, wie folgendes Beispiel (Nördlingen 1534) zeigt, nicht ohne psychologisches Geschick auf deren Bedürfnisse ein: Ein Mann wandte sich wegen der Verhexung seiner Frau nach dem Scheitern aller ärztlichen Heilungsversuche an eine Wahrsagerin: „Zum ersten bin ich gewest bei einer Wahrsagerin selbdritt. Hat sie die erst Red gethon, ich hab vil Aerzet gehabt. Und ehe ich mit ihr gredt hab, hat sie mein Handel vorhin halbig gewist. Nach dem hat sie Brillen auf den Tisch gethon. Do hab ich sie gefragt: ‚Ich wolt gern wissen, liebe Fraw, ob meiner Frawen Anligen ein thons Ding wer oder nit?' Do hat sie aber angefangen und gsagt, wie es gelegt sei worden ..."

Die Wahrsagerin machte ihrer Profession Ehre und erriet das Anliegen des Kunden, präsentierte ihm die übliche Vorgeschichte und zückte ihren Kristallstein („Brillen") als materielles Unterpfand für ihre magischen Fähigkeiten. Das sprichwörtlich gewordene und heute komisch wirkende Accessoire gehörte damals zum Handwerkszeug. Unerkannt vom Kunden lenkte sie den Verdacht entsprechend dessen eigenen Vorstellungen: „Über solches hab ich gesagt: ,Liebe Fraw, dahin ich argwohn, bin ich vorhin nit hold … Über solche Red hat die (die) Brillen gegen mir khert und gsagt, dem hab sies vermaint und von eins liederlichen Kindskriegs wegen habs ir solches thon…"

Wenn der Verdacht gegen eine bestimmte Person bestätigt worden war, führte der nächste Weg des Geschädigten keineswegs stets zur Obrigkeit – vermutlich war dies sogar in den seltensten Fällen der Fall. Dies war nicht nur wegen der häufig zu beobachtenden Abneigung der Obrigkeit gegen solche Klagen, sondern auch wegen der Qualität der Verdächtigten wenig ratsam: Zauberer und Hexen waren mächtige Personen, gegen die vorzugehen womöglich noch größeren Schaden nach sich zog. Außerdem blieb auch bei einer Verurteilung der bereits bestehende Schaden unbehoben. Der Weg des Geschädigten führte daher nicht zum Gericht, sondern zum vermeintlichen Schädiger, der den Schaden wieder „wenden" sollte. Wer die Macht besaß, durch Zauberei zu schädigen, dem wurde auch die Macht der Aufhebung dieser Schädigung zugesprochen. Wieder erfahren wir, daß von der Bevölkerung die Fähigkeit von Zauberei/Hexerei als persönliche Fähigkeit, nicht aber für einen

Ausfluß der Macht des Dämons gehalten wurde, der wohl Heilungen und anderen „positiven" Zauber kaum gestattet hätte. Wenn wir uns wieder in die „Praxis" der schwäbischen Wahrsagerin begeben, so erleben wir als Ende des Beratungsgesprächs: „Nach dem hab ich gesagt: ,Liebe Fraw, womit wer ihr doch zu helfen; Wisset ihr nichts?' Hab sie gesagt, die ihr solchs gethon, die mug und kunt ihr helfen. Dan darumb kunt sie das Wetter machen, so mug und kunt sies wieder wenden auch…"

Der Besuch der Hexe bzw. des Zauberers verlief, wie wir den Quellen entnehmen können, nicht selten in ritualisierter Form. Ein praktischer Grund dafür liegt darin, daß die Hexe und der Verhexte oft in Feindschaft lebten und Ritualisierung unter diesen Umständen den Kontakt erleichterte. Man darf jedoch nicht vergessen, daß in der rituellen Form auch eine magische Komponente enthalten war. Mehrmals läßt sich in der Region nachweisen, daß die Beschwörung in der folgenden Form vorgenommen wurde. 1586 gab ein Wahrsager in Oberstdorf (Hochstift Augsburg) einer vermeintlich krankgehexten Frau folgenden Rat: „Solle derohalben zu ir, Anna (= der vermeintlichen Hexe; WB), gehen, Und sie drei malen umb Gottes und des jungsten Gerichts willen bitten, das sie ir helfen welle, so müesse sie ihr helfen. Welches auch geschehen."

Diesem Beispiel ist zu entnehmen, daß die Beschwörung des Täters, die unter souveräner Integration christlicher Versatzstücke in die magischen Riten erfolgte, durchaus auch erfolgreich sein konnte. Moderne

Menschen des 20. Jahrhunderts denken hier natürlich an psychosomatische Effekte von ansonsten sinnlosen Handlungen, doch im Zusammenhang der „magischen Volkskultur" konnten solche Beschwörungen durchaus ihren Sinn haben: Schließlich glaubten alle – oder sehr viele – der an den Zeremonien Beteiligten an die Wirksamkeit magischer Handlungen. Verschwand nach so einer rituellen Beschwörung der Zauber, so konnte die ganze Angelegenheit als beendet gelten. Wurde der Zauber nicht „gewendet", so mußten weitere Schritte eingeleitet werden.

Wolfgang Behringer:
„Hexenverfolgung in Bayern"

Die Rolle des „Hexenhammers"

Jakob Sprenger und Heinrich Institoris (eigtl. Krämers) verfaßten im Jahr 1487 den „Hexenhammer", das in seiner praktischen Auswirkung wohl fürchterlichste Instrument der Hexenverfolgung.

Institoris und Sprenger machten auch selbst gar kein Hehl aus der Unoriginalität ihrer Schrift.

„Alt ist unser Werk gewißlich nach dem Inhalt und dem Ansehen. Neu aber in Ansehung der Zusammensammlung der Teile, und der Verbindung derselben. Kurz wegen der Zusammenziehung sehr vieler Autoren ins Kurze. Nichts destoweniger lang wegen der unendlichen Vielfalt der Materie, und der unerforschlichen Bosheit der Hexen. Wir sagen auch dieses nicht, anderer Autoren Schriften hochmütig zu verkleinern und unser Werk ruhmsüchtig und eitel zu erhöhen, da aus unserem Kopf gar weniges, und fast nichts ist hinzugetan worden."

Dieser Ausschnitt aus der Vorrede zeugt jedoch von übertriebener, wirklich nicht angebrachter Bescheidenheit. Liebend gern hätten Sprenger und Institoris sich mit der bloßen Rolle der Herausgeber begnügt, um das Werk noch mehr auf die Autorität von Kirchenvätern, berühmten Juristen und der Bibel stützen zu können.

Eine solche Beschränkung erlaubten jedoch die von Institoris und Sprenger vertretenen Neuerungen nicht mehr. Ganz offen trat ihr Einfluß in den drei Hauptunterschieden zum früheren Inquisitionsprozeß zutage, der Betonung des Schadenzaubers, der möglichst weitgehenden Beschränkung der Verfolgungen auf das weibliche Geschlecht und der Absicht, eine grundsätzliche Zuständigkeit der weltlichen Gerichte herbeizuführen.

Weniger offensichtlich, aber in seiner Bedeutung für die Praxis mindestens ebenso wichtig, war der von den Verfassern im Hinblick auf die Lösung der Hexenfrage perfekt gewählte Aufbau einmal des Gesamtwerkes, zum anderen aber auch der einzelnen Kapitel.

Dem ersten Buch wurde gleich einem Dogma die These von der Realität der Hexen und – hier einmal in der wörtlichen Bedeutung – die Verketzerung all derjenigen, die das für fragwürdig halten, vorangestellt.

„Ob die Behauptung, es gebe Hexen, so gut katholisch sei, daß die hartnäckige Verteidigung des Gegenteils durchaus für ketzerisch gelten müsse? Es wird der Beweis geführt, daß es nicht gut katholisch sei, etwas Derartiges zu behaupten."

Die Details des ersten Buches waren vorrangig für die Geistlichkeit bestimmt, Tips für den Aufbau der Hexenpredigten, vorgefertigte Argumente zur Widerlegung der häufigsten von den „blind umhertappenden" Laien vorgetragenen Einwände.

Das zweite Buch beschreibt mit vielen Beispielen die Fähigkeiten der Hexen, führt aber auch eine Liste allgemeiner, geheimer und kirchlicher Heil- und Gegenmittel auf. Die Frage, warum die Ausübung des Zaubers verworfen, gleichzeitig aber die Anwendung des Gegenzaubers gefördert wurde, wagte bis ins 18. Jahrhundert niemand zu stellen.

Soweit es die den Hexen nachgesagten Fähigkeiten anging, nahmen Sprenger und Institoris nun die Gelegenheit wahr, all das in den „Hexenhammer" mit aufzunehmen, was Papst Innozenz VIII. noch wenige Jahre zuvor als nicht mit den Kirchenrechtsvorschriften vereinbar aus dem Entwurf der Bulle „Summis desiderantes" herausgestrichen hatte: die Hexenfahrten und den Geschlechtsverkehr zwischen Teufel und Mensch. Die dem „Hexenhammer" vorgedruckte Bulle versah nun auch diese beiden Bestandteile mit scheinbar päpstlicher Autorität. Ausschlaggebend für die negative Entscheidung des Papstes war vor allem der Widerspruch zum Kanon Episcopi. Dieser Widerspruch war vollständig, denn beide Dominikaner sprachen sich für die Verurteilung der Hexen selbst aus, der Kanon für die Bestrafung derjenigen, die an die Hexerei glaubten.

Das dritte Buch des „Hexenhammers" beschreibt das Gerichtsverfahren – eine ausführliche Anleitung, speziell auf die Bedürfnisse der Richter zugeschnitten, auf ihren Umgang mit Advokaten, Zeugen und Hexen, „die in frivoler Weise … appellieren". Eindeutig sind die Akzente gesetzt, die Gewichte verteilt. Sechzehn der fünfunddreißig Kapitel des dritten Buches beschäftigen sich ausschließlich mit dem Urteil, zwei Kapitel befassen sich mit der Verteidigung des Angeklagten, besser gesagt, mit deren Beschränkungen, Erschwernissen.

Manfred Hammes:
„Hexenwahn und Hexenprozesse"

Keine Wende durch die Reformation

Die verbreitete Vorstellung, die Hexenverfolgung sei im wesentlichen eine Angelegenheit der katholischen Kirche gewesen, stimmt nicht. Schon der Vater der Reformation, Martin Luther, äußert sich nicht eindeutig gegen die Hexenverfolgung, im Gegenteil, es gibt Stellen in seinem Werk, die belegen, daß er die Hexenverfolgung sogar unterstützte.

Soweit es den Hexenglauben anging, war Luther von den Vorstellungen der Zeit beherrscht, auch wenn seine Gegner dies nicht immer wahrhaben wollten, wenn sie versuchten, ihn in den Ruf eines Beschützers der Hexen zu bringen, um ihn so zu diskreditieren. Solche Versuche konnte man immer wieder feststellen, am ausdauerndsten vielleicht durch den Jesuiten Martin Delrio. Auch die Polemik gegen Luther ging nach seinem Tod –

natürlich – weiter. War es bei Agrippa von Nettesheim der Teufel in Gestalt eines schwarzen Hundes, der den Magier in seiner Todesstunde verließ, waren es bei Martin Luther die Dämonen, die aus den Besessenen flüchteten, um bei seinem Begräbnis anwesend sein zu können. „So sehen wir täglich, daß die Dämonen, die Hexen und … verschiedene Windbeutel von Theologen … vom gemeinsamen Haß gegen die Katholiken getrieben werden."

Die Hexen Luthers unterschieden sich kaum von denen des Papstes und seiner Inquisitoren, mögen er und andere Reformatoren auch den einen oder anderen Bestandteil des Hexenwesens anders bewertet haben. Die Luftfahrt zum Blocksberg zum Beispiel, wo man sich lieber dem „Canon Episcopi" anschloß, ebenso hinsichtlich der Tierverwandlungen. Aber auch eine solche in einzelnen Punkten zurückhaltende Betrachtungsweise war für die Praxis in den reformierten Fürstentümern ohne Bedeutung, vor allem, wenn man in den Tischreden den Ausspruch Luthers nachlesen konnte: „Mit Hexen und Zauberinnen soll man keine Barmherzigkeit haben. Ich wollte sie selber verbrennen."

Es waren die markanten Aussagen dieser Art, die im Gedächtnis blieben und die in den Prozessen sinngemäß zitiert wurden, nicht die „subtildialektischen Spitzfindigkeiten", nicht die seitenlangen Abwägungen, warum und wieso in gerade dieser bestimmten Situation gerade dieses Indiz anders zu bewerten sei.

Manfred Hammes:
„Hexenwahn und Hexenprozesse"

Bereits vor der Reformation hatte etwa mit Erasmus von Rotterdams „Lob der Torheit" eine harte Kritik des kirchlichen Aberglaubens eingesetzt, die von den Reformatoren weiter befördert wurde. Eine Kritik auch des Hexenwahns, die man mit der Reformation ab 1517 allein schon aus natürlicher Gegnerschaft zur Inquisition hätte erwarten können, war damit jedoch nicht verbunden, obwohl von der parteilichen Geschichtsschreibung mitunter das Gegenteil behauptet wurde. Die Aussagen Martin Luthers zum Hexenthema sind etwa so mehrdeutig wie diejenigen der Heiligen Schrift. Manchmal scheint er sich eindeutig gegen bestimmte Formen des Hexenglaubens auszusprechen, um sie an anderer Stelle wieder unhinterfragt zu bestätigen. Äußerungen zur Zauberthematik finden sich bei ihm häufig im traditionellen Zusammenhang, beispielsweise in den Dekalog-Kommentaren von 1518 und 1520 zum 1. Gebot oder in seinem Exodus-Kommentar von 1526. Schwankend war Luthers Haltung vor allem bezüglich der Tierverwandlungen, des Hexenflugs und des Sabbatbesuchs. Zwar schrieb er 1522: „Die Zauberer oder Hexen, das sind die bösen Teufelshuren, die da Milch stehlen, Wetter machen, auf Böcken und Besen reiten, auf Mänteln fahren, die Leute schießen, lähmen, verdorren, die Kinder in der Wiege martern, die ehelichen gliedmaßen bezaubern …, die da können Dingen eine andere Gestalt geben, daß eine Kuh oder Ochs scheinet, das in der Wahrheit ein Mensch ist, und die Leute zur Liebe und Buhlschaft zwingen, und des Teufels Dinge viel."

Gefangennahme einer Hexe in England (17. Jahrhundert).

Bei anderer Gelegenheit vertrat Luther aber die Ansicht, die Hexen könnten nicht fliegen, könnten nur kurze Strecken fliegen oder könnten nur mit Hilfe des Teufels und der Zulassung Gottes fliegen. Auf jeden Fall war Luther jedoch überzeugt von der Möglichkeit des Teufelspakts, der Teufelsbuhlschaft und des Schadenzaubers. Als ehemaliger Augustinermönch kannte und verwandte Luther die erwähnte augustinische Zeichentheorie zur theologischen Begründung der Macht der Hexen. Nach dem lutherischen Schriftprinzip („sola scriptura") konnte über die Behandlung der Hexen von vornherein kein Zweifel bestehen: „Maleficos non patieris vivere" (Exod. 22, 18).

In diesem Sinne äußerte sich Luther wiederholt bei den „Tischgesprächen" und entsprechenden Schriftkommentaren. Bereits zu Lebzeiten Luthers wurden in Wittenberg 1540 vier Menschen als Hexen verbrannt. Die streng lutherischen Territorien Württemberg, Kursachsen, Kurpfalz erließen 1567, 1572, 1582 als erste eine Hexengesetzgebung, welche an Schärfe weit über die Reichsgesetzgebung (Art. 109 CCC) hinausging, da gemäß der augustinischen Pakttheorie auch die nichtschädliche Zauberei mit der Todesstrafe bedroht wurde. Lutherische Prediger und Juristen beriefen sich immer wieder direkt auf die einschlägigen Textstellen Luthers, z. B. 1589 der Prediger Jacob Gräter aus der Reichsstadt Schwäbisch Hall in seinen „Hexen oder Unholden Predigten", 1605 der thüringische Prediger David Meder in seinen „Acht Hexenpredigten" und 1628 der Augsburger Pfarrer Bernhard Albrecht in seiner „Magia, das ist: Christlicher Bericht von der Zauberey und Hexerey… Item: daß eine Christliche Obrigkeit recht daran thue, wann sie die Hexen und Zauberer am Leben straffet". In der Literatur ist wohl zu Recht auch immer wieder betont worden, daß neben den direkten Äußerungen Luthers zur Hexenfrage vor allem seine starke Betonung der Macht des Teufels, den er in fast manichäischer Weise als „Fürsten dieser Welt" bezeichnete, den Hexenwahn befördert hat. (…)

In der Tendenz neigten die Calvinisten dazu, nicht Schadenzauber und Teufelsbuhlschaft, sondern hauptsächlich den Abfall von Gott mit subjektivem Teufelspakt und den Willen der „Hexen", Schaden auszuüben, mit der Todesstrafe zu bestrafen, eine Tendenz, die in geringerem Maße auch katholische und lutheranische Hexentheoretiker teilten und die ihren Niederschlag beispielsweise in der kursächsischen Kriminalordnung von 1572 gefunden hatte. Calvinistische Dämonologen begannen, wie der englische Schriftsteller William Perkins 1608, die Bedeutsamkeit von Flug, Sabbat und selbst Schadenzauber in ihrer theoretischen Bedeutung abzuleugnen und als „papistischen Unsinn" zu disqualifizieren. Aber auch hier sollte die Todesstrafe Folge der individuellen moralischen Verfehlung sein.

Von hier war kein weiter Weg mehr zu jener zunächst relativen, dann aber unbedingten Verfolgungsgegnerschaft, welche zunächst ab etwa 1610 weitere Hexenhinrichtungen in Holland verhinderte, in der Kurpfalz und in Brandenburg-Preußen stark verminderte. Die Anstöße dazu gingen wohl nicht unbedingt von calvinistischen Theologen aus. Führende Verfolgungsgegner wie Augustin Lerchheimer in Heidelberg gehörten dem weltlichen Stand an. Daneben gab es jedoch bald geistliche Verfolgungsgegner wie den 1625 im kurpfälzischen Alzey verstorbenen Anton Prätorius und den holländischen Prediger Balthasar Bekker. Gerade der Widerstand der reformierten Orthodoxie in Holland gegen die cartesianische These Bekkers von der Machtlosigkeit des Teufels in der materiellen Welt – damit auch die Hinfälligkeit des Teufelspakts – zeigt die Grenzen auch der calvinistischen Geistlichkeit vor der Aufklärung: Die Synode in Alkmaar setzte Bekker als Prediger ab, weitere seelsorgerische Tätigkeit wurde verboten. Bekker erhielt, um es mit einem heutigen deutschen Begriff zu bezeichnen, „Berufsverbot". Junge

Heilkundige Frau am Bett eines Kranken.

Theologen mußten in den 1690er Jahren in Holland schriftlich versichern, daß sie nicht die Ansichten Bekkers teilten. Die Bedrohung auch des theologischen Nachwuchses mit Berufsverbot sollte zur Unterdrückung des Cartesianismus in Holland beitragen.

Hexenhinrichtungen waren auch in calvinistischen Ländern mindestens bis zum Ende des 17. Jahrhunderts möglich. Großes Aufsehen erregte die Hexenverfolung im puritanischen Salem/Massachusetts in den USA 1688–1693, bei welcher der hochangesehene puritanische Geistliche Cotton Mather maßgeblich mitwirkte. Seine Denkschrift „Memorable Providence to Witchcraft and Possession" erschien 1689 in Boston und erlebte Neuauflagen 1691 in London und 1697 in Edinburgh. Die Hexenverfolgung hatte mit Vorfällen im Haus eines puritanischen Geistlichen begonnen, die Gerichtsverhandlungen wurden in der Dorfkirche durchgeführt. Von den über 150 Verdächtigten wurden mehr als 20 hingerichtet, bevor ein neuernannter Gouverneur die Aktivitäten der durch die geistlichen Ideologen angetriebenen Gerichte beendete.

Vergessen sollte man schließlich auch nicht, daß die letzte legale Hexenhinrichtung in Europa nicht von einer katholischen, sondern von einer reformierten Obrigkeit vorgenommen wurde. Schauplatz dieses „Justizmords" war 1782 das Städtchen Glarus, Hauptort des gleichnamigen Schweizer Kantons.

Wolfgang Behringer:
*„Vom Unkraut unter dem Weizen.
Die Stellung der Kirchen zum
Hexenproblem"*

Krisen als Ursachen neuer Verfolgungswellen

Die Verfolgung der Hexen war nicht eine kontinuierlich auftretende Erscheinung, sondern konzentrierte sich auf bestimmten Jahren und Regionen, um dann wieder zu verschwinden:

1562–1563	*Südwestdeutschland*
1570–1574	*Elsaß, Lothringen, Quedlinburg, Südwestdeutschland*
1580–1582	*Südwestdeutschland, Lothringen, Hessen*
1585–1592	*Kurtrier, kurkölnisches Westfalen, Stift Paderborn, Sachsen, welfische Lande, Franken, Bayern, Ostschwaben, Lothringen, Elsaß*
1597–1601	*Hessen, Thüringen*
1611	*Fürstprotei Ellwangen*
1616–1618	*Eichstätt, Würzburg, Bamberg*
1626–1630	*Franken, Südwestdeutschland, Rheinland (Höhepunkt der deutschen Hexenverfolgung)*

Dieselben Jahre kennen wir aus der sozialhistorischen Literatur als Agrarkrisenjahre, also solche Jahre, in denen aufgrund von unwetterbedingten Mißernten eine starke Teuerung der Grundnahrungsmittel einsetzte. Teile der Bevölkerung konnten sich in diesen extremen Teuerungsjahren nicht ausreichend ernähren, was ein gehäuftes Auftreten von Krankheiten zur Folge hatte. Auch wenn natürlich nicht alle Anklagen wegen Hexerei direkt mit den Agrarkrisen in Bezug standen, gibt doch eben die Synchronität der großen Verfolgungen mit den Agrarkrisen einen starken Hinweis auf einen kausalen Zusammenhang. Eine sozialpsychologische Argumentation könnte so aussehen, daß aufgestaute Hexereiverdächtigungen in der gereizten Atmosphäre der Teuerungsjahre mit ihrer existentiellen Not für Teile der Bevölkerung und einem entsprechenden Anstieg der sozialen Spannungen eher zum Anlaß für den Beginn von Hexenprozessen und -verfolgungen wurden als „billige" Jahre. Ganz direkt besteht der Zusammenhang ohnehin durch die den Hexen vorgeworfene angebliche Wettermacherei, durch die sie die Mißernten verursacht haben sollten. Dieser Zusammenhang tritt in zeitgenössischen Quellen nicht selten zutage. Bei der größten Hexenverfolgung des 16. Jahrhunderts in Deutschland, derjenigen von Kurtrier, heißt es in einer Chronik: „Weil im Volk geglaubt wurde, die jahrelange Unfruchtbarkeit sei vom diabolischen Haß der Hexen und Zauberer verursacht, erhob sich das ganze Land zu ihrer Ausrottung... Diese Verfolgung dauerte mehrere Jahre."

Die vermutlich größte deutsche Hexenverfolgung, vielleicht sogar die größte Hexenverfolgung überhaupt, war die Verfolgung in den fränkischen Hochstiften in den Jahren 1626 – 1630, die sowohl für die Hexenverfolger Süddeutschlands als auch für die in Norddeutschland zum für immer unerreichten Vorbild wurde. Ein „Wirtzbürgisch Werck" hieß in den 1630er Jahren das erstrebte Ausrottungsziel in Nordwestdeutschland. Diese Superverfolung, der mehrere Tausend Menschen zum Opfer fielen, nahm gemäß einer zeitgenössischen fränkischen

Familienchronik folgenden Anfang: „Anno 1626 den 27. May ist der Weinwachs im Frankenland im Stift Bamberg und Würzburg aller erfroren, wie auch das liebe Korn, das allbereit verblüett... Alles erfroren, das bei Manns Gedenken nit beschehen unt ein große Theuerung verursacht... Hirauf ein großes Flehen und bitten unter den gemeinen Pöffel, warumb man so lang zusehe, das allbereit die Zauberer unt Unholden die Früchten sogar verderben, wie dan ir fürstliche Gnaden nichts weniger verursacht solches Übel abzustrafen, hat also (das große Brennen) seinen Anfang dis Jars erreicht..."

Die sozialhistorische Verknüpfung der europäischen Hexenverfolgungen der frühen Neuzeit mit den Ereignissen, die die Gemüter der Menschen am meisten bewegten, nämlich den in kurzen Abständen existenzbedrohenden Agrarkrisen, unterstreicht die zentrale Bedeutung des Hexenthemas in den ersten beiden Jahrhunderten der Moderne. Die Verbesserung der agrarökonomischen Bedingungen und die Klärung der Frage, inwieweit übersinnliche Mächte und magische Manipulationen auf den Lauf der Natur Einfluß nehmen konnten, stellten ein wahrhaft „brennendes Problem" dar.

Wolfgang Behringer:
„‚Erhob sich das ganze Land zu ihrer Ausrottung...‛ Hexenprozesse und Hexenverfolgungen in Europa"

Nicht alle der während der Agrarkrisen vorgebrachten Klagen wegen Verhexung hingen mit dieser Agrarkrise und ihren Folgen erkennbar zusammen. Bei manchen Klagen ist der Zusammenhang natürlich evident, vor allem dann, wenn sich ganze Dorfgemeinden wegen der Zerstörung ihrer Felder durch Unwetter zusammenrotteten und von den herrschaftlichen Richtern Hexenverfolgungen forderten (z. B. Garmisch 1581). Auch bei Viehseuchen oder „ungewöhnlichen Krankheiten" kann an eine direkte Folgewirkung gedacht werden (z. B. Illereichen 1563). Häufig findet man die Vorwürfe wegen Wetterzauber nur als einen von mehreren oder vielen Vorwürfen (z. B. Garmisch 1589, Schongau 1589, Reichertshofen 1628). Ebenso treten die Folgewirkungen der Agrarkrise oft in individualisierter Form hervor. In einer Freisinger Chronik ist beispielsweise von der großen Zahl von Mißgeburten im Jahr 1588 die Rede, also unmittelbar nach dem ersten Höhepunkt der fast zehnjährigen Krise. Kindesmißbildungen, generell Krankheiten von Kindern oder deren früher Tod spielten bei sehr vielen Hexereibeschuldigungen eine Rolle, ohne daß jedoch von den Zeitgenossen ein systematischer Zusammenhang zwischen Mangelernährung und erhöhter Krankheitsanfälligkeit gesehen wurde. Neben der Erscheinung, daß Hexen wegen ihrer Wettermacherei direkt für die Mißernten verantwortlich gemacht wurden und man, wie es schon damals so schön hieß, das Übel bei der Wurzel packen und „ausrotten" wollte, ist also dem zeitlichen Zusammenhang von Hexenklagen und Agrarkrisen an die Folgewirkungen der Krise zu denken, die individuell empfunden und als „unnatürlich" den Hexen angelastet wurden.

Daneben findet man zahllose Fälle von Hexenklagen, die weder als direkte noch als indirekte materielle Folge der Agrarkrise betrachtet werden können. Wenn auch solche Klagen in Agrarkrisenzeiten gehäuft auftraten, so ist an sozialpsychologische Nebenwirkungen zu denken, sozusagen an ein allgemeines Ansteigen eines „Angstpegels" oder eine gesteigerte Bereitschaft zur Wahrnehmung „ungewöhnlicher" Erscheinungen: So sah man etwa 1614 in Niederbayern „Waldmännlein", Wölfe wurden zu „Werwölfen". Als Ausdruck der allgemeinen Hysterie kann man auch die Selbstbezichtigungen von Kindern und anderen psychisch labilen Personen werten (z. B. Bobingen 1590, Augsburg 1625).

Wolfgang Behringer:
„Hexenverfolgung in Bayern"

Ein Augenzeuge, Johann Linden, Kanonikus der St. Simeonskirche, fand in erster Linie eine Folge von Mißernten dafür verantwortlich.

„Da das Volk die vielen Jahre der Unfruchtbarkeit als von der teuflischen Bosheit der Hexen und Zauberer verursacht glaubt, so erhob sich das ganze Erzstift zur Ausrottung der Hexen." Bei nur zwei fruchtbaren Jahren zwischen 1581 und 1591 sicher ein wesentlicher Gesichtspunkt.

„Er hab gewolt fruecht, wein und aecker verderben", hieß dann auch die stereotyp in den Protokollen wiederkehrende Formulierung. In fast jedem Verfahren lag der Begründung des Todesurteils das Geständnis der Wetterzauberei zugrunde. Ein Angeklagter habe Reif oder Hagel gemacht, zeitigen Regen verhindert, übermäßigen hervorgerufen; all jene Naturvorgänge, die jahrelang die Ernten vernichtet hatten, mußten der Gewalt der Hexen unterstehen, und man folterte ihnen die entsprechenden Geständnisse ab. Mit Sicherheit kann gesagt werden, daß die Mißernten allein und die Unzufriedenheit der Bauern die Verfolgungswelle nicht hätten hervorrufen können.

Manfred Hammes:
„Hexenwahn und Hexenprozesse"

Hexenverfolgung zur Ausrottung des Geheimwissens der Hebammen

Auch wenn es bei weitem nicht ausschließlich Frauen waren, die in den Hexenfeuern verbrannt wurden, ist ihre Zahl unter den Opfern doch auffällig hoch. Dennoch darf der Tatbestand, daß so viele heilkundige Frauen unter den Opfern der Hexenverfolgung waren, nicht überbewertet werden.

[Die] Bremer Professoren Gunnar Heinsohn und Otto Steiger (…) definieren „die Hexerei im christlichen Europa der Neuzeit … als Geburtenkontrolle in allen ihren Erscheinungen". Sie wiederholen hiermit ganz das Bild des „Aggressors". Den Beweis für ihre These haben sie trotz einer anderslautenden Pressekampagne, die die Lüftung eines Geheimnisses der Weltgeschichte propagiert hat, noch nicht erbracht. Hexenprozeßakten sind ihnen nämlich unbekannt. Aus der Sicht des „Aggressors", der Verfasser des „Hexenhammers", entwickeln sie vor dem Hintergrund der durch die Große Pest respektive den Schwarzen Tod bedingten Bevölkerungskatastrophe zu Beginn des 14. Jahrhunderts die Hexenverfolgung als die „Staatspolitik", um das Bevölkerungswachstum zu steigern. Das würde bedeuten, daß weit mehr als über 200 Jahre hindurch – so lange und länger dauerten die abendländischen Hexenverfolgungen – eine einheitliche Politik im Stile einer großen Verschwörung der Obrigkeiten in ganz unterschiedlichen Regionen durchgeführt worden wäre. – Ist das denkbar? Schließlich müßte nach dem Preis einer solchen „Staatspolitik" und nach der Möglichkeit und dem Risiko einer für die Obrigkeiten gefährlichen Eigendynamik einer solchen Verfolgung gefragt werden. Das kalkulierte und kalkulierbare Chaos? Selbst im Lichte jüngster Massenvernichtungsaktionen sind die Zweifel an einer derart menschenverachtenden und risikoreichen Politik zur Hebung des Arbeitskräftereservoirs nicht zu tilgen.

Außer einer großen Theorie und dem (vordergründig) zwingenden Erklärungsmodell wünschte man sich einzelne Belege, die einer kritischen Überprüfung standhielten. Wenn nicht alle, so sprechen doch viele (meiner Meinung nach allzu viele) unreflektiert von Hexen, die Hebammen waren. Typisch (für Halbwahrheiten und eine oberflächliche Argumentation) scheint mir Golowins Beleg zu sein: „Verschiedene Verfasser, die, teils für wissenschaftliche Untersuchungen, teils für Versuche dichterischer Schilderung bestimmte Zeitabschnitte der Vergangenheit, dem Hexenwesen in verschiedenen Gebieten nachgingen, kommen zum überzeugenden Schluß: ‚So waren fast zehn Prozent der Denunzierten von Beruf Hebammen …‘" Schlägt man die Belegstelle für die angeführte Zahl nach, dann relativiert sich die Aussage doch erheblich.

„Jedenfalls bezichtigten unsere Gefangenen [die angeklagten Pappenheimer, die Landfahrende waren, die Verf.] im Falkenturm fast nur Frauen der Hexerei und blieben damit dem allgemein herrschenden Aberglauben treu. Aber noch andere Häufungen sind auffällig. So waren fast zehn Prozent aller Denunzierten von Beruf Hebamme. Auch dies entsprach vollkommen dem herrschenden Wahn, verkündete doch der „Hexenhammer": ‚Niemand schadet dem katholischen Glauben mehr als die Hebammen. Denn wenn sie die Kinder nicht töten, dann tragen sie, gleich als wollten sie etwas besorgen, die Kinder aus der Kammer heraus und opfern sie, sie in die Luft hebend, den Dämonen … Die Hebamme Regina wäre die Lieblingshexe des Teufels gewesen, behauptete Anna [Pappenheimer, die Verf.] *im Verhör* [Hervorhebung durch die Verf.]. Er hätte sie vor allen übrigen in Ehren gehalten, weil sie die jungen, ungetauften Kinder, welche sie in den Geburten von den Frauen empfangen und ihr gefallen, umgebracht, ihnen mit dem Daumen die Gnick oder Rückel abgedrückt, alsdann wieder ausgraben und gebracht habe.‘ Ein Alptraum, der damals fast jede Mutter verfolgte."

Soweit Michael Kunze; eingedenk des letzten Beispiels, höchstwahrscheinlich handelt es sich dabei um eine unter der Folter gemachte Aussage, fragt man sich doch, wie realitätsbezogen und belegfähig derartige Belegstellen sind. Selbst wenn wir eine eingehende Untersuchung des Realitätsgehalts in diesem Rahmen aussparen müssen, sei zumindest kritisch hinsichtlich derartiger Belege angemerkt, daß sie nicht generalisierbar sind (so fehlen sie z. B. in den schleswig-holsteinischen Bekenntnissen). Als Gegenstand der Bekenntnisse überwiegt der Schadenzauber. Dies kann nur denjenigen verwundern, der die Prozeßakten nicht studiert hat. Es trifft eben nicht zu, wie behauptet worden und weitverbreitete Meinung ist, daß das „Verhörschema festgelegt war" und daß sich demzufolge „alle Prozeßprotokolle" ähneln. Vergleiche ergeben erhebliche Unterschiede. Das belegt exemplarisch auch Susanna Burghartz in ihrer Baseler Lizentiatsarbeit über „Hexenverfolgungen als Frauenverfolgung? Die Luzerner Prozesse im 15./16. Jahrhundert" (Basel 1983): „In den hier untersuchten Luzerner Prozessen wird nur einmal eine Hebamme zusammen mit ihrer Tochter verfolgt, nämlich Dichtlin, Hans in der Gassens Frau, und ihre Tochter Anna. Den Zeugenaussagen zufolge stand Dichtlin in Konkurrenz zu einer anderen Hebamme; Dichtlin wurde angeblich von den Frauen seltener gerufen und verhielt sich bei einer Geburt einmal ungeschickt. Weitere Fälle, in denen Hebammen angeklagt worden wären, sind nicht bekannt. Hebammen scheinen also in Luzern zumindest in dieser Zeit (bis ca. 1550) nicht besonders durch Hexenprozesse gefährdet gewesen zu sein."

Dagmar Unverhau:
„Frauenbewegung und historische Hexenverfolgung"

Ablauf und Motive der Prozesse und Folterungen

Zwei der auffälligsten Charakteristika der Hexenprozesse sind zum einen ihre Zahl – nur selten gab es einen einzelnen Prozeß, der nicht noch eine Reihe anderer nach sich zog –, zum anderen die Brutalität, mit der sie durchgeführt wurden. Zwar kennen das Mittelalter und die Neuzeit durchaus die Folter als Mittel der peinlichen Befragung, doch ist die Folter nur selten so konsequent eingesetzt worden wie gegen Hexer und Hexen. Woran liegt das? Welche Motive bringen Richter und Henker dazu, in solch gleichbleibender und überall auftretender Härte gegen Hexen vorzugehen?

Der Ablauf der Hexenprozesse

Ein wichtiges auslösendes Element einer Vielzahl von Prozessen war die Beschuldigung (Besagung) von Personen durch die Angeklagten selbst – was zu erwarten war, da die Frage nach der Komplizenschaft fest im Kanon der Fragen an die Beschuldigten verankert war.

Das Verfahren gegen Christina Plum ist aus den verschiedensten Gründen bemerkenswert. Zunächst hinsichtlich seines Zustandekommens überhaupt. Christina Plum beschuldigte sich bei verschiedenen Geistlichen selbst, die diese Aussage an die städtischen Behörden weiterleiteten. Die beiden Stimmeister, da für öffentliche Sitte und Gemeinwohl zuständig, auch mit

den Anzeigen der Hexerei befaßt, verhörten die Frau, und schon in ihrer ersten Aussage beschuldigte sie eine Reihe hochgestellter Persönlichkeiten der Hexerei. Als die Stimmeister den Sachverhalt ihrer vorgesetzten Behörde mitteilten, gab man ihnen den Auftrag, daß die Plum „ganz ernstlich erinnert und angemahnet werden soll, keine unschuldigen Personen zu benennen oder zu verleumden, damit einer und ander ehrlicher Mann und Frau an seinem guten Namen, Ruf und Ehre in keinen ungleichen Verdacht gezogen werden."

Bis zu diesem Zeitpunkt hatte es sich noch um ein städtisches Vorverfahren gehandelt, in dessen Verlauf die Stimmeister Lebenswandel und Leumund der Beschuldigten sowie den Ursprung des Gerüchts überprüften. Die hierbei erzielten Ergebnisse wurden dem Stadtrat unterbreitet, der aufgrund dieser Ermittlungen beschloß, ob der Beschuldigte dem Hohen Gericht überantwortet oder freigelassen wurde. Als die Plum die vorherigen Aussagen wiederholte, wurde sie an das Hohe Gericht zur Aburteilung überwiesen. Allerdings weigerte sich der Rat der Stadt entgegen der sonstigen Übung, die von den Stimmeistern zusammengestellten Vernehmungsprotokolle dem Gericht zu übergeben. Die Richter schenkten ihren Aussagen keinen Glauben, und schon nach dem ersten Verhör wurde sie entlassen.

Wesentlich größeres Interesse an ihren Aussagen hatte offensichtlich der Dechant von St. Severin, Glimbach. Er suchte die Plum privat auf und erhielt neben einer langen Liste von Kölner Zauberern und Hexen auch die Beschreibung eines Jesuiten, den die Frau auf einem Hexentanz getroffen haben wollte und der versucht habe, sie zu vergewaltigen. Diesen Jesuiten, einen Mann, „so gelb von Bart und vollig von Angesicht", sollte die Plum nun suchen, indem sie an den Beichtstühlen der Kölner Kirchen vorüberging.

Trotz eines vom Gericht verhängten Schweigegebots, teilte sie die Denunziationen auch den Schöffen Aldenhoven und Birkmann mit. Da die Namen der Beschuldigten nur gerüchteweise bekannt wurden, entstand in der Stadt erhebliche Unruhe, und Christina Plum wurde erneut verhaftet.

Es folgte ein in der Geschichte der Hexenprozesse höchst ungewöhnlicher Vorgang. Der Stadtrat beschloß, den von Christina Plum beschuldigten Bürgern die sie betreffenden Auszüge aus den Vernehmungsprotokollen zukommen zu lassen, „dieweil die behafte Christina Plum so viel ehrlicher Leut besagt und diffamiert hat, deren Ehr und guter Name dadurch merklich interossiert und ladiert worden."

Wirft man einen Blick auf den von ihr vorgebrachten Denunziationskatalog, wird dieser Schritt des Rates ohne weiteres verständlich. Da findet man den Domherrn Hartger Henot, den Stadtsyndicus Dr. Wissius, die Frau des Bürgermeisters Hardenroth, den Schöffen Romeßwinckel, nach anderen Unterlagen den Erzbischof Ferdinand von Bayern und seinen Weihbischof Otto Gereon von Gutmann. Unsicherheit und Verwirrung wuchsen weiter. Einzelne Schöffen und Richter wurden vom weiteren

Verlauf des Prozesses wegen Befangenheit ausgeschlossen – auch sie standen auf der Liste. Der Rat der Stadt ersuchte alle Pfarrer, „die christliche Gemeinde zur Stärkung eines allgemein eifrigeren Gebets zu ermahnen, damit der allmächtige Gott bei diesem Prozeß seine göttliche Gnade erteilen wolle (…), daß der Unschuldigen Unschuld an Tag kommen, der Schuldigen Bösheit und Laster aber dem Verdienst nach bestraft werden möge."

Flugblätter eines anonymen Praelaten tauchten in der Stadt auf. In einer „Lamentatio" beklagte der Verfasser die Existenz einer Hexensekte im Heiligen Köln und warf dem Stadtrat in dieser Sache Untätigkeit vor. Verständlich, daß auch dies nicht gerade dazu beitrug, die Gemüter zu beruhigen. Wenig später wurde der „Praelat" ermittelt, es war der Beichtvater von Christina Plum, der Dechant Glimbach.

Aber auch andere Geistliche zeigten ein erhebliches Interesse an zusätzlichen Denunziationen und einer somit möglichen Ausweitung der Prozesse. Mehrfach wurde die Plum im Gefängnis von Priestern aufgesucht, die von ihr eine Vervollständigung der Denunziationslisten verlangten. Diese Besuche häuften sich so sehr, daß der Rat die Anordnung traf, jegliche Kontakte mit der Gefangenen seien zu unterlassen, und die Stadtwache mit der Überwachung dieser Anordnung beauftragte.

Allen Beteiligten war klar, daß die leidige Sache nur mit einem Todesurteil gegen Christina Plum aus der Welt zu schaffen war. Bei einer erneuten Durchsicht der Vernehmungsprotokolle fand man die Begründung für das Todesurteil. Christina Plum hatte von einem Bündnis zwischen ihr und anderen Hexen gesprochen, das darauf gerichtet gewesen sei, Unschuldige zu denunzieren und auf diese Weise die Justiz zu behindern. Durch die „Ihrerseits ins Werk gerichte teuflische Conspiration, damit also das abscheuliche Laster der Zauberei ungestraft verbleiben mochte", hatte sie ihr Interesse an einer Schadensverursachung zugegeben und konnte hingerichtet werden. Zuvor allerdings verlangte man von ihr den Widerruf aller Denunziationen. Die sonst herrschende Meinung, daß der Widerruf einer Denunziation von den Richtern keinesfalls geduldet, geschweige denn geglaubt werden durfte, wurde diesmal unter dem Beifall kirchlicher und weltlicher Stellen ins Gegenteil verkehrt.

Auf dem Weg vom Gefängnis zum Richtplatz trug sie ein Aktenbündel mit sich, das man mit einer Schnur um ihren Hals gebunden hatte und das die Namen der Denunzierten enthielt.

Nun, nach ihrem Tode, begann der Prozeß seine eigentlichen Wirkungen zu zeigen. Stadt und Bischof hatten plötzlich ein auffälliges Interesse an der Vernichtung der gesamten Prozeßakten und aller mit der Verhandlung gegen Christina Plum in Zusammenhang stehenden Schriftstücke. Dieser zunächst von dem offensichtlich auch denunzierten Erzbischof eingebrachte Vorschlag wurde nach einem zweieinhalbjährigen Tauziehen in der Form verwirklicht, daß man das gesamte Material – aus den übrigen Gerichtsprotokollen ausgekoppelt und diebstahlsicher – im Schöffen-schrein ablegte. Daß dies nicht früher geschah, lag an dem Widerstand, den die erzbischöfliche Seite dem Verlan-gen des Rates entgegensetzte, auch die Aufzeichnungen Glimbachs und sei-ner Kollegen in die Vereinbarung mit einzubeziehen.

Während der nächsten fünfzehn Jahre wurde in Köln kein einziges Todesurteil verkündet, und auch spä-ter, als wieder vereinzelte Prozesse stattfanden, war man im Rat bezüg-lich vorgetragener Denunziationen besonders vorsichtig.

Die aus dem Fall Plum gezoge-nen Lehren wären noch anerkennens-werter gewesen, hätte der Rat seine Skepsis konsequenter durchgehalten. Kurz nach Christina Plum wurden nämlich in einigen Schnellverfahren acht Frauen zum Tode verurteilt, die von der Plum zu Beginn des Prozesses denunziert worden waren, als man sich noch nicht vorstellen konnte, „es seien zuviel unschuldige Personen denunziert“.

Der Versuch, hochgestellte Perso-nen in einen Prozeß zu verstricken, tauchte recht häufig auf. Nicht immer wurde diesen Beschuldigungen so gewissenhaft nachgegangen wie in Köln. Eine Trierer Hexe versuchte sich auf eben diese Weise zu retten oder zu rächen, jedoch erhielt der Stadtschreiber den Befehl, diesen Teil der Aussage nicht in das Protokoll aufzunehmen. Seltsamerweise war er dann aber doch so korrekt, das Verbot zu notieren. „Die besagt (=beschul-digt) etliche Personen, so niemals in einen Verdacht kommen können, so mir zu verzeichnen untersagt wor-den.“ (…)

Erschreckend scheint vor allem die Zahl der Kinder, die in den Prozessen gegen Hexer und Hexen aussagten.

Auch in einer Vielzahl deutscher Pro-zesse traten Kinder als Denunzianten oder Zeugen auf und wurden von den Gerichten als vollwertige Zeugen anerkannt. Die Auswirkungen dieser Gleichbehandlung lassen sich aber am besten anhand der inzwischen schon berühmten Hexenverbrennungen im schwedischen Mora darstellen. Hier waren es sogar die Aussagen vierjähri-ger Kinder, die schließlich dazu führ-ten, daß zweiundsiebzig Frauen und fünfzehn Jugendliche zum Tode ver-urteilt wurden.

1669 waren in den beiden klei-nen Gemeinden Elfdale und Mora einige Kinder plötzlich und nahezu gleichzeitig von einer nicht erklärba-ren Krankheit befallen worden, die sich in Krämpfen, Ohnmachten und Halluzinationen äußerte. Überein-

stimmend berichteten sie von einem in der Hexensprache Blocula genannten Ort, zu dem sie von den Hexen mitgenommen worden seien. Als die ersten Namen von Hexen bekannt wurden und man diese Frauen verhaftete, begann sich auch in den anliegenden Provinzen eine regelrechte Hexenhysterie auszubreiten. Schließlich sah sich sogar der schwedische König Karl XI. gezwungen, eine Juristenkommission von Stockholm nach Mora zu senden, die er mit der Untersuchung der Anschuldigungen betraute. Zusammen mit den Provinzialrichtern und den Predigern der Region bildeten sie ein Sondergericht für die gesamten Prozesse, und es scheint, als seien auch die aus der Hauptstadt hinzugekommenen Richter sehr bald von der Hexenhysterie infiziert worden. Versuchte man anfangs noch, den angeklagten Frauen goldene Brücken zu bauen, indem man ihnen die Entschuldigungsgründe geradezu in den Mund legte, etwa „ob es ihnen vielleicht nur so im Traume oder bei Ohnmachten vorgekommen?", ging man später dazu über, auch die unsinnigsten Aussagen zu protokollieren; unsinnig nicht nur im heutigen Sinne, sondern unsinnig selbst für die Zeit des Prozesses. Zum Beispiel die Aussagen über die Krankheiten und den, wenn auch nur kurzzeitigen, Tod des Teufels – eindeutige Widersprüche zu den Lehren der christlichen Kirchen.

Insgesamt sagten an die dreihundert Kinder aus, sie seien von den Hexen zum Hexensabbat nach Blocula entführt worden.

Manfred Hammes:
„Hexenwahn und Hexenprozesse"

In der Regel gab es für die der Hexerei Verdächtigten keine Möglichkeit der Verteidigung, da von ihnen verlangt wurde, ihre Unschuld zu beweisen, statt daß – wie heute in der Rechtspraxis vorgeschrieben – die Schuld des Angeklagten bewiesen werden mußte. Wie schwer aber der Beweis der eigenen Unschuld sein mußte, zeigen die folgenden Passagen aus dem „Hexenhammer": Wenn derart abstruse Geschichten tatsächlich geglaubt wurden, was war da noch zu tun...

Außerdem werden, wie sich im ersten Teile des Werkes aus dem Bekenntnis jener in Breisach zur Reue zurückgebrachten Magd ergeben hat, dem Glauben größere Schädigungen bezüglich der Ketzerei der Hexen von den Hebammen angetan, was auch das Geständnis einiger, die später eingeäschert worden sind, klarer als das Licht bewiesen hat. In der Diözese Basel nämlich, in der Stadt Dann, hatte eine Eingeäscherte gestanden, mehr als vierzig Kinder in der Weise getötet zu haben, daß, sobald sie aus dem Mutterleib hervorkamen, sie ihnen eine Nadel in den Kopf durch den Scheitel bis ins Gehirn einstach. Eine andere endlich, in der Diözese Straßburg, hatte gestanden, Kinder ohne Zahl – weil nämlich bezüglich der Zahl nichts feststand – getötet zu haben. Sie wurde aber so ertappt: Als sie nämlich aus der einen Stadt in die andere gerufen worden war, um eine Frau zu entbinden, und sie nach Erfüllung ihrer Pflicht nach ihrer Behausung zurückkehren wollte, fiel zufällig, als sie aus dem Tore der Stadt hinausging, der Arm eines neugeborenen Knaben aus dem Linnen, mit dem sie gegürtet war und in welchem der Arm eingewickelt gewesen war, heraus. Das sahen die in dem Tore Sitzenden; und als jene vorübergegangen war, hoben sie es als ein Stück Fleisch, wie sie glaubten, von der Erde auf. Als sie es aber betrachteten und an den Gliedergelenken erkannt hatten, daß es nicht ein Stück Fleisch, sondern der Arm eines Knaben sei, wurde ein Rat mit den Vorsitzenden abgehalten, und da befunden ward, daß ein Kind vor der Taufe mit Tod abgegangen war und ihm ein Arm fehlte, wurde die Hexe verhaftet, den Fragen ausgesetzt und das Verbrechen entdeckt; und so bekannte sie, wie vorher gesagt ist, Kinder getötet zu haben, ohne die Zahl anzugeben.

Aus welchem Grunde aber? Man muß jedenfalls annehmen, daß die durch das Drängen böser Geister gezwungen werden, derlei zu tun, bisweilen auch gegen ihren Willen. Denn der Teufel weiß, daß solche Kinder vom Eintritt in das himmlische Reich wegen der Strafe der Verdammnis oder der Erbsünde ausgeschlossen werden. Daher wird auch das Jüngste Gericht länger hinausgeschoben, unter dem sie den ewigen Qualen überliefert werden, je langsamer sich die Zahl der Auserwählten ergänzt: ist sie voll, so wird die Welt aufgehoben werden.

Und wie es im Vorausgeschickten berührt worden ist, haben sie sich auf Anraten der Dämonen aus solchen Gliedern Salben zu bereiten, die zu ihrer Benützung dient.

Aber auch diese schauderhafte Schandtat darf zur Verwünschung eines so großen Verbrechens nicht mit Stillschweigen übergangen werden,

daß sie nämlich, falls sie die Kinder nicht umbringen, sie den Dämonen auf folgende Weise weihen: Wenn nämlich das Kind geboren ist, trägt es die Hebamme, falls die Wöchnerin nicht selber schon Hexe ist, gleichsam, als wollte sie eine Arbeit zur Erwärmung des Kindes vollbringen, aus der Kammer heraus und opfert es, indem sie es in die Höhe hebt, dem Fürsten der Dämonen, d. h. Luzifer, und allen Dämonen; und statt dessen über dem Küchenfeuer. (…)

Aus diesen Geschehnissen wollen wir einige zur Sprache bringen. Als nämlich in einem Teile Schwabens ein gewisser Landwirt die Saaten auf den Feldern mit seiner kleinen Tochter von kaum acht Jahren zu besehen beschlossen hatte, und wegen der Dürre des Landes Regen wünschte, indem er darüber bei sich ratschlagte und beriet, und sagte: „Ach, wann wird Regen kommen!", sagte das Mädchen, die die Worte des Vaters hörte, in der Einfalt ihres Sinnes: „Vater, wenn du Regen wünschst, will ich machen, daß er schnell kommt." Jedoch der Vater: „Woher hast du das? Verstehst du denn Regen zu besorgen?" – Das Mädchen antwortete: „Allemal; und nicht bloß Regen; sondern ich weiß auch Hagelschlag und Gewitter zu erregen." Der Vater: „Wer hat es dich denn gelehrt?" Sie antwortete: „Meine Mutter. Aber sie hat mir verboten, es jemandem mitzuteilen." Darauf wiederum der Vater: „Und auf welche Weise hat sie es dich gelehrt?" Sie antwortete: „Sie übergab mich einem Magister; den kann ich zu jeder Stunde zu jedem beliebigem Wunsche haben." Der Vater: „Hast du ihn gesehen?" Sie antwortete: „Ich habe bisweilen Männer bei der Mutter aus- und eingehen sehen; und als ich fragte, wer denn das wäre, antwortete sie: ‚Es sind unsere Magister, denen ich auch dich übergeben und anvertraut habe; mächtige Gönner und reich.'" Der erschrockene Vater fragte, ob sie zu dieser Stunde Hagelschlag erregen könne? Das Mädchen: „Allemal kann ich es tun, wenn ich nur ein wenig Wasser habe." Da führte der Vater das Mädchen an der Hand an einen Gießbach und sagte: „Tue es; aber nur über unseren Acker." Da steckte das Mädchen die Hand in das Wasser und bewegte es im Namen ihres Magisters nach der Unterweisung ihrer Mutter. Und siehe, der Regen überflutete nur jenen Acker. Als der Vater das bemerkte, sagte er: „Mache auch Hagel, aber nur über einen von unseren Äckern." Als das Mädchen das ebenfalls gemacht hatte, verklagte der durch die Erfahrung sicher gemachte Vater seine Frau vor dem Richter. Sie wurde verhaftet und als überführt eingeäschert; die Tochter wurde von neuem getauft und Gott geweiht und konnte jenes nicht weiter vollbringen.

Jakob Sprenger/Heinrich Institoris: *„Der Hexenhammer"*

Wie ein Prozeß im Einzelfall eingeleitet werden konnte, zeigt das folgende Beispiel des Verfahrens gegen Dr. Georg Haan, Kanzler des Fürstbischofs von Bamberg.

Ohne direkte Anklage wurde der Kanzler verhaftet und in seinem Amtsraum inhaftiert. Erst eine Woche später wurde ihm die Anklage wegen Hexerei eröffnet. Ihm wurden sogar die einzelnen Anklagepunkte vorgelesen und erörtert. Einzigartig war auch, daß ihm vom Fürstbischof die Möglichkeit zur Verteidigung gegeben wurde. Zudem stellte man ihn vor ein „öffentliches Zentgericht". Wie müssen wir die Sonderbehandlung und -stellung des Kanzlers beurteilen? Die Räte (…) mußten ihren Kanzler beseitigen, wenn sie nicht ihre Ämter als Hexenkommissäre verlieren wollten. Als Mitglied der neuen Hexenkommission schlug der Kanzler u.a. den Kastner von Staffelstein vor. Die Vertreibung scheint nicht so einfach gewesen zu sein, denn Dr. Georg Haan war ein Freund des früheren Fürstbischofs Johann Gottfried von Aschhausen. Auch dem 1628 regierenden Fürstbischof stand der Kanzler treu zur Seite. Weihbischof Friedrich Förner bestätigte dem Kanzler, daß kein Verdacht wegen Hexerei gegen ihn vorläge. Die Räte mußten also auf irgendeine Weise den Kanzler unliebsam und verdächtig machen. Das war am einfachsten, indem man den Kanzler die Politik des Fürsten öffentlich kritisieren ließ. Darum verkündete Dr. Harsee, daß die Kanzlerfrau der Hexerei verdächtig sei und bald verbrannt würde. Um seine Frau, seine Familie und sich selbst zu schützen, reiste Dr. Georg Haan nach Speyer. Dort klagte er am RKG (Reichskammergericht) gegen den Fürstbischof und einige Räte. – Der erste Anklagepunkt wegen Untreue dem Fürsten und der Regierung gegenüber war geschaffen.

Als der Kanzler nach seiner Rückkehr nach Bamberg wieder seinen alltäglichen Aufgaben nachkam – trotz der Hinrichtungen seiner Frau und Tochter (!) –, mußte man zu brutaleren und diffizileren Mitteln greifen. Eine Supplik des Kanzlers, die er an das RKG gerichtet hatte, wurde gefälscht (unschuldig bzw. beschuldigt Hingerichtete). Mit dieser Fälschung konnte dem Fürsten suggeriert werden, daß sein Kanzler öffentlich die Politik des Fürstbischofs kritisiere und er womöglich gar nicht an Hexen glaube. Daraufhin ließ Johann Georg den Kanzler in dessen Amtsstube inhaftieren. Erst nach einer Woche, als die Räte wahrscheinlich einige Besagungen gegen den Kanzler besaßen, wurde ihm die Hexereianklage eröffnet. Im Gegensatz zum Verhalten des Bischofs bei den Verdächtigungen gegen seinen Weihbischof und Dompropst akzeptierte er die Anklage gegen Dr. Georg Haan. Damit war der Kanzler seinen ehemaligen Kollegen ausgeliefert, die ihn jetzt beseitigen konnten.

Auch Dr. Georg Adam Haan, der die Machenschaften vermutlich durchschaute, war den Hexenprozessen gegenüber kritisch eingestellt. Ihm sollte es unmöglich gemacht werden, über die Vorfälle im Hochstift zu berichten. Dem Fürstbischof erklärt man, daß er (G. A. Haan) den Prozeß am RKG durch seine Informationen an den Vater in Speyer ins Rollen gebracht habe. Außerdem sei er der Hexerei verdächtig; seine Mutter hatte ja sogar gestanden, ihn in die Zauberei eingeführt zu haben. Mit diesen Behauptungen war auch der Kanzlersohn ausgeliefert. In seinem Verfahren äußerte Dr. Georg Adam Haan, er habe anfangs vermutet, seine Verhaftung beruhe auf seiner Rede wider die Hexenprozesse. Nach

Bekanntgabe der Anklage wegen Hexerei gegen ihn wußte er um seine lebensbedrohliche Lage. Er wußte also um die Feindlichkeit, die Kritikern entgegengebracht wurde.

Ursula Maria Haan und Maria Haan waren zunächst die einzigen überlebenden erwachsenen Familienmitglieder. Es darf vermutet werden, daß ihre Prozesse und Hinrichtungen dem Zweck dienten, sie als Zeugen zu beseitigen. Übriggeblieben von der Familie war Carl Leonhard Haan, der allerdings auch diffamiert war. Deshalb konnte er nicht nach Bamberg kommen, sondern nur aus der Ferne Hilfe leisten.

Anhand der Prozesse gegen die Familie des bambergischen Hochstiftskanzlers lassen sich, wie gezeigt, Machenschaften der Hexenkommissäre aufdecken. Gegen deren Verleumdungen, Fälschungen, Interessen und Machtgier war selbst die Kanzlerfamilie nicht gefeit.

Andrea Renczes:
„Wie löscht man eine Familie aus?"

Die Anwendung der Folter und die Geständnisse vom Hexensabbat

Auf den ersten Blick scheint erstaunlich – und für die Justiz der Welt überzeugend –, daß die Beschreibung der Praktiken der Hexen sich immer wieder ähnelte.

Wenn wir uns vorrangig auf das Bild vom Hexensabbat konzentrieren, wie es in den Prozessen relevant bzw. wie es auch außerhalb von Theologen- und Richterkreisen bekannt war, so müssen wir grundsätzlich bedenken, daß das erstellte bzw. überlieferte Sabbatbild aus Hexenprozeßakten einerseits abhänging war vom Fragenkatalog der Richter, die sich nur bedingt mit dem Sabbat beschäftigten, andererseits immer durch eine Folter erzwungen bzw. erpreßt war. Denn es ist auffallend, wie sich die Delinquenten sträubten, selbst unter harter Folter sich zum Teufelspakt, zur Teufelsbuhlschaft, zum Hexenflug, vor allem zur Teilnahme am Sabbat zu bekennen; die meisten stritten dies zudem wieder ab, sobald die Folter nachließ. Eher waren sie bereit, den ihnen vorgeworfenen Schadenzauber an Mensch und Tier zu gestehen, auch nannten sie eher Teilnehmerinnen am Hexentreiben, als zuzugeben, daß sie sich dem Teufel verschworen oder sich gotteslästerlich und sodomitisch vergangen hätten. Wenn sie es überhaupt taten, so geschah dies erst, nachdem ihr Wille durch die Folter gebrochen war. Das schloß nicht aus, daß sich auch einige „Hexen" ohne Folter zu allen Untaten bekannten, denn wessen eine Hexe fähig sein sollte, wußte damals fast jeder. Andererseits kann auch nicht davon ausgegangen werden, daß die Richter den Verhörten Bekenntnisse entlockten, die mit deren Vorstellungswelt nicht vereinbar gewesen wäre. Die Angeklagten bestritten nur ihre Schuld. Denn das Fragenraster der Richter war meist nicht so eng, daß nicht auch individuelle Vorstellungen und Bilder übernommen werden konnten. Jedenfalls ist aus den Protokollen klar erkenntlich, daß die Verhörten eindeutige Informationen darüber hatten, wie eine Buhlschaft oder ein Pakt mit dem Teufel ablief, wie der Hexenflug vonstatten ging und was auf dem Hexensabbat geschah – dies zumindest in späterer Zeit. Die Antworten fielen zwar unterschiedlich aus, bezogen sich aber oft auf die Lebenswelt der Betroffenen. Daran änderte die Folter nichts. Nur ist es schwierig – und das ist unser Hauptproblem – zu unterscheiden zwischen dem, was die Angeklagten zwar selbst nicht getan hatten, woran sie aber als Bestandteil einer volkstümlichen Überlieferung glaubten, und dem, was sie aus Erzählungen wußten, woran sie aber selbst nicht recht glaubten, weil es ihrer Welt fremd war.

Richard von Dülmen: *„Imaginationen des Teuflischen: Nächtliche Zusammenkünfte, Hexentänze, Teufelssabbate"*

Wie sieht nun die Folter aus, die solche Geständnisse aus den Menschen herauszupressen vermochte? Auch dafür gab es genaue Regulierungen, die insbesondere bei der Befragung von der Hexerei Verdächtigten peinlich genau eingehalten werden mußten.

Der Scharfrichter und sein Gehilfe gehen ans Werk, nicht anders als jeder andere Mann, der sein Handwerk versteht. Freilich sind sie „unehrlich", müssen in der Wirtschaft auf einem dreibeinigen Hocker sitzen, weil auch der Galgen dreibeinig ist, und werden mit Scheu betrachtet: So ein Freimann besorgt von den Gehenkten allerlei, was gut zu brauchen ist für Magie und Medizin. Man weiß: Er schlürft selbst das Blut der Toten, deshalb ist er so stark. Seine Kunst: Mit einem einzigen, mächtigen Schlag trennt er ein Haupt vom Rumpf, knüpft dem Galgenvogel die Schlinge und setzt das Werkzeug schnell und genau an, damit der verstockte Sünder ein Geständnis ablege.

Hier im Raum kennt ihn jeder: Erst neulich hat er draußen auf dem Richtplatz einem Mordbrenner den Kopf abgeschlagen. Mit heiserer Stimme rief er, während die Menge Gebete murmelte, sein: „Habe ich

recht gerichtet?" Und der Richter antwortete ihm laut: „Du hast gerichtet, wie Urteil und Recht gegeben und wie der arme Sünder es verschuldet hat." Und wie üblich rief der Freimann, das noch blutige Schwert in der Hand: „Dafür dank' ich Gott und meinem Meister, der mich diese Kunst gelehrt."

Auf der Bank sitzen der Richter und die beiden Dominikaner, an einem Tisch der Protokollant. Man verzichtet auf die „territio verbalis". In manchen Fällen wird den Beschuldigten das Werkzeug gezeigt, damit der Schrecken seine Wirkung tue, aber bei diesem Weib braucht man keine Umstände zu machen: Man hatte an ihrem Leib ein Mal entdeckt, doch muß nun festgestellt werden, daß es tatsächlich ein Stigma des Teufels war.

Der Scharfrichter streift das Hemd von der Schulter und weist einen braunen Fleck vor. Richter und Schöffen treten heran, der Scharfrichter sticht mit einer Nadel in die Haut: Es kommt ein wenig Blut. Das ist ärgerlich, denn hätte die Stelle nicht geblutet, dann wäre klar gewesen, daß es sich um eine Hexe handelt. Der Richter weist den Scharfrichter an, die Frau genau zu prüfen. Also reißt man ihr die Kleider vom Leib, der schmutzig und häßlich ist, ein mit Läusebissen und Ekzemen, blauen Flecken und Schürfstellen übersäter Körper. Dennoch können die Männer den Blick kaum abwenden und verbergen ihre Neugier nur schlecht: Nackte Weiber sieht man genug, aber ein Leib, den der Satan selbst umarmt hat, weckt Neugier und Grauen.

Der Henker sucht den Leib Stück für Stück ab, Nacken und Brüste,

Rücken und Bauch, bis er kurz über der Scham am Haaransatz einen zweiten Pigmentfleck findet – und hier kommt beim Stich kein Blut, der Verdacht bestätigt sich also. Man wirft einander vielsagende Blicke zu, und der Richter weist den Protokollführer an, den Umstand festzuhalten.

Die Frau hat nichts gesagt. Jetzt schreit sie wie ein Tier auf und beschimpft die Männer mit den gemeinsten Ausdrücken als Säue und Böcke, als geile, gottverdammte Hurenböcke, bis ihr jemand mit dem Handrücken auf den Mund schlägt, daß ihr die Lippe platzt und sie Blut und Zähne spuckt.

Der Beweis, daß sie wirklich eine Hexe ist, scheint damit erbracht, aber der Richter muß das Bekenntnis haben, die „Urgicht": Erst die freiwillige Mitteilung seitens der Hexe schließt die geheime Voruntersuchung ab, das sogenannte Vorgericht, und macht den Weg frei für den peinlichen Rechtstag.

In einem solchen Fall ist die Folter ersten Grades geboten, die „territio stricte sic dicta", also das Verfahren genau wie angekündigt. Der Daumenstock gilt dabei den Juristen nicht einmal als vollgültiges Mittel. Mit geübtem Griff legt der Scharfrichter die Daumen der nackten Frau jeweils zwischen zwei Eisenplatten, die mit Schrauben zusammengepreßt werden, und zieht die Schrauben fest. Es herrscht vollkommene Stille im Gewölbe, die Frau keucht und wimmert mit fast tierischen Lauten, aber sie weint nicht – auch dies ein Beweis ihrer Teufelsbuhlschaft: Tränen sind, wie schon Sprenger und Institoris im „Hexenhammer"

geschrieben haben, Zeichen der Bußfertigkeit. Sie verliert auch nicht das Bewußtsein, während das Blut von den Daumen rinnt und der Scharfrichter mit dem Knauf seines Stockes fest auf die Eisenplatten klopft: Sie zuckt nur jedesmal zusammen vor Qual. Wie kann eine Frau, ohne daß ihr der Teufel beisteht, solche Schmerzen ertragen?

Mit einem Blick verständigen sich Scharfrichter und Richter. Die Frau wird auf einen Schemel gesetzt, dann schlingen ihr der Scharfrichter und sein Gehilfe, ein kleiner, farbloser Mensch mit Sommersprossen und wasserblauen Augen, Schnüre um die Fußgelenke. Daran wird dann gezogen, wie man an einer Schlinge um einen Baumstamm zieht: Schnell rötet sich die Haut, schneidet der Strick ins Fleisch, und nun fängt das Weib doch an zu schreien wie ein Tier und wirft sich hin und her: Falls sie nicht doch noch gesteht, wird man ihr einen Helm schneiden, darin ist der Scharfrichter Meister. Er umschlingt dann den Kopf solcher Hexen mit Schnüren und zieht sie so geschickt zu, daß sie in die Kopfhaut einschneiden und die Hautlappen sich lösen. Auch das Brennen mit Pech und Schwefel auf der bloßen Haut bringt oft den gewünschten Erfolg, ehe man zum Aufziehen mit dem Stein greifen muß.

Der Scharfrichter reißt der Frau den Mund weit auf und schiebt ihr schnell ein „Capistrum" zwischen die Zähne, den altbewährten Knebel, der verhindert, daß man das Heulen und Schreien der Opfer hört. Dann legt er ihr zum ersten Mal die Spanischen Stiefel an, aber noch nicht so stark, daß die Knochen splittern. Man sieht, wie sich ihr Gesicht verzerrt und ihr der Schweiß auf die Stirn tritt, noch immer scheint der Teufel ihr beizustehen, denn viele haben schon jetzt ihre Missetaten gestanden. Hier aber wird offensichtlich weiterhin das „maleficium taciturnitatis" ausgeübt, zu deutsch, das Malefiz des Verschweigens.

Daß die Frau keine Tränen hat, ist ein sicheres Zeichen ihrer Zunft, man sieht auch, wie der Dämon in ihr arbeitet, ihr trockenes Schluchzen, ihr Zittern und ihre Bewegungen verraten, wie er innen gegen das Kreuz kämpft, das man ihm vorhält. Bruder Thomas beschwört sie mit der vorgeschriebenen Formel: „Ich beschwöre dich bei den bitteren Tränen, die unser Erlöser am Kreuz, die seine Mutter über seine Wunden und alle Heiligen und Auserwählten Gottes hier in der Welt vergossen haben, daß du, sofern du unschuldig bist, Tränen vergießest. Im Namen des Vaters, des Sohnes und des Heiligen Geistes. Amen."

Der Dominikaner erkennt, daß man für heute nicht zum Ziele kommen wird. Er verständigt den Bürgermeister mit einem Wink, der seinerseits dem Scharfrichter den Befehl gibt, die übrigen Instrumente zu zeigen: die Ruten, den sogenannten Betstuhl, ein Brett mit spitzen Nägeln zum Knien, und die Zangen, mit denen man die Finger- und Fußnägel herausreißt, die Streckleiter, verstärkt durch verschiedene schwere Steingewichte – damit ist der Vorschrift Genüge getan.

Natürlich weiß jeder dieser Männer, daß die Folter nur dann wiederholt werden darf, wenn neue Indizien für die Schuld der Beschuldigten sprechen, denn so will es die „Peinliche Halsgerichtsordnung". Hier aber geht es um den Kampf gegen den Satan, und so kann man nicht davon sprechen, die Folter werde wiederholt – sie wird nur am zweiten oder dritten Tag fortgesetzt. Inzwischen ist es notwenig, darauf zu achten, daß sie sich nicht durch Selbstmord entzieht: Also muß der Bader den Auftrag bekommen, zwei Tage bei dem Weib zu wachen, man wird das aus der Stadtkasse bezahlen.

Hannsferdinand Döbler:
„Hexenwahn"

Die Kosten der Prozesse und die Gewinne der Beteiligten

Als ein weiteres Motiv für die massenhafte und erstaunlich konsequente Verfolgung von Hexen wurde immer wieder hervorgehoben, daß die Verurteilungen Anklägern, Richtern und Henkern nicht unerhebliche Gewinne eingebracht hätten.

Besonders beklagt wurde immer wieder die Höhe der Prozeßkosten, die von den Gerichten oft willkürlich festgesetzt wurden und die sich meist erheblich über den amtlich festgelegten Gebührensätzen bewegten.

Wenn selbst ein Mann wie der Trierer Kurfürst Johann von Schönenburg – in dessen Amtszeit mehrere hundert Menschen als Zauberer und Hexen verbrannt worden waren – Mittel und Wege suchte, dem abzuhelfen, waren solche Vorwürfe sicher nicht aus der Luft gegriffen.

Zwar sei es seine besondere Aufgabe, „das hochstrafliche Laster der Zauberei durch ordentliche Mittel auszurotten", doch habe er erfahren, daß „viel Nullitäten und Unrichtigkeit so wohl der Proceß, als der Execution halben vorgegangen, dahero den armen Underthanen unträgliche Costen zur Handt gewachsen, ja Witwen und Waisen ins eusserst Verderben gesetzt worden."

Dennoch konnten die Beteiligten – Richter und Henker, Schöffen und Notare, Gerichtsboten und Folterknechte – mit einiger Sicherheit darauf vertrauen, weder gerügt noch sonst zur Verantwortung gezogen zu werden.

Häuften sich die Beschwerden, mochte es allenfalls vorkommen, daß der Landesherr eine Rechnungsprüfungskommission einsetzte, die zunächst schriftliche Kostenaufstellungen anforderte. Die gröbsten Unregelmäßigkeiten wurden ausgemerzt und mit dem Vermerk „nicht passirt" versehen. Etwa der bei den Gerichtsmahlzeiten oder Verfolgungen flüchtiger Hexen angefallene Alkoholkonsum.

„Dem Wirt zu Hainichen, was die der Hexenkönigin nachgesetzten Schützen daselbst vertrunken ... 2 Rth. 7 Albs."

Die nur schwer nachzuprüfenden Spesenrechnungen betrugen oft ein Mehrfaches der reinen Folter- und Exekutionskosten, bei denen sich die Henker weit eher mit dem genehmigten Festbetrag zufriedengaben.

Zu den „nicht passirten" Beträgen konnte auch die Rechnung des Ortspfarrers für Kerkerbesuche und den geistlichen Trost auf dem Weg zum Richtplatz gehören. „Die Mönche nehmen kein Geld", hieß es in der Randbemerkung eines Kölner Rechnungsprüfers.

Gegen die nicht zuletzt aus dem Vermögen der Verurteilten finanzierte Unterhaltung der privaten Schutztruppe des Henkers wurden zwar ebenso kritische Stimmen laut, ohne daß es jedoch den Kommissionen gelungen wäre, in diesem Punkt auch nur einen Vergleich zu erzielen.

Nachdem mehrfach Scharfrichter und Hexenkommissare von aufgebrachten Bauern erschlagen worden waren, fürchteten sie zu Recht um ihre Sicherheit.

Insgesamt kam es nur zu geringfügigen Korrekturen der Kostenaufstellungen, dabei war schon die Tatsache der Rechnungsprüfung überhaupt eine seltene Ausnahme.

Die mangelnde Kontrolle durch regierungsamtliche Stellen oder gar den Landesherrn selbst war nicht zuletzt darauf zurückzuführen, daß es unter Berufung auf das kanonische Recht üblich geworden war, das Vermögen der Verurteilten zu konfiszieren, und zwar unabhängig davon, ob – wie meist der Fall – noch Erben vorhanden waren oder nicht.

Der Großteil der Güter und Liegenschaften fiel den Landesherren zu, deren Quote fünfzig vom Hundert nur selten unterschritt. Vielfach hatte es sich sogar eingebürgert, den gesamten, nach Abzug der Gerichtskosten verbleibenden Betrag dem Herrschervermögen zuzuschreiben. (...)

(Die Kritik des Kurfürsten) richtete sich in erster Linie gegen ein mehr als fragwürdiges Verfahren und Vorgehen, das vor allem in den kleinen

Gemeinden des Erzstifts eingerissen war. Hier kam es – meist auf Betreiben und unter Führung des Zenders, des ranghöchsten Ordnungsbeamten – zur Bildung sogenannter „Ausschüsse", die ihre Aufgabe einzig und allein darin sahen, den Gerichten immer neue der Zauberei und Hexerei verdächtige Personen zuzuführen.

Im Falle einer Verurteilung mußten die Angeklagten für alle in Zusammenhang mit ihrem Prozeß stehenden Maßnahmen die Kosten übernehmen, angefangen von den Wirtshausrechnungen, wo die Ausschußmitglieder ihr Vorgehen gegen einen Verdächtigen berieten, bis hin zum Holz des Scheiterhaufens.

Freisprüche – sie hätten den zu Unrecht Beschuldigten in die Lage versetzt, Schmerzensgeld zu fordern – waren so gut wie ausgeschlossen, denn die Ausschußmitglieder hatten die Prozesse vom ersten Verdachtsmoment bis zur Exekution voll in der Hand. Es habe Fälle gegeben, klagte der Kurfürst, in denen sie „zugleich Ankläger, Zeugen, ja bisweilen auch Mitrichter gewesen".

Die angeprangerten Mißstände lassen den Schluß zu, daß für wohlhabende Familien die Möglichkeit bestand, sich durch Zahlung einer Schutzgebühr davor zu bewahren, eines ihrer Mitglieder in einen Hexenprozeß verwickelt zu sehen.

Schönenburg sah sich auch gezwungen, darauf hinzuweisen, daß es zumindest nicht üblich sei, wenn Richter und Schöffen die Durchführung des Verhörs an Folterknechte und Henker delegierten. In Zukunft sollten während einer peinlichen Befragung neben zwei Schöffen auch der Schultheiß oder ein Notar anwesend sein.

Weiterhin bemängelte der Kurfürst auch die Zusammensetzung der Ausschüsse, die „ohne Respect der Personen, ob sie qualificiert oder unqualificiert", erfolge. Wie die mangelnde Qualifikation in Extremfällen aussehen konnte, geht aus einem Mandat des Reichskammergerichts hervor, in dem die Richter feststellten, der bisher unbescholtene Kläger sei durch zwei „Orts-Deputirte" verhaftet worden, „deren der eine wie in processu causae künftig dargetan werden sollte, zu diesem Werk durchaus nit tüchtig oder qualificiert, wie nit weniger der andere, der um Mordtat willen eine Zeitlang in gefänglicher Haft enthalten worden".

Auch trotz einiger verfahrensrechtlicher Reformen war die Bedeutung der Verordnung in einer „ohnedas schweren teuren Zeit" vor allem auf der Prozeßkostenseite zu suchen. Die Obrigkeiten wurden ausdrücklich angehalten, aus den Verhandlungen keinen persönlichen Nutzen zu ziehen, sie sollten „in allem Justitiam allein vor Augen haben". (...)

Weit stärker als die größeren Herrschaften waren die oft winzigen ritterschaftlichen Territorien abhängig von den durch die Hexenprozesse zu erzielenden Haushaltsaufbesserungen. Der Herr von Lindheim erhielt ein Schreiben seines Vogtes Johann Geiß, der ihm die Restaurierung von Kirche und Brücke in Aussicht stellte, wollte der Herr nur seine Zustimmung zum Beginn der Verfolgungen geben.

„Der mehren Teils von der Bürgerschaft" sei bestürzt über die Ausbreitung des Zauberer- und Hexenwesens und habe „sich erbotten, wenn die Herrschaft nur Lust zum Brennen hätte, so wollten sie gerne das Holz dazu und alle Uncosten erstatten und köndte auch die Herrschaft so viel bei denen bekommen, daß die Brügck wie auch die Kierche köndten wiederrumb in guten Stand gebracht werden.

Noch über das so köndten sie auch so viel haben, daß deren Diener Inkünftige köndten so viel besser besuldet werden, denn es dürften vielleicht gantze Häuser und eben diejenigen, welche genug dazu zu tun haben, infociret seyn."

Nachdem er die Zustimmung zur Verfolgung erhalten hatte, arbeitete Geiß zunächst ausschließlich in die eigene Tasche. Fünf Reichstaler kassierte er für einen Ritt ins zwei Stunden entfernte Ortenberg, „denn das Wetter war dazumahle gar schlimb und mußte bey der eyffrigen Verfolgung der Teufels-Hexenkönigin mein arm Leib, Gesundheit und Leben daran wagen". In dieser Höhe bewegte sich sonst der einem Henker für Folterung und Hinrichtung zustehende Betrag.

Aber Leute wie Geiß waren nicht die einzigen, die von der Hexenangst und den Prozessen profitierten. Bettelmönche zogen umher, verkauften Heiligenbildchen, die zum Schutz vor Hexen, wahlweise aber auch der Pest vom Käufer verschluckt wurden. Gegen entsprechende Gebühren entflammten die Mönche die sogenannten Hexenrauchfeuer oder inszenierten Teufelsaustreibungen.

Selbsternannte Hexenkommissare trieben ihr Unwesen, deren einzige Einnahmequelle die von den Hexen zu zahlenden Entdeckungs-, Verhaftungs- und Verhörgebühren waren. Die meisten unter ihnen werden weit erfolgreicher gearbeitet haben als Hans Schoch aus Fürstenfelden, der in Straßburg versuchte, durch Verleumdungen und gegenseitiges Aufhetzen der Bürger eine Verfolgungsepidemie in Gang zu setzen, der aber schon in seinem ersten Verfahren nicht in der Lage war, einen unanfechtbaren Schuldnachweis zu führen und der aufgrund der falschen Anschuldigung dann selbst ertränkt wurde.

Nicht weniger unheilvoll als die der selbsternannten war die Arbeit der beamteten Hexenkommissare, deren geringes Grundgehalt dem Landesherrn Sicherheit für hohe Auffindungs- und Verurteilungsquoten bot. Ihr Funktionsbereich reichte vom Sachverständigen bis hin zur Kontrollinstanz des örtlich zuständigen Richters, in dessen Befugnisse sie aufgrund eigener Entscheidung eintreten durften.

Manfred Hammes:
„Hexenwahn und Hexenprozesse"

Die Täter und ihre Opfer

Zweifellos verlief jeder Prozeß anders, lagen jedem andere Motive, Feindschaften, Intrigen und andere individuelle Umstände zugrunde. Dennoch deutet die Vielfalt der Quellen zur Überführung der Hexen, Hexer und Ketzer darauf hin, daß dem Krieg gegen die „Hexenverschwörung" ein geistiges Prinzip zugrunde lag.

Der Hexenrichter von Loudun.

Einflußreiche Schreibtischtäter gegen die Hexen waren Martinus Antonius Delrio (1551–1608), Heinrich Schultheiß († 1630), Benedikt Carpzov (1595–1666) und Petrus Binsfeld (1540–1603). Ähnlich wie Sprenger und Institoris wirkten sie durch ihre Schriften – die sie nicht selten im realen Leben als Hexenkommissare erprobt hatten – viel verheerender als die schlimmsten Richter, Kommissare und Henker.

Dr. Martinus Antonius Delrio – oft auch Del Rio geschrieben – war als Sohn spanischer Eltern 1551 in Antwerpen geboren, er starb im Alter von siebenundfünfzig Jahren in Löwen. Er war von Adel, war reich und wurde von vielen als einer der gelehrtesten Männer seiner Zeit gepriesen. Unter anderem verstand er fünf lebende Sprachen. In den Wechselfällen des Unabhängigkeitskampfes der Niederlande gegen die spanische Oberherrschaft wurden das Schloß seines Vaters und seine eigene Bibliothek zerstört. Martin Delrio, durch die Aufständischen vorübergehend aus dem Lande vertrieben, hielt sich indessen in Spanien auf. Dort trat er im Alter von dreißig Jahren in den Jesuitenorden ein, denselben Orden, aus dem im folgenden Jahrhundert Friedrich Spee, der feurigste Bekämpfer des Hexenprozesses – und damit der Ideen des Delrio – hervorgehen sollte. Die amtliche Laufbahn Delrios im spanisch beherrschten Teil der Niederlande gipfelte schon frühzeitig in seiner Ernennung zum Vizekanzler und Generalstaatsanwalt für Brabant, außerdem wirkte er als Professor in Löwen und an anderen Universitäten. Sein Haß gegen die Protestanten, die

Aufrührer, schlägt bereits im Vorwort seines Buches durch. Die Verfolgung der Zauberer in dieser Zeit sei wichtiger als früher, da „der Teufel in die Ketzer gefahren ist wie früher in die Götzenbilder".

Trotzdem wurden Delrios „Untersuchungen über Zauberei" („Disquisitionum magicarum libri VI") fortan in allen Ländern das meistbenutzte und am häufigsten angeführte Handbuch der Hexenrichter, auch der protestantischen. Es erreichte mehr Neudrucke als irgendein anderes Buch, insgesamt wohl zwanzig, den letzten noch im Jahre 1746. Delrio erklärt, daß der Richter, der eine geständige Hexe nicht zum Tode verurteile, eine Todsünde begehe; wer gegen das Todesurteil stimme, verrate eine heimliche Mitschuld; wer versichere, daß Hexengeschichten, die als verbürgt erzählt werden, auf Täuschung oder Einbildung beruhten, der mache sich selber als Hexer verdächtig.

Die entsetzlichen Spuren dieses Buches ziehen sich durch die ganze fernere Geschichte der Hexenverfolgungen in vielen Ländern hin. Eine sonderbare Ausnahme bilden die spanischen Niederlande, die Heimat des Verfassers. Hier, wo er doch so hoch in Ansehen und Würden stand, nahmen die Hexenprozesse zu seinen Lebzeiten nicht so überhand, wie man hätte fürchten können. Die obersten Regierungsstellen in den spanischen Niederlanden waren den von Delrio verkündeten Hexenwahnideen wenig zugänglich. Hier in Brüssel war es denn auch Cornelis Loos vergönnt, eines natürlichen Todes in seinem Bette zu sterben, trotz des Grimms, den Delrio und Binsfeld gegen diesen

unzähmbaren Bestreiter der Hexenprozesse hegten. (…)

Schultheiß, Doktor des weltlichen und des kirchlichen Rechts, war ein Massenmörder von der bücherschreibenden Sorte. Er hatte jahrelang im Erzbistum Köln sowie in Paderborn und anderen Gegenden von Rheinland und Westfalen Scharen von Menschen foltern und verbrennen lassen. In Paderborn waren viele reiche Leute unter seinen Opfern. Schultheiß strich dort eine große Beute an beschlagnahmten Vermögen ein (1631). In seinem Buch wendet er sich voll Wut gegen anmaßende Tadler, die sein Vorgehen anrüchig fanden. Der Kurfürst-Erzbischof von Mainz, Peter Ostermann, billigte ausdrücklich dieses teils lateinisch, teils deutsch geschriebene Buch, das unter dem Titel „Ausführliche Instruktion, wie in Inquisitionssachen des greulichen Lasters der Zauberei … zu prozedieren" im Jahre 1634 in Köln herauskam, nicht lange nachdem die „Cautio Criminalis" erschienen war.

Die „ausführliche Instruktion" des Dr. Schultheiß trieft von Frömmelei. An vielen Stellen sind Gebete eingefügt. Aber an Grausamkeit übertreffen die Vorschriften, die der Frömmler gibt, bei weitem noch die der anderen berufsmäßigen Hexenjäger. Übrigens bestätigt sich auch hier, daß den führenden Hexenverfolgern alle Einwände des gesunden Menschenverstandes gegen ihr vernunftwidriges Treiben bekannt waren und daß sie sich bewußt dagegen verschlossen. So gibt Dr. Schultheiß kaltblütig zu, daß die Aussagen gefolterter Hexen über angeblich mitschuldige Personen meistens widerspruchsvoll, ungemein töricht und unglaubwürdig erscheinen. Er legt diese Einwände einem Gesprächsteilnehmer in den Mund, den er in seinem Buch auftreten läßt und den er in der Wechselrede zu widerlegen behauptet, indem er in hartnäckigen Wiederholungen die tollsten Ausgeburten des Hexenwahns gegen ihn ausspielt.

Die Stellung des Hexenkommissars zu den Richtern wird von Schultheiß in seiner „ausführlichen Instruktion" genau beschrieben. Er ist ihnen angeblich nur als sachverständiger Berater in Hexendingen zugestellt. Aber, so fährt Schultheiß fort, „sollten die Richter dem Recht zuwider etwas erkennen, so muß der Kommissar ihnen sagen, was das Recht fordert, (…) er muß auch das Urteil im Namen des Gerichtes verfassen".

Wenn jedoch ein beisitzender Richter sich nicht stillschweigend fügen wollte, sondern Rechtsbedenken gegen die Prozeßführung des Hexenkommissars äußerte, was geschah dann? Schultheiß gibt die Antwort in der Form eines warnenden Beispiels.

Ein Schöffe, der zu widersprechen gewagt hatte, wurde als Hexer angeklagt. Der Scharfrichter begann mit dem ersten Grad der Folter und legte ihm die Beinschrauben an. Der Schöffe war ein Greis von fast siebzig Jahren und wurde bewußtlos. Schultheiß drückt sich anders aus; er behauptet, der Unglücksrabe habe „geschwind angefangen zu schlafen". Solche Ohnmachtsanfälle pflegten die Hexenrichter als „Schweigezauber" zu deuten, wodurch sich das Opfer als

Teufelsgenosse zu erkennen gegeben habe. Als der betagte Schöffe nach wenigen Wochen im Kerker den Geist aufgab, durfte seine Leiche nicht auf dem Kirchhof beerdigt werden, sondern wurde verscharrt.

Die Hexenkommissare waren nicht alle so schreibgewandt wie Dr. Schultheiß, viele waren roh und ungebildet. Aber weder die gebildeten noch die ungebildeten kümmerten sich um die Bücher von Spee, Praetorius und Meyfart. Es war immerhin ein Zeichen der Zeit, daß solche Bücher mit ihren flammenden Anklagen gegen das Wüten der Hexenjäger erscheinen konnten, ohne daß es dem Verfasser an Leib und Leben ging. Aber den ordentlichen Richtern und Schöffen, die über Hexen zu Gericht saßen, war es nicht anzuraten, sich auf diese Bücher zu berufen. Sie waren dem Hexenkommissar, der ihnen aufgedrängt wurde, hilflos ausgeliefert. Unter ihnen gab es ebenfalls Männer, die genug Verstand und Rechtsgefühl besaßen, um die krasse Unsinnigkeit des Hexenprozesses zu durchschauen. Aber wenn sie unter den Augen des auf seine Vollmachten pochenden Wüterichs merken ließen, daß sie das rechtswidrige Vorgehen mißbilligten, bedeutete dies für sie den beinahe sicheren Tod. (…)

Benedikt Carpzov, der furchtbarste Hexenverfolger auf der protestantischen Seite, war als Sohn eines Professors der Rechte in Wittenberg geboren. Er war erst ausübender Richter an den höchsten Gerichtsstellen des Kurfürstentums Sachsen, dann Professor in Leipzig und starb dort 1666 im Alter von einundsiebzig

Jahren. Die Zahl der Todesurteile, die er unterzeichnet habe, schätzte der hexengläubige P. A. Oldenburger 1675 in bewunderndem Tone auf zwanzigtausend. Diese runde Zahlenangabe, die in viele Bücher übergegangen ist, verdient wohl kein Vertrauen. Sie gibt jedoch einen Begriff von dem Eindruck, den das Wirken dieses Mannes hinterlassen hat. Sein Einfluß erstreckte sich weit über die Grenzen Sachsens hinaus, auch in anderen deutschen Staaten galt er als Leuchte der Strafrechtswissenschaft und als die maßgebende Autorität auf dem Gebiet des Hexenprozesses. Noch lange nach seinem Tode gab im Jahre 1726 vor einem Gericht in Westfalen eine vom amtlichen Ankläger vorgebrachte Stelle aus dem Handbuch des „berühmten Kriminalisten Carpzov" den Ausschlag dafür, daß man sich über alle vorgebrachten Bedenken hinwegsetzte und ein armes Weib, Anna Maria Rosenthal in Winterberg, als Hexe zum Tode verurteilte.

Das weitreichende und nachwirkende Ansehen des Namens Carpzov ist nicht unerklärlich. Er wird auch heutzutage noch in Schriften über die Geschichte der deutschen Strafrechtspflege mit Ehren genannt. Darin fällt dann weniger das Licht auf die vom Hexenwahn verdüsterte Seite im Wesen Carpzovs als auf sein eigentliches Verdienst, das in einer geordneten Zusammenfassung des gesamten geltenden Strafrechts bestand. Carpzov habe dadurch die Grundlage für eine selbständige deutsche Strafrechtswissenschaft geschaffen. Er war tatsächlich ein bedeutender Rechtsgelehrter und gehört andererseits in die Reihe der geistig hervorragenden

Männer, bei denen der Hexenwahn eine Spaltung des Denkvermögens hervorgebracht hat.

Benedikt Carpzov war ein frommer und eifriger Sohn der lutherischen Kirche. Hiervon zeugt die grundlegende Arbeit auf dem Gebiet des deutschen evangelischen Kirchenrechts, die er geleistet hat, hiervon zeugte auch sein Lebenswandel. Er ging jeden Sonntag zur Kirche und konnte im Alter nachzählen, daß er die Bibel dreiundfünfzigmal durchgelesen hatte. Aber seine protestantische Glaubensüberzeugung hinderte ihn nicht daran, sich auf die katholischen Hexenverfolger aus früherer Zeit zu berufen und ihre Bücher anzuführen, um auf sie seine eigenen Ansichten über den Hexenprozeß zu stützen. Ausdrücklich schloß er sich den blutrünstigen Leitsätzen von Bodin, Remy, Binsfeld und Delrio an. Doch schrieb er nicht, wie seine katholischen Vorgänger, ein besonderes Hexenbuch, sondern er behandelte das Verbrechen der Hexerei als einen Abschnitt in der Gesamtdarstellung aller Arten von Verbrechen und ihrer gerichtlichen Ahndung.

Als Bestandteil des allgemeinen Strafrechts wurde somit der Hexenprozeß durch Carpzov juristisch noch besser verankert. Sein Lehrbuch, die „Practica rerum Criminalium" erschien 1635 in Wittenberg; es mußte bis 1723 neunmal gedruckt werden. Dem Hexenprozeß ist darin ein breiter Raum gewidmet. Die Hexerei wird unter die Ausnahmeverbrechen gerechnet, bei denen der Richter von den Regeln des ordentlichen Untersuchungsverfahrens abweichen dürfe, stets zuungunsten des Angklagten,

nie zu seinen Gunsten. Als Ausnahmeverbrechen (crimina excepta) waren
außerdem zu behandeln Majestäts-
verbrechen, Hochverrat, Straßenraub
und Falschmünzerei. Aber die Hexerei ist die häufigste dieser Halsmisse-
taten. Da sie so geheim und so schwer
zu entdecken sei, dürfe man sich in
Fällen, in denen der Beweis der
Schuld nicht erbracht werden könne,
mit dem einfachen Vermuten begnügen und daraufhin auf der Folter das
Geständnis erzwingen. Für dieses
Vorgehen erfand Carpzov die wider-
sinnige Bezeichnung „Vermutungs-
beweis". Er rechnete aus, daß die
Hexerei ein fünffaches Verbrechen
sei, daß sie dreifach verschärfte Folter
verdiene und fünffach die Todesstrafe.

Die Willkür und Grausamkeit, die
in diesen Abschnitten der „Practica"
dem Richter im Hexenprozeß zur
Pflicht gemacht wurden, gingen weit
hinaus über alles, was nach der „Carolina" statthaft war. Nur notdürftig
bemäntelte Carpzov durch weit-
schweifige Spitzfindigkeiten die Tatsache, daß er sich mit seinem unmenschlichen Ausnahmeverfahren
über manche einschränkenden
Bestimmungen des alten kaiserlichen
Strafgesetzbuches einfach hinwegsetzte.

Sachsen war ein nur allzu günsti-
ger Nährboden für die Hexenangst,
die im Werk seines berühmten Juristen Carpzov alle Rechtsbedenken
überwucherte. Schon viel früher hatte
die von Kurfürst August von Sachsen
im Jahre 1572 erlassene Kriminalordnung den Strafbestimmungen der
„Carolina" eine verschärfte Fassung
gegeben und vorgeschrieben, daß

Hexen und Zauberer unter allen Umständen hinzurichten seien, auch
wenn sie mit ihren Künsten niemanden geschädigt hätten.

Kurfürst August von Sachsen
(1526 – 1586) hat nach Ansicht von
Thomasius durch sein böses Vorbild
die anderen protestantischen Fürsten
in Deutschland dazu verleiten helfen,
daß auch sie dem aus der päpstlichen
Ketzerinquisition erwachsenen
Hexenprozeß Eingang gewährten.

Kurt Baschwitz:
„Hexen und Hexenprozesse"

Vor allem aber die Schrift eines
Mannes war verantwortlich (für die
Ausbreitung des Hexenwahns), das
„Tractat von Bekantnuß der Zauberer
und Hexen" des Weihbischofs Petrus
Binsfeld.

Zwar handelte es sich hier im wesentlichen um nichts anderes als eine
Kurzfassung des „Hexenhammers",
gleichwohl aber erlangte die Schrift in
den deutschen Hexenprozessen eine
wesentlich größere Bedeutung als ihr
Vorbild, denn obwohl ursprünglich
ebenfalls in Latein verfaßt, wurde sie
bereits 1590, ein Jahr nach Erscheinen
„allen Liebhabern der Warheit und
Gerechtigkeit zu gutem, verteutscht",
wie es auf dem Titelblatt dieser ersten
Übersetzung heißt. Wieder ein Jahr
später erschien in München die zweite
Übersetzung „durch den Wolgelerten
M. Bernhart Vogel, deß loeblichen
Stattgerichts in Muenchen, Assessorn".

Weitere Neudrucke und Neuauflagen folgten innerhalb weniger Jahre,
ein Zeichen für die Verbreitung der
Schrift, wobei die Schwerpunkte in
den rheinischen Kurfürstentümern

und in Bayern lagen. Vor allem in den ländlichen Gebieten, wo nicht immer „wolgelerte" Juristen Recht sprachen, war das „Tractat" die einzige zu den Vorschriften der Peinlichen Halsgerichtsordnung Karls V. herangezogene Auslegungshilfe.

Wie jede Schrift, die in den Tagen der Hexenprozesse eindeutig Stellung bezog, wurde auch das „Tractatus de confessionibus maleficorum et sagarum" – so der vollständige Titel – von den einen mit frenetischem Beifall begrüßt, von den anderen nicht minder fanatisch verdammt. „Ich halte Binsfelds Schrift für ein vortreffliches Werk, das dem Hexenrichter neben der Gerichtsordnung Karls V. fast unentbehrlich ist", schrieb der Kölner Jurist Diederich Graminaeus. Sein Kollege Thomasius dagegen hielt sie für ein Werk, „in welchem Binsefeldius den alten Schlentrian mitmacht, und die Fabeln derer inquisitorum getrost nachpfeiffet".

Erschreckend ist aber auch die Wirkung der „Praktiker" unter den Hexenjägern, der Hexenkommissare und Henker.

Einer der ersten, die die theoretischen Ausführungen des „Hexenhammers" in großem Stil in die Praxis umsetzten, war der lothringische Geheimrat und Hals-, sprich Strafrichter Nicolas Remy, bekannter unter seinem latinisierten Schriftstellernamen Remigius.

1595 erschien seine „Daemonolatria", die einerseits ein den Richtern zugedachtes Anleitungsbuch für den Hexenprozeß ist, andererseits die persönliche Zwischenbilanz eines Mannes, der mehr als sechzehn Jahre das Herzogtum Lothringen mit seinen Hexenprozessen tyrannisierte. Achthundert Menschen seien aufgrund seiner Urteile verbrannt worden, etwa die gleiche Anzahl sei ihm vor der Vollstreckung noch entkommen, fünfzehn weitere haben vor der Hinrichtung Selbstmord begangen; das sind die von ihm selbst mitgeteilten Zahlen.

Wann immer seine eigenen Verhandlungen und die von Nancy aus geführte Verwaltung und Organisation des Gerichtswesens es erlaubten, nahm er an den Prozessen der ländlichen Untergerichte teil. Allein schon seine Anwesenheit wird in vielen Fällen die Richter zu einer dem Angeklagten ungünstigen Entscheidung bewogen haben.

Grundsätzlich stand Remigius auf dem Boden des „Hexenhammers", der ihm in einigen Punkten jedoch nicht weitgehend genug war. Sprenger und Institoris hatten die Kinder, wenn sie nicht gerade in der Geburt schon von ihren Hexenmüttern dem Teufel geweiht worden waren, noch als unschuldige Wesen gesehen, passiv und bedroht von den Hexen. Kinder wurden von Hexen auf dem Hexensabbat gefressen, bestimmte Körperteile des Kindes fanden Verwendung bei der Herstellung der Hexensalbe. Kinder und Jugendliche als selbst schadenzaubernde Hexen waren den Dominikanerinquisitoren jedoch unbekannt.

In der laut der deutschen Vorrede „lieblich zu lesenden" Schrift des Lothringer Richters aber finden sich mehrfach Hinweise auf Kinderprozesse, in denen das Todesurteil ebenso verkündet und vollstreckt wurde wie in den Verhandlungen gegen Erwach-

sene. In einem Fall, so macht Remigius in seiner „Daemonolatria" nun den Vorwurf, habe er gegen seine richterliche Überzeugung gehandelt, als er mehrere Sechs- bis Zehnjährige auf dem Richtplatz, wo ihre Eltern gerade verbrannt wurden, nur habe auspeitschen lassen. Er habe sich zu sehr von den mitleidsvollen Bekundungen seiner Richterkollegen zu dieser Begnadigung hinreißen lassen. Denn „allezeit ist ein heylsamer Eyffer dem schedlichen eußerlichen Schein der Begnadigung vorzuziehen".

Zu solchen Gnadenakten ließ Remigius sich aber nur selten verleiten, meist war es der „heilsame Eifer" der seine Prozesse beherrschte. Eine andere Angeklagte, ein Mädchen, „Katharina geheißen, (…) obgleich noch ein unmannbares Kind", war während ihrer Untersuchungshaft mehrfach von den Kerkerwachen und Henkersknechten vergewaltigt worden

– für Remigius nichts anderes als ein weiterer Beweis für die Teufelsbuhlschaft.

Überhaupt waren die Vorgänge in den Gefängnissen einer aktenmäßigen Niederlegung fast vollständig entzogen. Nur zwei Tatbestände kamen in seltenen Fällen einmal ans Tageslicht, der durch eine übermäßige Folter verursachte Tod eines Gefangenen und die Notzuchtfälle, diese aber mit einiger Sicherheit auch nur dann, wenn eine Angeklagte während der Haftzeit schwanger wurde. Friedrich von Spee beschreibt einen derartigen Fall in der einunddreißigsten Frage seiner „Cautio Criminalis", wo dann auch der Täter zur Verantwortung gezogen wurde. Bei einer durchschnittlichen Haftzeit von drei bis vier Wochen konnte sich jeder das geringe Risiko einer Aufdeckung selbst ausrechnen. Im Fall einer zur Schwangerschaft führenden Vergewaltigung und bei Todesfällen nach einer den gesetz- lichen Bestimmungen zuwider gelau- fenen Folter griff man seit Remigius zu dem einfachen Ausweg eines direk- ten Eingriffes des Teufels. Entweder handelte es sich um eine Teufelsbuhl- schaft, die dieser auch im Beisein anderer Personen ausführen könne, ohne bemerkt zu werden, oder der Teufel hatte einem Angeklagten „den Hals verdreht", damit dieser nicht noch andere Hexen und Zauberer denunzieren konnte.

Im Jahre 1612 wurde Remigius wahnsinnig, klagte sich in einem sei- ner Anfälle selbst an und wurde zweiundachtzigjährig ebenfalls durch das Feuer hingerichtet.

Manfred Hammes:
„Hexenwahn und Hexenprozesse"

Wieder fiel dem inzwischen schon zu Berühmtheit aufgestiegenen „Meister Hans von Biberach" die ent- scheidende Rolle zu, doch versam- melten sich nun ganze Scharfrichter- gesellschaften in Schwabmünchen, das sich wegen seiner Lage für solche Treffen gut eignete. Meister Hans Vollmair brachte neben seiner Frau auch noch Tochter und Schwieger- sohn, „Meister Christoph von Biber- ach", mit. Aus Bayern kamen die Scharfrichter von Landsberg und Meister Jörg Abriel von Schongau, aus der Reichsstadt Kaufbeuren der vermutlich mit dem Schongauer Hen- ker verwandte Meister Barthlemeß Aberhöll, aus dem Hochstift Augs- burg beteiligten sich neben Meister Veit von Schwabmünchen auch die Henker von Oberdorf, Großaitingen und Oberstdorf, aus dem Westen

reiste der Meister der Reichsabtei Ochsenhausen an. Die Bedeutung dieser Scharfrichter für die Verfol- gungswelle der Jahre um 1590 kann man gar nicht hoch genug einschät- zen. Das Einzugsgebiet der beiden Scharfrichter Hans und Christoph von Biberach sollte wenig später von Garmisch im Süden bis Langenzenn (nordwestlich von Nürnberg) im Nor- den reichen, Jörg Abriel bereiste ganz Bayern und versorgte das Hochstift Freising. Allein die Scharfrichter von Eichstätt, Oettingen-Wallerstein und Lauingen erreichten noch annähernd die Bedeutung Vollmairs und Abriels. Bemerkenswert an der Verfolgung von Schwabmünchen ist, daß die lokale Obrigkeit kein Interesse an dem Prozeß zeigte. Der Landamman bat nicht vor der ersten Hinrichtung die Regierung um Versetzung, der Pflegerichter beschwerte sich bitter darüber, daß er als Adelsperson wegen der Prozesse oft stundenlang im Gefängnis zubringen müsse, „im gestanckh". Treibend war stets die Regierung in Dillingen. Interessiert waren jedoch auch die Scharfrichter- gesellschaften, die über die festgeleg- ten Lohntaxen hinaus freie Ver- pflegung genossen. Ein Henker mit Gefolge (Ehefrau, Gehilfe, Bote, Pferde) verbrauchte in zwei Monaten 291 Gulden, dies war etwa genauso viel, wie eine „ad perpetuos carceres" verurteilte Person in drei Jahren an Verpflegung kostete. Hinzu kamen die ausgedehnten Henkersmahlzeiten bei den Hinrichtungen, bei denen z. B. bei einer Gelegenheit sieben Per- sonen 54 Maß Wein konsumierten. Daß die Scharfrichter wenig Interesse an der Beendigung einer Verfolgung hatten, es sei denn, die nächste hätte bereits begonnen, läßt sich denken. Den Umfang der Verfolgungen bestimmten jedoch nicht sie, sondern die Auftraggeber: Bischof Marquard und die Hochstiftsregierung hatten den Meister von Biberach von vorneherein „uf ein gantz Jar lang bestölt oder gedingt, (…) dann Ire F. G. gänzlich willens sein, Ine irem gebieth gegen diesem verfluechten gesündt mit allem ernst zu prociediern …"

Wolfgang Behringer:
„Hexenverfolgung in Bayern"

Wer waren die Opfer?

Die meisten bekannten Hexenprozesse richteten sich gegen Frauen – das Bild der Hexe, wie es bis heute aus Märchen und Erzählungen verbreitet ist, ist das einer alten Frau. Aber waren die Opfer wirklich nur Frauen?

Um einem weitverbreiteten Irrtum gleich an dieser Stelle entgegenzutreten: Die Opfer der Hexenprozesse waren nicht ausschließlich Frauen, nicht einmal fast ausschließlich Frauen. Dazu zwei Zahlen aus Zentren der Verfolgung: unter den 157 Hingerichteten der Würzburger Brände (1627/29) befanden sich 76 Knaben und Männer. Ein ähnliches Verhältnis läßt sich aus den Trierer Prozeßzahlen (um 1590) entnehmen.

Dennoch kann sich kaum jemand im Zusammenhang mit dem Wort Hexe gegen die Assoziation der „runzligen Alten auf dem Besen" wehren, ein Bild, das von zeitgenössischen Gegnern der Hexenverfolgungen ebenso propagiert wurde wie von

zeitgenössischen und späteren Dichtern, das uns in Abbildungen heutiger Kinder- und Jugendbücher ebenso begegnet wie in Stichen des 16. oder Gemälden des 19. Jahrhunderts. Die Vorstellung hat einen durchaus realitätsbezogenen Hintergrund, denn die Hexenprozesse begannen als Feldzug gegen die alten Frauen.

Ein abstoßendes Äußeres galt als Markenzeichen einer Hexe, ein internationales, wie die Beschreibungen des niederrheinischen Arztes Weyer und des englischen Unterhausabgeordneten Scot deutlich machen. Weyer sah sie als „Weibsbilder, meistens von hinfälligem Zustand und betagtem Alter, ihrer Sinne nicht völlig mächtig". Für Scot, gleich Weyer ein erbitterter Gegner der Prozesse, waren Hexen „gewöhnlich alt, lahm, triefäugig, bleich, schmutzig und voll Runzeln". Und als 1847 Heinrich Heines „Atta Troll" erschien, hatten sich die Vorstellungen über das Hexenäußere so gut wie nicht geändert. „Ob die Alte (…) wirklich eine ausgezeichnet große Hexe, will ich nimmermehr entscheiden. So viel weiß ich, daß ihr Äußeres sehr verdächtig. Sehr verdächtig triefen ihre roten Augen, bös und schielend ist der Blick."

Die Frau, die Hexe, die Angeklagte, die Hingerichtete. Diese Reihenfolge hatte den Inquisitoren Sprenger und Institoris als normaler Lauf der Dinge vorgeschwebt. Die geplante Eingleisigkeit des Vorgehens hatte religiös-kultische, soziale und rechtliche Gründe.

Daß es dann aber gerade alte Frauen waren, die die ersten Opfer einer Verfolgungsperiode stellten, ging in erster Linie auf praktische Überlegungen zurück. Die Hexenjäger suchten den Weg des geringsten Widerstandes, und den glaubten sie – zu Recht, wie sich zeigen sollte – am ehesten über die Alten beschreiten zu können.

Diese Frauen, meist alleinstehend und oft nur durch Bettelei in der Lage, sich das Existenzminimum zu beschaffen, stellten eine Randgruppe dar, ohne jeden Einfluß zwar, aber zahlenmäßig überproportional vertreten. Am Ausgang des Mittelalters lag – bedingt durch Kreuzzüge, Kriege und Fehden – das Verhältnis zwischen Frauen und Männern bei 1,15 zu 1 (und damit etwa ähnlich wie nach Beendigung des Zweiten Weltkrieges). Bis zum Beginn des Dreißigjährigen Krieges glichen sich die Zahlen wieder ein wenig an, um dann erneut zu Lasten der Männer voneinander abzuweichen. Gerade aber in diese Zeit (um 1630) fielen die Höhepunkte der Hexenverfolgungen. Ein weiteres kam hinzu: Aufgrund ihrer höheren Lebenserwartung verschob sich in der Gruppe der über 55jährigen das Zahlenverhältnis noch einmal zugunsten der Frauen.

„Da wir nunmehr die Alten nahezu erledigen und hinrichten ließen, so geht es jetzt an die Jungen", konnte 1582 der Reichstagsgesandte des Landgrafen Georg von Darmstadt in einem Schreiben seines Fürsten lesen. Ein solcher Tatbestand wurde zur zwangsläufigen Folge längerer Verfolgungsperioden. Gegen Ende der Würzburger Prozesse war nahezu jedes vierte Opfer noch nicht einmal vierzehn Jahre alt. Eine besonders gefährdete Berufsgruppe waren die Hebammen oder „Amfrauen", wie sie

in Protokollen und Urteilen genannt werden. Mit Argwohn wurde ihre Tätigkeit von den Obrigkeiten überwacht, besonders in Städten und Gemeinden, die bereits die Berufszulassung der Hebamme an die Ableistung eines Eides geknüpft hatten, der sie verpflichtete, ihre Arbeit „one aberglaub und zauberey" zu leisten.

Manfred Hammes:
„Hexenwahn und Hexenprozesse"

Wer waren die Opfer der Hexenprozesse? – Eine eindeutige Antwort auf diese Frage läßt sich nur in Grenzen geben. Vor allem zu Beginn von Hexenprozessen zeigt sich, daß das Klischee der Märchenhexe – Merkmale: weiblich, alt, arm, häßlich, eigenartig – den damaligen Vorstellungen noch recht nahe kommt. Geschlechterverteilung, Altersstruktur und Sozialstruktur der Prozeßopfer variierten jedoch sowohl regional als auch je nach Zeit beträchtlich. Bei den ersten großen Hexenverfolgungen der Verfolgungswelle um 1590 lag der Frauenanteil höher als 90 Prozent, bei der letzten großen süddeutschen Verfolgung, dem Salzburger Zauberer-Jackl-Prozeß um 1680, dagegen nur bei 30 Prozent, und mehr als 70 Prozent der ca. 140 wegen Hexerei hingerichteten Personen waren jünger als 22 Jahre.

Auch wenn mit beträchtlichen Abweichungen zu rechnen ist, kann als Faustregel gelten, daß bei größeren Verfolgungen die Prozeßopfer zu Beginn am ehesten dem Klischee entsprachen und sich mit Intensivierung der Verfolgung immer weiter davon entfernten: Am Ende der großen

Hexenjagden finden wir als Opfer, idealtypisch sozusagen, das Gegenstück zur Märchenhexe: den reichen, ständisch gehobenen, sozial integrierten Mann – wie zum Beispiel den Bamberger Bürgermeister Junius –, der normalerweise kaum Opfer eines Strafverfahrens geworden wäre, weil sein gesellschaftlicher Einfluß dies verhindert hätte. Hundertfach wird in den Hexenprozeßprotokollen der Vorwurf der „Klassenjustiz" angestimmt: Stets hänge man die Armen, und die Reichen lasse man laufen. Dieser Vorwurf war wohl auch damals normalerweise gerechtfertigt. Gerade die Hexenverfolgungen jedoch beinhalten – radikal durchgeführt – eine egalitäre Tendenz: Nach der Logik der Hexenverfolger konnten Hexen nur über die Beschuldigungen gefunden werden, und deshalb mußte allen Beschuldigungen geglaubt werden, auch solchen, die nicht dem ursprünglichen Hexenklischee entsprachen. Den ersten Prozeßopfern wurde somit die Chance gegeben, bei der Ausdehnung der Verfolgung mitzusteuern. Wie sich nachweisen läßt, benutzten viele diese Möglichkeit bewußt, um nach den ihnen abgepreßten Geständnissen aus eigenem Antrieb – aus Rache oder um ein Ende der Verfolgung herbeizuführen – Angehörige der gesellschaftlichen Oberschichten in den Strudel der Verfolgung hineinzureißen. Das Ergebnis war die wohl radikalste Einebnung der ständisch-hierarchischen Unterschiede durch die Justiz vor dem Einsatz der Guillotine in der Französischen Revolution: In Würzburg wurden mehrere junge Adelige hingerichtet, gelehrte Theologen, mehrere Chorherren, 14 Vikare,

die Frau des Hochstiftskanzlers und die Bürgermeisterin sowie mehrere Ratsherren und -frauen. In Bamberg wurde der Hochstiftskanzler mit Frau, Sohn und zwei Töchtern verbrannt sowie „viel vornehme Herren und Raths-Personen, sonderlich etliche Personen, die mit dem Bischof über die Tafel gesessen". Dieser Verfolgung fiel auch Junius zum Opfer. Eine Untersuchung der Würzburger und Bamberger Verfolgungen – sie steht noch aus – könnte ergeben, daß die gesellschaftlichen Oberschichten im Vergleich zur Sozialstruktur der Gesellschaft unter den Prozeßopfern deutlich überrepräsentiert waren. Dies war eine Folge der seltenen Radikalität der Prozeßführung an diesen beiden Orten. Denn ansonsten bewahrheitete sich auch bei den Hexenverfolgungen oft der Klassenjustiz-Vorwurf: Sobald die Beschuldigungen die Oberschichten bedrohten, endeten die Prozesse.

Wolfgang Behringer:
„Erhob sich das ganze Land zu ihrer Ausrottung…' Hexenprozesse und Hexenverfolgungen in Europa"

Am Anfang fast aller Prozesse standen die Anklagen gegen alte Frauen, die das Hexenbild denn auch tatsächlich bestimmten. Stellvertretend für die anderen sei an dieser Stelle einer der bekanntesten Prozesse – einer der wenigen mit einem guten Ende darüber hinaus –, gegen die Mutter des Astronomen Johannes Kepler, dargestellt.

In den protestantischen Städten und Dörfern Württembergs grassierte zu jener Zeit (Anfang des 17. Jahrhunderts) der Hexenwahn. In der Stadt Weil, wo die Katharina Güldemann, verheiratete Kepler, ihre Kinder zur Welt gebracht hatte, waren von 1615 bis 1629 insgesamt 38 Hexen verbrannt worden, bei nur zweihundert Einwohnern. In Leonberg, dem derzeitigen Wohnsitz der alten Frau, waren allein im Winter 1615 sechs Hexen umgebracht worden. Das Hexengericht tagte damals im Schloß zu Leonberg, in dem heute das Amtsgericht untergebracht ist. Zur Denunziation führte, wie so häufig, ein Streit zwischen Nachbarinnen – lebensgefährlich in einer Zeit, als die Hexenjäger überall am Werk waren.

Das Weib des Glasers Reinhold litt an Unterleibsbeschwerden und dokterte seit langem an sich herum. Weil nichts half, mußte man Hexerei vermuten. Die Frau überlegte, wer ihr das Übel angehext haben könnte, und kam auf die zänkische alte Kepler; bei der hatte sie bei ihrem letzten Besuch einen Becher Wein bekommen, das mußte ein Hexentrank gewesen sein. Also ging sie zur Kepler, um diese zu bitten, einen Gegenzauber anzuwenden: Schon diese Bitte war eine offene Verdächtigung. Die Kepler wehrte sich nach Kräften und schrie die Glaserfrau an, ihr stadtbekannter liederlicher Lebenswandel, den sie früher geführt habe, sei Ursache der Krankheit, und mit ihren scharfen Arzneimitteln habe sie alles verschlimmert.

Daraufhin wandte sich die Reinholdin an ihren Bruder, den Hofbarbier des Herzogs von Württemberg. Hofbarbier heißt, das war nicht nur der Mann, der den Herzog rasierte, sondern der auch Volksmedizin betrieb, weitab von der damals

katastrophalen medizinischen Wissenschaft: Seine Kunst war eine Mischung aus Kräuterwissen und handfestem Aberglauben, man lernte das mit dem Handwerk vom Meister. Der Herzog war nun zur Jagd nach Leonberg gekommen und in seinem Gefolge der Hofbarbier, dieser hochgeachtete Mann. Als ihm die Schwester etwas vorjammerte, ließ er, nach einer ausgiebigen Zecherei mit dem Schloßvogt von Leonberg, die alte Keplerin holen und herrschte sie an, sie solle auf der Stelle seine Schwester „enthexen". Dabei bedrohte er sie mit dem blanken Degen. Die alte Frau hatte Schlimmeres erlebt. Sie keifte den aufgeblasenen Kerl an und ließ sich nicht einschüchtern – das war ihr Glück: man hätte sie sonst auf der Stelle verhaftet, denn eine „Enthexung" hätte bewiesen, daß sie zu hexen vermochte.

Damit hatte die Sache aber eine katastrophale Wendung genommen: Die alte Kepler war auch mit dem Vogt von Leonberg verfeindet, wie mit jedermann, und hatte nun den Bruder der Reinhold durch ihre Weigerung herausgefordert. Der Versuch der Familie Kepler, eine Beleidigungsklage gegen die Reinholdin anzustrengen, scheiterte, denn die Keplers hatten den Vogt gegen sich.

Nun saß in Linz der berühmte Sohn Johann Kepler, der damals an seiner „Harmonie der Welt" schrieb und über die Frage nachgrübelte, ob die Umlaufzeiten der Planeten in einem bestimmten Verhältnis zu ihrer Entfernung zur Sonne stehen. Er hatte bereits gefunden und beschrieben, daß die Planeten sich in Ellipsen bewegen, in deren einem Brennpunkt die Sonne steht. All das erfuhr kaum jemand, und es interessierte auch niemanden: Erst als der große Newton, auf die Keplerschen Gesetze zurückgreifend, die Gravitationstheorie fand und die Bedeutung der Schwerkraft entdeckte, bekam diese Erkenntnis des Johann Kepler eine entscheidende Bedeutung.

Dennoch war Kepler ein prominenter Mann. Er beherrschte die Kunst der Sterndeuterei auf unvergleichliche Weise, er stellte Horoskope, die zutrafen, er gab astrologisch angereicherte Bauernkalender heraus und hatte Zulauf aus allen Schichten der Bevölkerung, vor allem von hohen Herren. An die Astrologie glaubte er selbst fest, aber er war weise genug, sich gegen ihren Mißbrauch zu wehren und zu verstehen, daß ein Horoskop den Willen nur des Menschen beeinflußt, der sich zu stark davon beeindrucken läßt. Für Kepler bot die Kunst der Sterndeutung nicht mehr als Konstellationen, das heißt Voraussetzungen eines Lebens. Von den Vererbungsgesetzen konnte er nichts wissen, ebensowenig wie über die Einflüsse des sozialen Milieus. So sagte er, ungeachtet der Macht der Gestirne sei jeder seines Glückes Schmied.

Der „Hofmathematicus seiner Kaiserlichen Majestät" wurde eingeschaltet und reagierte sofort: Er schrieb sogleich an den Rat der Stadt Leonberg, man sei dort offenbar „vom Teufel aufgehetzt", und er verlange die Abschriften aller Akten, die über seine Mutter angefertigt worden seien.

Die Gegenpartei wiederum trug Material für einen Hexenprozeß zusammen: Ein zwölfjähriges Mädchen,

das Ziegel zum Brennen trug, hatte einen Stich im Arm gefühlt, als es der alten Kepler begegnet war. Nun war die Sicherheit der Alten gefährdet, und Kepler holte sie im Dezember 1616 zu sich nach Linz. Weil aber diese Übersiedlung so etwas wie ein Schuldbeweis ihrer Hexenschaft war, kehrte sie ein Jahr später nach Leonberg zurück, begleitet von ihrem Sohn, der sich mit den Behörden herumschlug, um für sie eine offizielle „Ausreisegenehmigung" zu bekommen. Als er sie endlich bekommen hatte, wollte die Mutter nicht mehr aus Leonberg fort. Sie war im Hause ihrer Tochter, die mit einem Pastor verheiratet war, aufgenommen worden und gedachte hier auch zu bleiben. Kepler fuhr nach Linz zurück.

Vier Jahre später reichte das Material für die Anklage aus: Aus dem Pfarrhaus heraus verhaftete man die alte, 73jährige Frau, schloß sie in einer Stube des Stadttores an eine eiserne Kette und ließ sie von zwei Stadtknechten bewachen. Der Vogt von Leonberg führte selbst das erste Verhör, und der Scheiterhaufen wäre ihr so gut wie sicher gewesen, wenn sich Johann Kepler nicht von neuem eingeschaltet hätte: Er kam nach Leonberg und erreichte zunächst einen Aufschub der Tortur.

Dann nahm er sich einen erfahrenen Rechtsbeistand und schrieb mit ihm zusammen die Verteidigungsschrift – und hier liegt der eigentlich interessante Punkt der Angelegenheit. Er fand nämlich eine Verteidigungslinie, die auf die Mentalität seiner Gegner eingestellt war.

Wie jedermann wußte er, daß im Winter 1615 einige Hexenprozesse in

Leonberg stattgefunden hatten. Eine der Unglücklichen hatte man so „barbarisch torquiert", daß an einer Hand der Daumen herausgerissen worden war. Und diese Frau sagte damals aus, zwei Gerichtspersonen hätten sie in verbotener Weise „auf die Keplerin" befragt. Kepler schrieb nun, weder diese noch die anderen „Unholdinnen" hätten trotz ärgster Folter etwas gegen seine Mutter vorbringen können – dies sei wohl ein entscheidender Beweis ihrer Unschuld, denn wie hätte ihre Hexerei den Mithexen, die doch den Hexensabbat feierten, verborgen bleiben können?

Die Gegenpartei schob diesen Einspruch beiseite: Man brauche bei Hexen keinen Beweis, denn sie „schädigten verborgenerweise", und allein im Ellwangischen seien „mehr als hundert Hexen verbrannt worden, ohne daß die Beschuldigungen bewiesen worden" seien. Herzog Friedrich von Württemberg, der vermutlich den Einfluß des Astrologen Kepler am kaiserlichen Hof fürchtete, ordnete an, die Universität Tübingen solle ein Gutachten erstellen. Vierzehn Monate lebte die alte Frau nun schon angekettet im Turm, jedermann war die Sache leid, der Aktenberg wuchs.

Das Gutachten lautete: Bei einer Frau, die so stark in Verruf geraten war, empfahl sich zwar die „peinliche Befragung", sprich Anwendung der Folter. In diesem besonderen Falle solle man sich aber mit der sogenannten „territio" begnügen. Dieser psychologische Terror bestand darin, dem Beklagten alle Folterwerkzeuge zu zeigen und ihn über Gebrauch und Wirkung zu belehren. Mit diesem Mittel hat man zum Beispiel 1633 den großen

Galilei zum Widerruf gezwungen. Nur wenige hielten diesem Druck stand, wenn die gräßlichen Einzelheiten der peinlichen Befragung geschildert wurden. Die Kepler, eine harte Frau, ließ sich nicht beeindrucken.

„Sie hat gesagt, man mache mit ihr, was man wolle, und wenn man ihr auch jede Ader aus dem Leibe herausziehen würde, so wüßte sie doch nichts zu bekennen (…), sie wolle auch darauf sterben; Gott werde nach ihrem Tode offenbaren, daß ihr Unrecht und Gewalt geschehen." Im Jahre 1621 wurde die alte Frau endlich in Freiheit gesetzt. Keplers „Harmonia mundi" über die mathematische Harmonie des Weltalls war inzwischen erschienen, einige Jahre später siedelte er nach Ulm über, dann nach Sagan, in Wallensteins Hauptquartier. Seine Mutter starb ein halbes Jahr nach ihrer Entlassung in Frieden. Als Kepler 1630 nach Regensburg kam, wo er plötzlich starb, gab es dort schon Flüchtlinge aus Bamberg, die von den bereits erwähnten großen Hexenbränden am Main berichteten und beim Kaiser vergeblich Gehör suchten. Der Fall Katharina Kepler ist einer der wenigen, die glücklich endeten. Allerdings mag es hier und da jemandem gelungen sein, aus dem Hexenturm zu fliehen. Manchmal wurde so ein Flüchtiger gefangen und dann zugleich mit seinem Bewacher vom Leben zum Tode gebracht: den nannte man „pflichtvergessen", wie man ihn heute menschlich nennen würde. Diese Einstellung war die Ausnahme, so selten wie Menschlichkeit bei Bewachern nun einmal ist.

Hannsferdinand Döbler:
„Hexenwahn"

Kritik und Widerstand

Schon im 15. Jahrhundert fanden sich die Menschen nicht einfach mit der Tatsache ab, daß Personen aus ihrer Umgebung, ja aus ihren Familien als Hexen verfolgt und ermordet wurden. Es erhob sich Kritik gegen die Prozeßführung, gegen die Form wie gegen das Ausmaß, und viele bekämpften die Autorität im öffentlichen oder im privaten Rahmen, um die Leben der unglücklichen Opfer zu retten. Aber es dauerte bis zum Ende des 18. Jahrhunderts, bis zur allgemeinen Verbreitung der Ideen der Aufklärung, ehe der letzte Scheiterhaufen Europas im schweizerischen Glarus erlosch.

Die katholischen und protestantischen Kritiker

Ähnlich wie bei den Befürwortern der Hexenprozesse gab es auch unter ihren Gegnern Menschen, die öffentlich Stellung gegen die Verfolgung der Hexer und Hexen nahmen und deren Schriften mit dazu beitrugen, daß der Massenwahn schließlich endete. Namen wie Friedrich von Spee (1591–1635) und Dr. Johann Weyer (Wier oder Wierus, 1515–1588) erlangten große Berühmtheit. Aber diese beiden waren bei weitem nicht die einzigen, die sich gegen die Hexenverfolgungen zur Wehr setzten.

So mag sich bei Dr. Weyer im Gespräch mit den Freunden der Gedanke herausgebildet haben, dem „Hexenhammer" Widerstand zu leisten. Sein Buch „Von den Blendwerken der

Dämonen sowie von Bezauberungen und Vergiftungen" ist im Jahre 1563 erschienen, also 74 Jahre nach dem Erscheinen des „Hexenhammers" und ein gutes Menschenalter nach dem Prozeß in Köln, bei dem Agrippa sich mit der Inquisition angelegt hatte.

Mit dem Drucker Johannes Herbster (lat. Oporinus) war Weyer freundschaftlich verbunden. Druckort war selbstverständlich Basel. „In Basel saßen damals die großen Druckherren und Verleger, die berühmte Humanisten als Korrektoren und Lektoren beschäftigten. Da waren die ersten epochemachenden Ausgaben der Bibel und des Neuen Testamentes im Urtext erschienen, die Kirchenväter in riesigen Bänden, die antiken Klassiker, die Werke des Erasmus", und 1519 hatte man dort die erste Gesamtausgabe der Werke Luthers veröffentlicht, versehen mit einem Vorwort des jungen Humanisten Capito, der ausrief, daß jetzt „das Gewissen der Laien aufgewacht sei".

Das lag fast ein Menschenalter zurück, und doch bewährte sich auch jetzt die Wahl des Ortes, die Freundschaft zu einem Mann wie Johann Herbster. Man war dort vor Hexenjagden verhältnismäßig sicher – sicherer jedenfalls als sonst in der Schweiz. Im calvinistischen Kanton Genf waren im Jahre 1562 vierunddreißig Menschen angeklagt, von denen elf auf der Folter absurde Missetaten gestanden und verbrannt wurden; sieben Personen widerstanden und wurden freigelassen. Auch in den Kantonen Zürich und Luzern hatte es Hexenprozesse gegeben, wenn auch nicht im Ausmaß wie in der französischen Schweiz.

Nur in Basel hatten bedachtsame Großbürger ihren Einfluß gegen diesen geistlichen Terrorismus geltend gemacht. Nachdem die Schrift des Dr. Weyer in Basel erschienen war, wurden die Hexenprozesse, mit denen man selbst dort zögernd begonnen hatte, bis zum Jahre 1602 ganz eingestellt. Als dann überall in Europa der Hexenwahn neu ausbrach, blieb auch Basel nicht verschont – aber die dortigen Hexenprozesse endeten mit vergleichsweise milden Strafen und ergaben nur eine einzige Hinrichtung im Jahre 1624.

Dr. Weyers Buch richtet sich offen und ohne jede kluge Rücksicht gegen den „Hexenhammer", den er „gar unbegründet und gottlos" nennt, und er schreibt jedem gelehrten Bücherschreiber, der sich auf den „Malleus" stützte, ausdrücklich ins Stammbuch, daß er „von den Hammerschmieden, denen er zuviel geglaubt hat, betrogen ist". (…)

Der Vater (Weyers) war ein begüterter Großkaufmann gewesen, der seinen Sohn auf die Lateinschule nach Hertogenbosch schickte und ihn dann bei Agrippa von Nettesheim in Antwerpen anmeldete. Weyer zog mit Agrippa von Antwerpen nach Bonn. Nachdem er zwei Jahre bei Agrippa gelernt hatte, ging er als Student der Medizin nach Paris und Lyon. Seine Praxis eröffnete er in seiner Heimatstadt Grave.

Welche Atmosphäre in seinem Haus geherrscht hat, dafür gibt es eine sehr eindrucksvolle Schilderung, die allerdings nicht ihn, sondern seine Frau Judith, geb. Wintgens, betrifft; das Ehepaar hatte vier Söhne und eine Tochter. Dr. Weyer selbst hat die

Szene beschrieben: Ein junges Mädchen, angeblich von Dämonen besessen, hatte von einem Priester als Gegenmittel einen geweihten Lederbeutel mit einem geheimnisvollen Briefchen darin. Frau Judith lud das Mädchen zu Tisch und nahm ihr während des Essens den Beutel vom Hals. Alle Anwesenden sprangen erschrocken auf und liefen davon, aus Furcht vor dem schrecklichen Ausbruch von Besessenheit, der nun ja nicht ausbleiben konnte. Nur Frau Judith, ihre Tochter und das Mädchen blieben am Tisch sitzen und aßen ruhig weiter, während Frau Judith dem Mädchen freundlich zusprach. Dann wurde die Lederhülle aufgeschnitten. Das Briefchen war ein unbeschriebenes Stück Papier. Man warf das „Gegenmittel" ins Feuer, das Mädchen erhielt weiterhin „guten Unterricht" von der Hausfrau, und es gab keinerlei Rückfälle mehr.

Diese Nüchternheit und das entschiedene Vertrauen auf den gesunden Menschenverstand im Hause des Arztes stammten aus der Erfahrung, aus dem Umgang mit Besessenen und Hysterikern. Immer wieder waren dem Arzt Menschen gebracht worden, die angeblich ein Dämon in Besitz genommen hatte, denen man Nägel oder Nadeln in den Leib gezaubert haben sollte: Sie hätten diese Gegenstände erbrochen oder mit dem Kot ausgeschieden. Dr. Weyer konnte weder an der Speiseröhre noch am Darm irgendwelche Verletzungen feststellen, auch wies der Patient keine Anzeichen innerer Verletzungen auf, also mußten die Nägel wohl heimlich in die Exkremente praktiziert worden sein.

Auch die besessenen Nonnen aus den umliegenden Klöstern vermochten ihn nicht zu beeindrucken. Es gab solche psychischen Epidemien in den Klöstern Kentorp bei Arnheym, in Weert, Xanten, Nijmwegen, Den Bosch und im Kloster Nazareth bei Köln. In all diesen Fällen war Weyer als Gutachter tätig gewesen. Den Rat, den er den Oberen des Klosters Nazareth erteilt hat, gibt er in einer der späten Ausgaben seines Werkes wieder, und in der Tat unterscheidet sich diese Empfehlung in nichts von dem, was heute ein Psychotherapeut empfehlen würde: Man soll die Patientinnen voneinander isolieren und nach Möglichkeit bei ihren Familien unterbringen. Junge Mädchen soll man möglichst nicht Zeuginnen solcher Anfälle werden lassen, denn sie seien leicht beeinflußbar. Die feierlichen Teufelsaustreibungen verschlimmerten nur die Anfälle – eine Einsicht, die offenbar unter anderem darin beruht, daß ein solcher Zustand um so schlimmer wird, je mehr Aufmerksamkeit er hervorruft.

Weyer ist wie gesagt weit davon entfernt gewesen, die Existenz des Teufels zu bestreiten. Aber er schreibt in dem ersten Teil seines Buches, der dem Teufel gewidmet ist, einen Satz, dessen Tragweite ihm selbst vielleicht nicht einmal zu Bewußtsein gekommen ist. Der Teufel könne, so meint er, nur so weit gehen, „so weit die Ordnung der Natur gestattet und zuläßt" – das heißt, die Naturwissenschaften ziehen der Theologie eine unüberschreitbare Grenze. Damals lebt Galilei noch und wird nur durch die „territio magna", die Androhung der Folter, zum Widerruf gezwungen werden; Tycho de Brahe stellt einen ersten Fixsternkatalog mit tausend Fixsternen zusammen, mit Galileis berühmten Fallversuchen wird zum ersten Mal, indem man auf eine Hypothese ein Experiment gründet und es durch Messungen nachprüft, ein Naturgesetz exakt formuliert – es sind Messungen, die bei gleicher Versuchsanordnung stets das gleiche Ergebnis erbringen und Beweiskraft haben.

Von all diesen Ereignissen kann Dr. Weyer keine Kenntnis gehabt haben, aber er reagiert, als sei er als Arzt vor allem Naturwissenschaftler und nicht, wie man von ihm als Christen fordert, vor allem der Autorität der Kirche unterworfen. Vor der Konsequenz schreckt er nicht zurück: „Aus diesem allen ist die zwingende Schlußfolgerung zu ziehen, daß unerfahrene Leute bisher dem Teufel und seinem Heer viele Dinge als wahrhafte Begebenheiten zugeschrieben haben, die doch in Wirklichkeit nichts als Verblendung, Verzauberung, Lüge, Betrug und Teufelswerk waren."

Daß man alte Frauen unter der Beschuldigung, sie seien Hexen, grausam foltert, läßt ihm keine Ruhe. Er stellt fest, diese Verfahren widersprächen der erst 1532 erlassenen „Peinlichen Halsgerichtsordnung" Karls V. und die üblichen Grausamkeiten weltlichem und kirchlichem Recht. Und schließlich: Seine Gegenüberstellung von Zauberern und gelehrten Magiern, die zu Macht und Ansehen gekommen seien, mit den Opfern der Hexenprozesse mußte gerade hochgestellte Persönlichkeiten überzeugen. Der Zauberer, sagt Weyer, riefe den Teufel zu Hilfe auf eigenes Verlangen

und werde von ihm betrogen, die armen Weiber aber seien willenlose Opfer. Beiden spiegle der Teufel vor, sie hätten mit ihren angeblichen Künsten Wetter gezaubert oder Mensch und Vieh geschädigt.

Schließlich hat sich auch der Begriff der „Verblendung", mit dem jedermann damals arbeitete, für den Dr. Weyer als unhaltbar erwiesen, und so läßt er für die Hexenverfolger mit ihrem unbelehrbaren Fanatismus selbst diesen mildernden Umstand nicht gelten und schleudert ihnen entgegen: „Ihr Tyrannen, blutdürstige Richter, Schlächter, Folterknechte und wilde Räuber, die ihr die Menschlichkeit ausgetrieben habt und keine Gnade kennt! Ich lade euch vor den Richterstuhl Gottes, der zwischen uns entscheiden wird, wo die Wahrheit, die ihr unter die Füße getreten und begraben habt, auferstehen und euch verdammen wird, racheheischend für eure Unmenschlichkeiten."

Hannsferdinand Döbler:
„Hexenwahn"

Die Männer, die gegen Hexenprozesse angingen oder gar dagegen publizierten, mußten stets gewärtig sein, daß man auch gegen sie einen Prozeß wegen Hexerei oder Ketzerei anstrengen konnte.

Unter diesen Voraussetzungen scheint es verständlich, daß nur wenige Advokaten es wagten, sich der Verteidigung einer Hexe anzunehmen. Einer dieser wenigen war der Jurist, Historiker, Arzt, Magier, Archivar, Offizier und Universitätslehrer Heinrich Cornelius Agrippa von Nettesheim. Nachdem Agrippa in Italien auf der Seite der

Liga gegen Frankreich mitgekämpft hatte, kam er 1518 nach Metz, wo er die Stelle des Stadtsyndikus übernahm, nebenher aber auch als freier Advokat praktizierte. In Metz versuchte seit längerer Zeit der Dominikaner Nikolaus Savini, die Prozesse gegen Hexen gemäß der „Hexenbulle" in Gang zu bringen, was aber, mangels ihm zugetragener Denunziation, nicht gelingen wollte.

Schließlich fand sich aber doch eine Beschuldigte, eine Bäuerin aus der Nähe der Stadt, die der Inquisitor, wie Agrippa selbst schreibt, „um der abgeschmacktesten Verleumdungen willen, mehr zur Abschlachtung als zur Untersuchung, vor sein nichtswürdiges Forum gezogen hatte".

Der eigentliche Anlaß für den Eintritt Agrippas in den Prozeß fand sich im Testament des Richters dieser Verhandlung, des bischöflichen Offizials. Die Angeklagte war bereits mehrfach gefoltert worden, als der Richter schwer erkrankte und in seinem notariell beglaubigten Testament die Vermutung aussprach, die Bäuerin sei unschuldig, jedenfalls durch die Folter für die dennoch bestehenden Verdachtsmomente ausreichend gestraft. Im weiteren Verlauf der Verhandlung setzten sich Savini und Agrippa mit ihren unterschiedlichen Auffassungen über die Theorie des „Hexenhammers" auseinander, nach der, wie Savini vortrug, „die Zauberinnen nicht nur ihre Kinder sogleich nach der Geburt den Dämonen zu weihen pflegen, sondern sogar selbst aus dem Umgang mit dem Teufel Kinder zeugen und so das Zauberwesen in der Familie vererben". Deshalb, behauptete Savini, sei ein aus-

reichendes Indiz für das Todesurteil gegeben, denn bereits die Mutter der Bäuerin sei als Hexe verbrannt worden. Doch Agrippa, selbsternannter Doktor der Theologie, blieb auch in dieser sicher nicht leichten Situation – immerhin hatte Savini mit dem „Hexenhammer" eine unbedingte Autorität ins Feld geführt – Herr der Lage.

„Hast du eine so verkehrte Theologie, Herr Pater?" fragte er den Inquisitor und fuhr fort: „Mit solchen Hirngespinsten willst du unschuldige Weiber zur Folter schleppen und andere als Ketzer richten.

Wäre es wie du sagst, dann bist du es, der die Gnade der Taufe verleugnet, denn dann würde der Priester vergeblich sagen: Zieh aus, unreiner Geist und mache Platz dem Heiligen Geiste.

Also nur durch das Heil der Taufe wird der Satan aus uns herausgerissen, denn zuvor sind wir alle sündhaft und verflucht auf Ewigkeit.

Siehst du nun, wie haltlos, leer und sogar ketzerisch dein Urteil ist."

Savini hatte das Verfahren als Anklageprozeß eröffnet, bediente sich aber dennoch der aus dem Inquisitionsverfahren bekannten Verhör- und Foltermethoden. Auch diese unstatthafte Methode wurde von Agrippa gerügt.

„In helle Wut geriet da der Heuchler und drohte mir, er werde mich als einen Freund und Beschützer der Ketzerei verfolgen lassen. Ich aber hörte nicht auf, jenes arme Weibsbild zu verteidigen und entriß sie endlich kraft des Rechts dem Rachen des Löwen", schrieb er an einen Freund. Das Gericht war von der Beweisführung Agrippas überzeugt und verkündete einen Freispruch. Mit seinem Auftreten in diesem Prozeß hatte sich Agrippa von Nettesheim einflußreiche Feinde geschaffen, sich insbesondere den Haß der Dominikanerinquisitoren zugezogen. Das Wirken Agrippas hatte gezeigt, wie sehr das energische Auftreten schon eines einzelnen Mannes dem Vorgehen der Hexenjäger schaden, wie es schließlich dazu führen konnte, auch weite Bevölkerungskreise gegen die Hexenverfolgungen aufzubringen. Als nämlich Agrippa kurz nach dem Prozeß die Stadt verließ, versuchte Savini erneut und nun endgültig, die päpstliche Inquisition in Metz festzusetzen. Roger Brennon aber, Pfarrer und Anhänger Agrippas, wies in seinen Predigten auf das ungerechtfertigte Vorgehen Savinis hin, der in der Folge mehrfach auf der Straße bedroht wurde und schließlich sein Haus nicht mehr verlassen konnte. Der gewonnene Prozeß in Metz bedeutete für Agrippa jedoch nur einen minimalen Teilerfolg. Weiterhin kämpfte er in seinen Schriften gegen die Grausamkeit und Bestechlichkeit der Inquisitoren, so in seinem Werk „Über die Eitelkeit der Wissenschaften".

Manfred Hammes:
„Hexenwahn und Hexenprozesse"

Mit Cornelis Loos, einem katholischen Priester, in dem sie anfangs einen willkommenen Bundesgenossen erblickt hatten, erlebten die Schreckensmänner von Trier eine Enttäuschung.

Loos war 1546 in Gouda in Holland geboren, aber sein Vater und er waren eifervolle Feinde der unabhängigen Niederlande und Anhänger der Spanier. Die Rückkehr in die Heimat war ihm verschlossen. Er studierte in Löwen und Lüttich, wo die Spanier herrschten, erhielt dann in Mainz einen theologischen Lehrstuhl und focht mit grimmiger Feder gegen die Protestanten und für die katholische Sache.

Man holte diesen bewährten Streiter nach Trier und gab ihm den Auftrag, ein Buch gegen Johann Weyer, den Anwalt der Hexen, zu schreiben.

Inmitten des himmelschreienden Elends in diesem Ländchen, in dem die Hexenjäger Herren und Meister waren, setzte sich Cornelis Loos ans Werk. Er wollte den Dr. Wierus widerlegen. Also las er fleißig und genau dessen Ausführungen über die mörderische Unsinnigkeit des Hexenprozesses und fand sie bestätigt durch all das, was er mit eigenen Augen in dem unglücklichen Erzbistum Trier geschehen sah.

Drei Jahre nach dem Tode des Bürgermeisters Flade (und vier Jahre nach dem Tode des Dr. Weyer) beendigte Loos seine Abhandlung „Über wahre und falsche Zauberei". Er übergab die Handschrift einer Druckerei in Köln (1591). Der Druck hatte schon begonnen, als der päpstliche Nuntius Ottavio das Buch in Beschlag nehmen und seinen Verfasser in ein Kloster bei Trier einsperren ließ.

Große Teile der Handschrift und einige gedruckte Bogen sind der Vernichtung entgangen und sind gegen Ende des 19. Jahrhunderts von dem Geschichtsforscher G. L. Burr, der auch die Akten des Falles Flade aufgespürt hatte, ans Tageslicht gezogen worden. Aber schon die Zeitgenossen von Cornelius Loos wußten genau, welche Anklagen er erhoben hatte. Dafür hatte unbedachterweise Binsfeld selbst gesorgt.

Er zwang nämlich Loos, alle seine Behauptungen zu widerrufen, und zwar nicht nur diejenigen, die er in seinem Buch aufgestellt, sondern auch solche, die er in zahlreichen Briefen an hochgestellte Persönlichkeiten im Ausland geschrieben hatte. Binsfeld veröffentlichte in einer erweiterten Ausgabe seines Tractats diese Widerrufe in frohlockendem Tone. Dadurch erfuhr die Öffentlichkeit, was Loos verkündet hatte.

„Was ich weiterhin widerrufe, ist (...), daß die armen Frauen durch die Bitterkeit der Folterbank gezwungen werden, zu bekennen, was sie nie getan haben; daß durch grausame Schlachterei unschuldiges Blut vergossen wird und daß durch eine neue Alchemie aus Menschenblut Gold und Silber (für die Verfolger) gemacht wird."

Der Kurfürst-Erzbischof und sein oberster Hexenjäger hatten den Mann, der sie so tief getroffen hatte, in ihrer Gewalt. Sie befahlen ihm, zuzugeben und zu unterschreiben, daß sein Auftreten „nach ketzerischer Bosheit riecht" und auch „nach Aufruhr und Hochverrat schmeckt". Aber sie sagten nicht, daß es Ketzerei und Hochverrat wirklich sei und daß er deshalb verurteilt werden müsse. Sie wiesen ihn nur aus dem Kurfürstentum Trier aus. Aber damit machten sie ihn keineswegs mundtot, und das wußten sie auch. Weshalb mögen die regierenden Hexenmörder in Trier es nicht gewagt haben, diesen Ankläger

auf die ihnen geläufige Weise zum Schweigen zu bringen? Sein Ruf als Vorkämpfer für die katholische Sache würde ihn vor dem Grimm von Peter Binsfeld nicht beschützt haben. Aber schon der Umstand, daß der päpstliche Nuntius sich mit dem Fall Loos bemühte, verhinderte Binsfeld, eigenmächtig und selbstherrlich zu verfahren. Und dem unzähmbaren Mahner Cornelis Loos fehlte es offenbar nicht an Beschützern, auf deren Wünsche der Fürstbischof von Trier zu achten geraten fand.

Wahrscheinlich haben wir diese Beschützer unter den zahlreichen Empfängern von Briefen von Loos zu suchen, und zwar vor allem in den Kreisen hoher katholischer Geistlicher in den spanischen Niederlanden. Es ist jedenfalls bezeichnend, daß man Loos, der nach seiner Ausweisung aus Trier sich nach Brüssel begeben hatte, dort sofort das Amt eines Pfarrers übertrug. (...)

Die von dem Jesuitenpater Friedrich Spee verfaßte „Cautio Criminalis" oder „Warnungsschrift über Hexenprozesse", die 1631 ohne die vorgeschriebene Zustimmung der Oberen seines Ordens veröffentlicht wurde, stellt sich als ein ungewöhnlich kühnes Buch dar. Und noch ungewöhnlicher scheint sein Schicksal und das seines Verfassers, wenn man an das Los so vieler Geistlicher denkt, die den Grimm der Hexenrichter auf sich gezogen hatten.

Aber dem schonungslosen Ankläger, Pater Spee, konnten die erbitterten Widersacher nichts anhaben. Sie vermochten auch nicht, sein Buch zu unterdrücken. Allerdings erschien die „Cautio Criminalis" anonym; auf dem Titelblatt stand nur, daß sie „von einem katholischen Theologen" geschrieben sei. Aber die in Betracht kommenden Fürstbischöfe und die Oberen des Ordens kannten den Verfasser dieses Buches, das sich ausdrücklich an sie richtete.

Den Sinn der lateinischen Worte „Cautio Criminalis" verdeutlichte später eine der deutschen Übersetzungen trefflich mit der Überschrift: „Gewissensbuch von Prozessen gegen die Hexen". Mit unerhörtem Freimut redet hier ein einfacher Ordensgeistlicher den Kurfürsten, Fürstbischöfen und ihren Beichtvätern ins Gewissen:

„In Wahrheit, alle Obrigkeiten, Fürsten und Herren stehen in großer Gefahr ihrer Seligkeit, wofern sie nicht sehr fleißige Aufsicht bei diesem Handel (der Hexenprozesse) anwenden. Sie mögen sich auch nicht verwundern, wenn ich hierin mitunter etwas hitzig war und die Kühnheit hatte, sie zu warnen. Denn es gebührt mir nicht, unter der Zahl derjenigen gefunden zu werden, die der Prophet verwirft, weil sie stumme Hunde seien, die nicht bellen können. Sie mögen nun wohl achtgeben auf sich und ihre Herde, die Gott der Allmächtige dereinst von ihrer Hand wieder fordern wird."

Friedrich Spee von Langenfeld kam 1591 als Sohn des Amtsmannes auf dem kurfürstlich-kölnischen Schloß Kaiserswerth zur Welt. Mit neunzehn Jahren trat er als Novize bei den Jesuiten ein. Ein seßhaftes Dasein war ihm in seinem kurzen Leben nicht vergönnt. Der Orden sandte ihn häufig von einer Stadt zur andern. In Peine (im Hildesheimischen) hatte er die Aufgabe, die Stadt und die umliegenden Ortschaften, die protestantisch geworden waren, für die katholische Kirche zurückzugewinnen. Es wurde ein Anschlag auf ihn verübt, der ihn beinahe das Leben kostete (1629).

Sein Studiengang hatte ihn in jungen Jahren nach Trier und Fulda geführt, zu Stätten, an denen die Erinnerung an eben überstandene ungeheure Hexenbrände noch nachzitterte. Er hatte dann in Würzburg studiert, als dort zwar die Hölle noch nicht losgebrochen war, aber die Prozesse sich bereits in beängstigender Weise zu vermehren begannen. Und als er als Priester und Professor der Moraltheologie nach Paderborn berufen wurde, fand er sich auch hier in ein Bistum versetzt, das von schweren Hexenverfolgungen heimgesucht wurde.

Erfüllt von diesen Eindrücken und von seinen Erfahrungen als Beichtvater mancher zum Tode verurteilter Hexen, verfaßte Pater Spee sein erschütterndes Buch, in dem er den regierenden Hexenjägern die Unsinnigkeit und Sündhaftigkeit ihres Tuns vor Augen hielt. Als die erste Auflage im Druck erschien, war er Professor der Moraltheologie im Jesuitenkolleg in Paderborn. Als schon im Jahr darauf die zweite Auflage folgte (1632), bekleidete er dasselbe Lehramt am Jesuitenkolleg in Köln. Der regierende Kurfürst von Köln, Ferdinand von Bayern, mußte sich durch das Buch schwer getroffen fühlen.

Der Inhalt der „Cautio Criminalis", dieses „Gewissensbuches gegen die Hexenprozesse", ist in fünfzig

„Fragen" mit ihren Antworten gegliedert und besteht hauptsächlich aus Enthüllungen über das, was sich bei Hexenprozessen in Wirklichkeit abspielt. Der Fürst trägt die Verantwortung dafür und kann sie nicht auf die untauglichen Berater abschieben, die er sich gewählt, und nicht auf die niederträchtigen Hexenrichter, die er ernannt hat. Und seine Schuld wird nicht leichter, wenn er behauptet, er und seine nächsten Ratgeber hätten nicht bemerkt, wie ruchlos die Hexenrichter ihr Amt mißbrauchten.

Kurt Baschwitz:
„Hexen und Hexenprozesse"

Die unermüdlichen Widerstände

Unabhängig von den Gelehrten und überregional wirkenden Schreibern gegen Hexenprozesse gab es aber stets auch eine direkte regionale Opposition. Da waren z. B. die Familienangehörigen der Beklagten, die nicht für die Denunziation verantwortlich waren, sondern oftmals Gefahr für ihr eigenes Leben auf sich nahmen, um der Hexerei Verdächtigte zu befreien – auf legalem Weg oder durch Fluchthilfe.

Der Widerstand der Beschuldigten erfolgte auf vier Ebenen: gegenüber den Verhörrichtern, den Beichtvätern, durch illegale Kontakte aus den Gefängnissen und durch öffentliche Proteste bei den Hinrichtungen. (...)

Die wenigsten Personen gestanden „gütlich", das heißt ohne Tortur, ihre vermeintliche Hexerei ein. In Zauber- und Hexenprozessen kamen zwar vielfältige magische Praktiken zum Vorschein, doch wurden diese von den Verdächtigten nicht als illegal empfunden, hatten ihrer Ansicht nach mit dem Hexereidelikt nichts zu tun. Meist bedurfte es härtester Tortur und der ganzen „Kunst" der Scharfrichter, um Geständnisse zu erzwingen, wie man den meisten Prozeßakten und zahlreichen Aussagen der Scharfrichter entnehmen kann. In den oft langwierigen Verhören betonten die Verdächtigten wieder und wieder ihre Unschuld, flehten um Freilassung und beteuerten, daß alle Geständnisse nur aufgrund der Tortur erfolgen würden oder erfolgt seien. Obwohl das Leugnen der Schuld in Kriminalprozessen generell üblich war, dürften die Hexenverhöre manchen Richter erschüttert haben. Der Henker mochte an die brutalen Folterungen gewöhnt gewesen sein, doch die Verhörenden gehörten in der Region immer einer gehobenen bürgerlichen, patrizischen oder adeligen Schicht an. Daß bei solchen Torturen fast jeder Mensch fast alles gestand, dürfte manchem von ihnen eingeleuchtet haben, selbst wenn Folteranwendung in zeitgenössischen Kriminalprozessen üblich war. Die Frauen protestierten aufs Schärfste gegen die Torturen, die ihnen keine Überlebenschance ließen. Eine Frau namens Lucia Dietterin aus Schongau gab 1590 zu Protokoll: „Unser Herr Gott werde dem Meister Jergen wol zalen, daß er weil aus Frauen weitere Unholden ... machen."

Der Scharfrichter stand jedoch nur als pars pro toto – die Richter werden es so verstanden haben. Der ständige Kampf, den viele Frauen um ihr Leben führten, und ihre Appelle an Gottes Gerechtigkeit und Rache könnte manchem Verhörrichter zu denken gegeben haben, was um so höher zu veranschlagen ist, da in den Städten die Verhöre durch Bürgermeister und Stadträte, bzw. Hofräte, durchgeführt wurden. In diesem Zusammenhang ist der Ratschlag der Universität Ingolstadt zu sehen, ein Richter müsse den Schuldspruch gegen eine Frau akzeptieren, „obwohl der Richter für sich selbst ein Privatwissen hat, dieser sei unschuldig und falschlich angeben".

Auch mancher Beichtvater änderte im Verlauf der Verfolgung seine Ansicht über die unbedingte Schuld der „Hexen" bzw. die Unfehlbarkeit der religiös motivierten Justiz. Immer wieder ergaben sich in den Prozessen Behinderungen, weil Priester den überführten Personen ins Gewissen redeten, sie sollten niemand Unschuldigen denunzieren. Immer wieder kam es auch vor, daß geständige Personen die Aussagen wiederriefen, was zu einem Neubeginn der Torturen führte.

Während anfangs die Beichtväter nur wegen Konkubinats in Verdacht standen – meist zu Recht –, so rückte ab 1590 der Verdacht in den Vordergrund, manche Priester würden die Zurücknahme der Geständnisse begünstigen. Die bayrische Hexenprozeßinstruktion von 1590 schrieb ausdrücklich vor, die Priester sollten den Hexen „zur der Revokation nicht Ursach geben oder dieselb ohne wichtige Ursachen von ihnen annemen". Die Wirksamkeit des unmittelbaren Widerstandes der Verdächtigten in den Verhören verdeutlichen auch die entsprechenden Passagen in Adam Tanners Werken.

Die größte Wirksamkeit darf man vielleicht den öffentlichen Widerrufen der verurteilten Hexen bei den Hinrichtungen beimessen, welche durch die Menge des Publikums eine für die damalige Zeit sonst kaum erreichbare Breitenwirkung erhoffen durften. Auch hier kann man feststellen, daß der Konsensbruch erst im Verlauf der Verfolgung auftrat. Die ersten Hexenverbrennungen scheinen den Charakter von Autodafés gehabt zu haben, wo in großen feierlichen Zeremonien die sich reuig zeigenden „Hexen", von den Priestern gut auf ihre Rolle vorbereitet, hingerichtet wurden. Wie der Bericht eines Diakons aus Höchstädt zeigt, war dies auch an protestantischen Orten so. Später wurde diese Harmonie durch dramatische Auftritte gestört. Noch auf dem Scheiterhaufen schrien Frauen ihre Unschuld in die Menge. Bei der vierten großen Werdenfelser Hexenverbrennung im Juli 1590 riefen die Verurteilten den Zuschauerinnen zu: „Ihr frommen Weiber, fliegt über alle Berge; denn wer von euch dem Züchtiger in die Hände fällt und an die strenge Marter kommt, der muß sterben!"

Widerstand der Verwandten

Während besonders bei Beginn der Verfolgungen sogar nächste Verwandte an die Schuld der Frauen glaubten, wenn ihre Geständnisse von der Obrigkeit schriftlich präsentiert wurden, so nahm diese Akzeptanz immer mehr ab, sobald sich die Verfolgung ausdehnte, ohne Zweifel auch deshalb, weil nun Kreise getroffen wurden, in denen der familiäre Zusammenhalt und die Einflußmöglichkeiten größer wurden. Viehhirten, Waisenkinder und alleinstehende Spitalinsassinnen verfügten nicht über den Rückhalt, den Handwerkerfrauen, Gastwirtinnen oder Patrizierinnen für sich mobilisieren konnten.

Die Prozeßakten enthalten zahlreiche Petitionen von Familienangehörigen, vor allem Ehemännern, die ihren Frauen ein positives Zeugnis ausstellen und deren Freilassung verlangen. Doch es gab auch „diskretere" Möglichkeiten der Einflußnahme, die wohl nur in Ausnahmefällen überliefert sind. So bestach etwa in Vohburg 1592 ein Gastwirt wegen des Hexereiverdachts seiner Frau den Landrichter, ein Gastwirt aus Abensberg beeinflußte zugunsten seiner Frau ein Gutachten der Universität Ingolstadt. Auch zahlreiche Stadtmagistrate scheinen der Bitte um ein milderes Verfahren zugänglich gewesen zu sein.

Besonders wirkungsvoll gestaltete sich der Einfluß von Verwandten, wenn fremde Obrigkeiten das Anliegen unterstützten. So intervenierten in Nördlingen die Verwandten einer aus Ulm stammenden Frau auf dem Regensburger Reichstag 1594 durch Gesandte der Reichsstadt Ulm bei der Nördlinger Obrigkeit. Ein Nördlinger Konsulent gab daraufhin dem Stadtrat zu bedenken, daß möglicherweise die Gefahr eines Reichskammergerichtsprozesses oder einer Intervention der Verwandten beim Kaiser bestünde und schlug aus taktischen Gründen die Freilassung der Frau vor. Graf Friedrich von Oettingen-Oettingen und ein hoher Beamter und Rat des Herzogs von Württemberg setzten sich ebenso für Nördlinger Verwandte ein. Der Stadtrat von Nürnberg wandte sich mehrmals zugunsten beschuldigter Untertanen gegen das in der Markgrafschaft Ansbach angewandte Prozeßverfahren.

Eine besonders intensive Kritik erfuhren die Hexenverfolgungen 1591 in Garmisch, wo die Ehemänner zweier Frauen in ihrer Bittschrift erklärten, daß „wer dem Züchtiger in die Hände fällt und an die strenge Marter kommt, so müssen alle sterben, wie das geschehen ist und noch geschehen wird. [Im Falle, daß; WB] die armen Weiber sagen, sie seien des Handels unschuldig, so müssen sie gleich wieder in die strenge Marter, und das treibt man so lange, bis sie alle Unholde werden müssen."

Hier wurde nicht mehr nur für das Leben einzelner Frauen gefochten, sondern es wurde prinzipielle Kritik geübt. Der Landrichter von Werdenfels fühlte sich durch die Männer der vermeintlichen Hexen unmittelbar bedroht und befürchtete, daß von ihnen ein Aufruhr ausgehen könnte. Unverkennbar findet sich in der Kritik der Männer der vorher erwähnte öffentliche Protest der „Hexen" an ihren Hinrichtungstagen wieder. Der Konsensbruch fernab der Residenzstädte äußerte sich nicht in Meinungsverschiedenheiten, sondern drohte handfestere Formen anzunehmen.

Wolfgang Behringer:
„Hexenverfolgung in Bayern"

Hexen heute

Die Frauenbewegung hat heute die Hexe zu einem ihrer Symbole gemacht. Mit den Hexen sei das alte Wissen der Frauen in der Heilkunst vernichtet, die Frauen als Konkurrentinnen der Männer ausgeschaltet und damit endgültig aus dem Machtsystem der Gesellschaft eliminiert worden. Doch unabhängig von dieser sozialkritischen Propagierung der Hexe als unabhängige Frau gibt es den Hexenglauben nach wie vor – z. B. in Afrika.

Das Opfer eines Hahns ist ein fester Bestandteil des Voodoo-Kults.

Im Januar 1977 wurden im südafrikanischen Homeland Lebowa im Nordosten des Landes 14 Menschen als „Hexen" vor einer riesigen Zuschauermenge lebend verbrannt. Sie waren von Medizinmännern für geheimnisvolle Todesfälle verantwortlich gemacht worden. In diesem Zusammenhang wurden bisher 155 Personen verhaftet – man muß hier wohl hinzufügen, nicht hexereiverdächtige Personen, sondern solche, die sich an diesen Hexenbränden schuldig gemacht hatten. Der Vorgang läßt Fragen offen, zum Beispiel, ob es Christen waren, die an diesen Hexenverbrennungen teilgenommen hatten, ob es sich hier um afrikanische Selbstjustiz oder mißverstandenes Christentum handelte und woher dieser neue Hexenwahn kam?

Wo das Christentum missioniert hat, also zu Zeiten des lebendigen Hexenglaubens, ist auch diese Infektion in unterworfene Länder eingeschleppt worden: Man weiß von Hexenbränden in Indien, in Mexiko – wobei hier Hexenbrände erst seit 1860 vorgekommen sind. Bis zum Jahre 1877 gab es in Mexiko fünf Hexenprozesse gegen einzelne Personen, so zum Beispiel eine Verbrennung am 10. Mai 1874, bei der eine Frau und ihr Sohn als Zauberer lebendig verbrannt wurden. Der offizielle Bericht des Richters J. Moreno vom 10. Mai 1874 zeigt den Staat noch als Vollstrecker auf der Seite der Kirche: „Der Fall war ein sehr trauriger, Herr Präfekt, aber er war notwendig, um den Bosheiten Einhalt zu tun, die zu verschiedenen Zeiten hier vorkamen. Ja, trotz der Hinrichtung wurde mir gestern noch berichtet, daß der

Angeklagte J. M. Mendoza gesagt habe, wir würden früher oder später noch büßen, was wir getan. Sie sehen daraus, wie wenig diese Leute eingeschüchtert sind; aber ich versäume inzwischen keine Vorsicht."

In Afrika hat sich ebenfalls christlicher Einfluß auf eigentümliche Weise bemerkbar gemacht und mit dem traditionellen Hexenglauben verbunden, vor allem in Westafrika, wo der Hexenglaube heute noch tief verwurzelt ist. „Auffallend ist, daß nach den beiden Weltkriegen und jetzt in der Zeit politischer und wirtschaftlicher Unsicherheit, Hexenwahn manche Stämme wie eine Epidemie überfallen hat, während andere von so seuchenartigen Ausbrüchen verschont blieben, obwohl ihnen Hexen und die Wirkungsweise ihres destruktiven Treibens genau bekannt sind." Medizinisch gesprochen ist in diesen Gebieten der Hexenglaube endemisch, d. h. einer „örtlich begrenzten, heimischen Krankheit" vergleichbar – ganz wie seinerzeit der Hexenwahn in Franken, in Tirol oder im Rheinland. So hat in Südghana der Hexenwahn weite Kreise der Bevölkerung ergriffen. Haaf schreibt, daß es sich oft um Menschen handele, die seit Jahrhunderten mit Europäern in Kontakt stehen und seit zwei oder drei Generationen Christen seien. Aber mit der Jagd auf Hexen befassen sich nicht nur die traditionellen Medizinmänner, sondern auch christliche Sekten, deren Gründer eingeborene Afrikaner sind. Sie spielen eine ähnliche Rolle wie hierzulande die Wunderheiler und Hexenbanner: Tausende von Menschen, die sich selbst als „Hexen" bezeichnen oder von ihrer Umgebung verdächtigt, von ihren Familien ausgestoßen worden sind, drängen sich zu den Schreinen und Altären der Sekten.

Wie tief das Hexenwesen ins afrikanische Bewußtsein eingedrungen ist, zeigt der Roman des jungen Charles Mungoshi, eines afrikanischen Schriftstellers, der in der Township Kambuzima bei Harare (Salisbury) / Simbabwe lebt. Der junge Schona ist im Kral geboren; er schreibt in Schona, seinem Stammesdialekt, und in Englisch. Sein Roman „Waiting for the Rain" schildert die Rückkehr eines jungen Mannes aus der Missionsschule in seinen Kral, um Abschied zu nehmen. Er soll in Europa seiner künstlerischen Begabung wegen ein Stipendium bekommen. Lucifer heißt dieser junge Mensch bezeichnenderweise, und er kritzelt nach dem Erwachen aus einem Traum ein Gedicht: „Heim… / Gib Wissenschaft zurück ihren Eigentümern. Die Hexe will Lösegeld für deine Seele / Deine Wurzeln fordern ihr Pfund Lehm. / Heim…?"

Alles Böse, das diesem Lucifer widerfährt, hat seine Ursache in der Hexerei neidischer Nachbarn, Hexerei ist überall, und der Kral ist Mittelpunkt des Hexentreibens – gegen diese Hexenmacht gibt es nur einen einzigen Schutz, die Gunst der Ahnengeister.

Dieses Familien- und Weltdrama zwischen bösen Hexenkräften und Ahnengeistern soll hier nicht ausführlich geschildert werden, die riesige, dicke „Medizinfrau" deutet die Ereignisse, schaut in die Zukunft, ahnt Katastrophen, Lucifer zerschlägt die „Medizinflaschen" und bricht auf, diese ganze verhexte Welt hinter sich zurücklassend. Der Roman spiegelt die Zerrissenheit des afrikanischen Menschen, der sein Denken von fremden Einflüssen überwältigt sieht: in der Form des europäischen Romans gestaltetes Afrikatum.

Es gibt auf dem riesigen Kontinent vielfältige Hexenvorstellungen. Ihre ausführliche Darstellung würde weit in den Bereich der Ethnologie führen (…). Offensichtlich ist aber allen Stämmen, die an Hexen glauben, die Seelenvorstellung gemeinsam: Die Kusase in Nordostghana glauben an „win", die sozusagen immaterielle, unvergängliche Existenz des Menschen. Die Hexen bei den Meta in Westkamerun stehlen die „Seele" des Menschen mit Hilfe zauberischer Medizinen und essen sie auf: Es ist das Herz, das sie als Sitz der Seele verzehren.

In Südghana leben auch die kultivierten Asante, die in den letzten Jahren dem Hexenglauben besonders verfallen sind, in der Großfamilie, in der jedes Sippenmitglied seinen bestimmten Platz hat. Hier kam es zu Differenzierungen der Seelenvorstellung, die man kennen muß, um den Hexenglauben zu verstehen: Es gibt bei den Asante eine „Blutsippe" aus der mütterlichen Herkunft und eine „Geistsippe" aus der väterlichen Herkunft. In der Blutseele, „O-kra", lebt die Lebenskraft eines Menschen, und diese Seele rauben die Hexen.

Nachts eilen Hexen, die aus ihrer menschlichen Haut wie Schlangen geschlüpft sind, immateriell zum Treffpunkt der Hexen, es gibt Hexentreffen auf einem alten Baum, Absprachen über die Opfer und gemeinsame Hexenmahlzeiten – auch hier spiegelt sich also das Alltagsleben im Hexenwahn, spielen die verdrängten Wünsche ihre Rolle. Nirgends aber gibt es sexuelle Begehrlichkeit, nirgends die Lüsternheit des christlichen Hexensabbats. Am schrecklichsten wird empfunden, daß diese Hexen sich durch Tricks heimlich der Lebensseele bemächtigen können: Wer rote Palmkernsuppe genießt, die eine Hexe bereitet hat, wer aus dem Atem eines Sterbenden den Hexengeist aufnimmt oder Ohrringe einer Hexe trägt, kann seine Seele verlieren.

In Afrika ist Hexerei die größte Sünde, die ein Mensch begehen kann, ihre Heimtücke übersteigt jedes menschliche Maß – anders ausgedrückt, die allgemeine Unsicherheit, die kollektive Angst erzeugen die Wahnbilder nach alten Mustern und steigern sie noch, denn die alten Götter und Geister helfen nicht mehr: Die zerstörte Natur ist ihnen keine Heimstatt mehr, der Lärm der Motoren vertreibt sie, die Kirchenglocken machen ihnen die Landschaft verhaßt. So fühlt sich der Afrikaner von ihnen allein gelassen und wendet sich mit seiner Angst den neuen Göttern zu: „Jesus-Garten", „Bethlehem-Lager" oder „Kraftwerk des Gebets" heißen die Sekten, die mit Tanz und Halleluja Ekstase erzeugen. Visionen und Zungenreden sind häufig, Exorzismus wird so selbstverständlich geübt wie vor 2000 Jahren am Jordan. Die Gläubigen fühlen sich von Hexenangst befreit, denn die eigene Lebensseele wird durch das Kraftpotential des Heiligen Geistes in ihrer Widerstandsfähigkeit gegen die Macht der Hexen gestärkt.

Hier in Afrika gibt es noch keine Systematik des Glaubens, keinen Autoritätsanspruch wie den der katholischen Kirche im 14. Jahrhundert, der Satansglaube als Gegenbild des Christenglaubens kann nicht auf den Hexenglauben übergreifen, und die Verdrängungen der Afrikaner zielen in andere Richtung als auf die Sexualangst zölibatär lebender Geistlicher. Auch gibt es hier keine übergreifende Theorie, keinen „schwarzen Hexenhammer", und so bleibt der afrikanische Hexenglaube endemisch, wie er in Europa vor Erscheinen der ersten Hexenbücher gewesen ist.

An dieser Stelle wird deutlich, welche entscheidende Rolle den Flugblättern, den ersten Schriften über die Hexen und dem Buchdruck zugekommen ist, mit dessen Hilfe der irrationale Aberglaube zum festen System, das System zur infektiösen Neurose, zum epidemischen Säuberungswahn geworden ist: Diese Krankheit hatte nicht die Opfer befallen, die angeblichen Zauberinnen, die Maleficantinnen, sondern die Köpfe der Vertreter geistlicher und weltlicher Macht. Jeder Versuch, das angebliche Übel auszurotten, führte zu seiner Stärkung und Verbreitung, jeder Hexenbrand schien einen neuen Beweis zu liefern, und jeder Zweifel am eigenen Tun mußte verdrängt, mußte mit um so größerem Eifer aufgewogen werden: Es sind immer die gleichen Maßnahmen, die vom Standpunkt der Mächtigen aus unumgänglich sind, die gleichen Regeln, nach denen die Hexenjagden ablaufen wie Kesseltreiben, und die gleichen Gründe, mit denen man später die Opfer rechtfertigt. Auf die kürzeste Formel hat diesen Vorgang Erich Fried in seinem Gedicht „Die Maßnahmen" gebracht, dessen Schluß lautet: „Die Alten werden geschlachtet, / die Welt wird jung, / die Feinde werden geschlachtet, / die Welt wird gut."

Als „Schutzzauber" an eine Scheune genagelte Vögel.

Doch das Phänomen der Hexenverfolgung ist nicht mit der Verbrennung der letzten Hexe abgetan. Vielmehr ist dieser Massenwahn ein gesellschaftliches Symptom, das Vorgehen gegen eine wehrlose und andersartige Minderheit. Und daß sich dieser Massenwahn bis in unser Jahrhundert ohne weiteres auch auf andere Gesellschaftsgruppen übertragen läßt, beweist allein schon die deutsche Geschichte des Nationalsozialismus und der Judenvernichtung. Die Verfolgung der Hexen scheint eine der vielen Ausprägungen eines dem Menschen immanenten Sadismus zu sein.

Wie also hat das Wahnsystem funktionieren können? Welche Teile mußten ineinandergreifen, um jenen blutbefleckten Mechanismus der Menschenvernichtung in Gang zu setzen (...). Auf der Ebene des Dorfes gab es zunächst jene Außenseiter, die sich durch Verhalten oder durch Wissen verdächtig machten und dem Konformitätsdruck Widerstand leisteten. Wenn die Dorfgemeinschaft sie als „Drudner" oder „Drudnerinnen" entlarvt zu haben glaubten, konnte es zu einem spontanen Hexenmord kommen – dieser Verdacht und die Aggressionen sind zwar Teil jenes Mechanismus, aber sie erklären nicht die weiteren systematischen Verfolgungen.

Im Dorf ist die einzelne Person der Feind, den es zu vernichten gilt – in der Welt ist es, unter bestimmten Umständen, das Böse an sich oder das, was die Menschen dafür halten. Gegen diesen „Feind der Welt", mag er auch nur eine Projektion der Ängste, der eigenen Schuldgefühle, der verdrängten Wünsche sein,

mobilisiert die Gesellschaft ihre Abwehrkräfte. Anders ausgedrückt: Weil man unter dem Wahn leidet, die Welt werde vom Bösen als einer realen Macht angegriffen und umzingelt, sie werde von irgend etwas gehindert, gut zu sein, entwirft man Erklärungen, Theorien, Ideologien. Sie formulieren den allgemeinen Verdacht auf höherer Ebene. Ein Feindbild wird entworfen, auf das man alles projiziert, was der eigene Moralkodex als negativ bezeichnet – auch das, was als absolute Forderung für Menschen unerfüllbar bleibt. Weil Menschen ihre Sexualität nicht verdrängen können, ohne zu zweifeln, ist ihr Teufel ein Zweifler an allen Werten, weil Menschen sich selbst übelnehmen, daß sie lügen, betrügen und ihr Wort brechen, ist ihr Teufel ein Lügner, Betrüger und Wortbrüchiger. Und weil er dies alles ist, müssen seine Verbündeten die Strafe erleiden, die eigentlich er verdient hat.

Im Mittelalter war es vor allem die Frau gewesen, die als Objekt der Projektion für die verdrängten Wünsche des Mannes herhalten mußte. Der theoretische Zusammenhang zwischen dem Bösen und den vielen einzelnen, die dem Bösen Vorschub leisten, bietet den eigentlichen mörderischen Aspekt des Wahnes: Denn nun weiß man ja, daß Mißtrauen und Verdacht berechtigt waren, nun liefert eine Autorität Gründe dafür, den Konformitätsdruck zu verstärken bis zur Ausschaltung der Außenseiter. Wenn erst das Klischee verfestigt ist, wenn die Theorie den Herrschenden gute Gründe zur Verfolgung geliefert hat, beginnt die Jagd: die Jagd auf Hexen, auf Langhaarige, auf Juden, auf Verdächtige aller Art.

Auf der Ebene des Dorfes war es in früheren Jahrhunderten oft der Geistliche, der den Konformitätsdruck formulierte und den Außenseiter anprangerte, heute ist es der Hexenbanner. Auf höherer Ebene lieferten die Gelehrten die Theorie gegen das Böse, die dem Gerichtsherrn Gesetze an die Hand gab: So richtete sich der Haß der Gesellschaft gegen ihre vermeintlichen Verderber, obwohl sie sich doch gerade mit dieser Handlungsweise selbst verdarb.

Dieses Räderwerk anzuhalten liegt in keines Menschen Macht, denn Milde wird zum Verbrechen, und der Ideologe besteht auf unerbittlicher Konsequenz, er würde sonst sich selbst in Frage stellen. Umgekehrt kann man sagen: Wenn ein Zustand vorherrscht, der den Milden verdächtig macht, und wenn Prinzipien den Vorrang haben, ist höchstes Mißtrauen geboten: Dann sind die besten Gründe schon fest installiert, um die übelsten Dinge zu tun, dann riecht es nach Hexenjagd.

Soziologisch gesehen ist es der Konformitätsdruck, der die potentiellen „Hexen" erzeugt, psychologisch gesehen die schon geschilderte Projektion, welche die „Hexe" zum Objekt der Bestrafung macht – hier liegt der Ausgangspunkt jener infektiösen Neurose, die das Absurde als vernünftig erscheinen läßt. Beim sogenannten Hexenwahn, der jedoch nur ein Spezialfall des Säuberungswahnes ist, sind alle Teile des Mechanismus theologisch formuliert, denn der christliche Glaube war bis ins 18. Jahrhundert die Basis der Existenz.

Übrigens gilt dies nur für den römisch-katholischen Bereich – in der Ostkirche existierte ein ähnlich übersteigertes Teufelsbild nicht und schon gar keine Hexenbrände, denn es gab dort weder einen „Hexenhammer" als Infektionsträger noch eine Kirche, die auf ähnliche Weise in Frage gestellt worden wäre wie die Römische Kirche des 16. Jahrhunderts, auch kein ausgebildetes Rechtswesen.

Wie auf lokaler Ebene ein Verfolgungswahn entsteht, zeigen die Beispiele von Agentenjagd und Spionenfurcht: 1914 mißhandelte man in Frankreich wie in Deutschland plötzlich ahnungslose, aber „verdächtig" aussehende Menschen, weil man sie für Spione hielt. Diese Vorgänge sind vergleichbar dem spontanen Mord an der Dorfhexe. In Zeiten der Aufregung wiederholen sie sich immer wieder unter anderen Prämissen.

Die Außenseiter der Gesellschaft leben ungeschoren, solange es keine Theorie gibt, die sie in Zusammenhang mit einem sogenannten Bösen bringt. Und die Theorie ist machtlos, wenn sie die Ängste der Gesellschaft nicht an bestimmten Gruppen festmachen kann: Das gilt nicht nur für alte Frauen, die man plötzlich als Hexen verdächtigt.

Das Wahnsystem besteht eben nicht in einer Art gespenstischer Ansteckung mit absurden Ideen, sondern in der Logik einer Theorie, deren Anwendung zu Isolierung, Folter und Mord führt. Wenn jemand z. B. nachweisen könnte, daß das Böse sich mit Wissenschaftlern aller Art verbündet hat, ja daß die Wissenschaft selbst das Böse verkörpert, würde sehr schnell ein Verdacht gegen jeden entstehen, der eine höhere Bildung hat, der wie ein Wissenschaftler aussieht, der eine Brille und einen weißen Kittel trägt und der im Besitz zahlreicher Bücher ist – eine Hexenjagd auf Wissenschaftler ist ebensowenig undenkbar wie eine Hexenjagd auf angebliche Staatsfeinde, die an langen Haaren, Nickelbrillen und einem bestimmten Jargon zu erkennen sind, oder auf Klassenfeinde und Abweichler.

Die Isolierung, ja Vernichtung solcher verdächtiger Personen ist nur eine Frage der Konsequenz – denn hier, in der unmenschlichen Abstraktion, in der fraglosen Anwendung des mörderischen Klischees in Zeiten der Angst, liegt der eigentliche Wahn. Es hat sich herausgestellt, daß außer der Ideologie der Säuberung auch das materielle Interesse der Verfolger ins Spiel kommt. Auch das entspricht der Logik: Weil man die Säuberung fördern will, muß man die Säuberung belohnen, und ist erst ein materielles Interesse fixiert, kann man den Zweck, auf den es zielt, nicht mehr aus der Welt schaffen: es ist die Schwungkraft der materiellen Masse, die dann das Ganze in Bewegung hält, mag auch jeder im einzelnen hinter vorgehaltener Hand erklären, er persönlich sei gegen all diese Auswüchse.

Der Wahn, das ist das Vernünftige, das gute Gründe für sich hat – durchschaubar ist er nur von außen, selten von innen. Das macht den Widerstand gegen die legale Ausrottung der sogenannten Hexen so schwierig: Wer den Unschuldigen helfen wollte, durfte nicht an der Möglichkeit der Hexerei Zweifel äußern, sondern er mußte die Legalität der Vernichtung als etwas entlarven, das den wohlverstandenen Interessen der Vernünftigen zuwiderlief. Aufklärung allein genügt freilich nicht, um das Rad der konkreten Interessen anzuhalten, das die ganze Maschinerie vorwärts treibt.

Der wahre Teufel des Menschen ist der eigene unerbittliche Zwang zur Abstraktion, die auf die Spitze getriebene Konsequenz, die sich vom Gefühl gelöst hat, wie unscharf diese Begriffe immer sein mögen. Vielleicht steckt in alledem auch nur die Angst des angeblich Bedrohten, die zum Terror greift, um sich vor etwas zu schützen, das nur in seiner Einbildung existiert. Hunderttausende von Menschen sind Opfer einer solchen Angst geworden, und es werden wieder Hunderttausende Opfer dieser Angst sein – immer dann, wenn eine Ideologie der Gesellschaft einen Feind vorgaukelt, ein Produkt ihres schlechten Gewissens, ihrer Verdrängungen, ihrer ungelösten Konflikte: Helfer dieses Feindes sind schnell klassifiziert und bezeichnet, erfaßt und ausgeschaltet, und wieder werden die Opfer schuldlos sein, verurteilt nach dem Gesetz. In einer solchen Gespanntheit finden sich schließlich auch die Handlanger, die Schergen und Folterer, Pflichtmenschen allesamt. Daß die Bereitschaft zu foltern nicht mit dem 17. Jahrhundert und den Dämonen des „Hexenhammers" ausgestorben ist, hat sich inzwischen beweisen lassen – schrecklich genug, aber doch weniger grauenhaft als ein Mysterium des Bösen. Wie sieht dieser Beweis aus?

Die Experimente von Stanley Milgram, Professor für Psychologie an der New York City University, zeigen: Fast zwei Drittel aller erwachsenen Menschen sind bereit, andere Menschen bis an den Rand des Zusammenbruches zu quälen, sofern sie nur guten Glaubens sind, im Namen einer Autorität zu handeln. Sie empfinden dabei keinerlei Feindseligkeit gegen ihr Opfer, sie leisten nur einfach die ihnen aufgetragene Arbeit. Die Versuche wurden in Amerika, in Australien, in Südafrika und in der Bundesrepublik Deutschland wiederholt. Am 1. Oktober 1970 zeigte das Deutsche Fernsehen den Test, der im Max-Planck-Institut in München durchgeführt worden war: Die Ergebnisse entsprachen überall dem Milgram-Ergebnis.

Die Kritik gegen das Experiment steht hier nicht zur Diskussion, auch kann der Verlauf nicht ausführlich dargelegt werden. Im Prinzip handelte es sich darum, daß 500 Personen, Männer und Frauen (40 % Arbeiter, 40 % Angestellte, 20 % Freiberufler), einzeln in den Glauben versetzt wurden, sie sollten andere Personen, sogenannte „Lerner", auf deren Lern- und Erinnerungsfähigkeit überprüfen. Sie mußten annehmen, der „Lerner" sei die Testperson und sie selbst seien sozusagen nur Handlanger. Jeder trat an ein Pult mit 30 Knöpfen, von denen einige Aufschriften trugen wie „Leichter Schock", „Mäßiger Schock", „Intensiver Schock" und „Extrem intensiver Schock". Die Aufschrift „XXX" zeigte an, daß die Wirkung nicht mehr kalkulierbar sei. Während des Abfragens von Wortreihen sollten die Lerner, die Schauspieler und für ihre Rolle programmiert waren, je nach Leistung mit Stromstößen „bestraft" werden. Es gab verschiedene Versuchsanordnungen, unterschieden durch den Kontakt zwischen „Opfer" und „Handlanger". Die Schauspieler hatten die Eskalation der Schmerzen zu simulieren, ab 285 Volt zu brüllen und schließlich „Folter- und Todesschreie" auszustoßen. Keine der Versuchspersonen (Handlanger) ahnte, daß diese Laute simuliert waren. Anordnung 1: Opfer und Handlanger in getrennten Räumen, Simulation durch Lichtsignale. Ergebnis: 65 % gehen bis 450 Volt mit der „Bestrafung" der Lerner. Anordnung 2: Der Handlanger „hört" die Schreie durch die Wand. Ergebnis: 62,5 % der Handlanger gehen bis 450 Volt. Anordnung 3: Opfer und Handlanger im gleichen Raum. Ergebnis: 40 % der Handlanger foltern ungerührt weiter. Anordnung 4: Das Opfer befindet sich in Reichweite des „Handlangers". Noch immer gehen 30 % der Versuchspersonen bis zum extremen Stromstoß, dessen Wirkung nicht mehr kalkulierbar ist. Die Autorität siegt über den Zweifel.

Das Milgram-Experiment war nur eine Versuchsanordnung zu einem bestimmten wissenschaftlichen Zweck, die Todesschreie der Opfer kamen vom Tonband, die Teilnehmer des Experimentes konnten als freie Menschen nach Hause gehen – aber beruhigend ist diese Feststellung nicht: Die Geschichte der Folter ist die Geschichte der Bestätigung dieses Experimentes, der blutige Spiegel der Geschichte liefert Beweis um Beweis.

Hannsferdinand Döbler: *„Hexenwahn"*

Hexen und Magie in der Literatur

Seit dem ausgehenden Mittelalter setzten sich die Literaten in allen Epochen immer wieder mit dem Phänomen Hexe und Magie auseinander. Und kaum ein literarischer Topos ist ähnlich vielgestaltig und symbolträchtig. In ihm vereinen sich – je nach Zeit und Autor – Züge psychologischer oder sozialkritischer Art. Die Hexe – und alles, was mit ihr zusammenhängt – steht für ein breites Spektrum an Dingen zwischen der gefürchteten, da unkontrollierbaren Sexualität bis hin zur brutalen Unterdrückung der Frau durch den Mann.

In Giovanni Boccaccios (1313–1375) „Das Dekameron" benutzt der Spaßvogel Maso del Saggio den deutlich als irrational gekennzeichneten Glauben an die schwarze Magie, um den etwas dümmlichen Calandrino anzuführen.

Zur selben Zeit lebte in Florenz auch der junge Maso del Saggio, ein muntrer Spaßvogel, gewitzt und gewandt in allen seinen Unternehmungen. Er hatte schon allerlei von Calandrinos Einfältigkeit gehört und den Entschluß gefaßt, sich auf seine Kosten einmal recht von Herzen zu amüsieren, indem er ihm einen Possen spielte oder ihm irgendein Märchen aufbände. Als er ihn eines Tages zufällig in der Kirche San Giovanni traf, wo Calandrino aufmerksam die

Malereien und das Schnitzwerk des Tabernakels betrachtete, das erst vor kurzem auf dem Altar der genannten Kirche aufgestellt worden war, dachte Maso bei sich, daß jetzt Zeit und Ort für sein Vorhaben günstig seien.

Nachdem er einen Bekannten von seinem Vorhaben unterrichtet hatte, blieben beide in der Nähe des Platzes stehen, an dem Calandrino saß, taten, als sähen sie ihn nicht, und begannen von den Zauberkräften verschiedener Steine zu reden, von denen Maso so überzeugend zu erzählen wußte, als sei er ein gelehrter Kenner der Steine und ihrer magischen Kräfte.

Calandrino spitzte die Ohren bei diesen Erzählungen und stand auf. Und als er bemerkte, daß jene kein Geheimnis aus ihrem Gespräch machten, trat er zu Masos großer Freude zu ihnen heran. Bald wurde Maso, der seine Rede unbekümmert fortsetzte, denn auch von Calandrino befragt, wo solche wundertätigen Steine zu finden seien. Maso antwortete, die meisten von ihnen seien in Berlinzona, auf baskischem Boden, zu finden, in einer Gegend, die sich „Fettleben" nenne. Dort bänden die Leute ihre Weinstöcke mit Würsten zusammen, man könne eine Bratgans für einen Denaio kaufen und bekäme noch eine junge dazugeschenkt. Auch gäbe es dort ein Gebirge, ganz und gar aus geriebenem Parmesankäse, auf dem viele Leute ständen, die nichts weiter zu tun hätten, als Makkaroni und Ravioli zu bereiten, welche sogleich in Kapaunenbrühe gekocht und dann bergab geworfen würden. Wer die meisten davon ergattere, nun, der könne eben die meisten verspeisen.

Ganz in der Nähe fließe auch ein Flüßchen mit purem Vernaccia, dem besten Wein, den je ein Mensch getrunken habe, mit keinem einzigen Tropfen Wasser vermanscht.

„Oh", rief Calandrino begeistert, „ist das ein herrliches Land! Aber sag mir, was geschieht denn mit den Kapaunen, die sie da kochen?" – „Die Kapaune?" entgegnete Maso. „Ja, die Kapaune, die essen die Basken eben selber auf." – „Und warst du schon einmal dort?" fragte ihn Calandrino. Maso antwortete: „Du fragst, ob ich schon einmal dort war? Ja, einmal oder tausendmal! Wie du willst!" – „Und wieviel Meilen sind es bis dahin?" rief Calandrino. Maso antwortete: „Hundert Meilen mußt du durcheilen!" – „So ist es wohl noch weiter entfernt als die Abruzzen", meinte Calandrino. „Das schon", sagte Maso, „aber sehr viel weiter ist es auch nicht."

Als der einfältige Calandrino sah, daß Maso alle diese Dinge mit ernsthaftem Gesicht erzählte, ohne auch nur einmal dabei zu lachen, schenkte er seinen Worten Glauben und hielt sie für reine Wahrheit und bare Münze. Er fuhr deshalb fort: „Für mich ist es leider zu weit bis dahin. Ach ja, wenn es näher wäre, würde ich schon einmal mit dir hingehen. Allein schon, um zu sehen, wie die Makkaroni den Berg herunterrutschen, und um mir dabei gleich tüchtig den Wanst vollzuschlagen. Aber sei doch so freundlich und erkläre mir noch folgendes: Gibt es auch hierzulande solche wundertätigen Steine?"

Maso entgegnete: „Hier gibt es zweierlei Steinsorten von großem Wert. Das eine sind die Steine vom

Settignano und Montisci, die – in Mühlsteine umgewandelt – mit ihrer Zauberkraft das Mehl bereiten. Darum gibt es dort in der Gegend ja auch ein Sprichwort, das besagt: Die Gnade kommt von Gott und die Mühlsteine vom Montisci. Bei uns gibt es freilich diese Mühlsteine haufenweise, und sie werden darum hier ebensowenig geachtet wie dortzulande die Smaragde, von denen es in jenen Gegenden ganze Berge gibt, die noch höher sind als der Monte Morello. Ach, die leuchten um Mitternacht, Gott steh mir bei! Du mußt übrigens wissen, daß jeder, der einen Mühlstein abschleifen und in einen Ring fassen läßt, bevor noch das Loch hindurchgebohrt ist, und ihn dann dem Sultan bringt, von ihm wer weiß was für eine großartige Belohnung bekommt! Der zweite Stein gehört zu der Sorte, die wir Kenner Heliotrop nennen. Er besitzt eine gewaltige Zauberkraft. Jeder Mensch, der ihn bei sich trägt, wird – solange er ihn hat – von niemand dort gesehen, wo er nicht ist." – „Das ist fürwahr ein besonderer Zauber", rief Calandrino. „Wo aber findet man diesen zweiten Stein?" Maso entgegnete, daß dieser oft im Mugnone gefunden worden sei. – „Und wie groß ist so ein Stein", fragte Calandrino, „und wie sieht er aus?" Maso antwortete: „Die Steine sind von verschiedenem Umfang, mal größer, mal kleiner, aber alle sind beinahe schwarz."

Giovanni Boccaccio:
„Das Dekameron"

In William Shakespeares (1564–1616) „Die Tragödie von Macbeth" sind die drei in der Eingangsszene auftretenden Hexen die Personifikation des absolut Bösen. Sie sagen das Schicksal Macbeths in verschlüsselter Form vorher.

William Shakespeare.

ERSTER AUFZUG

ERSTE SZENE

Offenes Gelände, Donner und Blitz. (Drei Hexen treten auf.)

ERSTE HEXE. Wann kommen wir drei uns wieder entgegen,
Im Blitz und Donner, oder im Regen?

ZWEITE HEXE. Wenn der Wirrwarr stille schweigt,
Wer der Sieger ist, sich zeigt.

DRITTE HEXE. Das ist, eh' der Tag sich neigt.

ERSTE HEXE. Wo der Ort?

ZWEITE HEXE.   Die Heide dort.

DRITTE HEXE. Da wird Macbeth sein. Fort, fort!

(Man hört einen Gesang in der Luft.)

ERSTE HEXE. Grau Lieschen, ja! ich komme!

ALLE DREI. Unke ruft: – Geschwind –
Schön ist häßlich, häßlich schön:
Schwebt durch Dunst und Nebelhöhn!

(Die Hexen verschwinden.)

(…)

DRITTE SZENE

Heide; Gewitter. (Die drei Hexen treten auf.)

ERSTE HEXE. Wo warst du, Schwester?

ZWEITE HEXE. Schweine gewürgt.

DRITTE HEXE. Schwester, wo du?

ERSTE HEXE. Kastanien hatt' ein Schifferweib im Schoß,
Und schmatzt', und schmatzt', und schmatzt' – „Gib mir", sprach ich:
„Pack dich, du Hexe!" schrie die garst'ge Vettel.
Ihr Mann ist nach Aleppo, führt den Tiger;
Doch schwimm ich nach im Sieb, ich kann's,
Wie eine Ratte ohne Schwanz;
Ich tu's, ich tu's, ich tu's.

ZWEITE HEXE. Geb dir 'nen Wind.

ERSTE HEXE. Bist gut gesinnt.

DRITTE HEXE. Ich den zweiten obendrein.

ERSTE HEXE. All die andern sind schon mein.
Wo sie wehn, die Küsten kenn ich.
Jeden Punkt und Zirkel nenn ich.
Auf des Seemanns Karte.
Dürr wie Heu soll er verdorrn,
Und kein Schlaf, durch meinen Zorn,
Tag und Nacht sein Aug' erquickt,
Leb' er wie vom Fluch gedrückt.
Sieben Nächte, neunmal neun,
Siech und elend schrumpf' er ein:

Kann ich nicht sein Schiff zerschmettern,
Sei es doch umstürmt von Wettern.
Schau, was ich hab.
ZWEITE HEXE. Weis her, weis her.
ERSTE HEXE. Daum' 'nes Lotsen; sinken sah
Ich sein Schiff, dem Land schon nah.
(Trommeln hinter der Szene.)
DRITTE HEXE. Trommeln – Ha!
Macbeth ist da.
ALLE DREI. Unheilsschwestern, Hand in Hand
Ziehn wir über Meer und Land.
Rundum dreht euch so, rundum:
Dreimal dein und dreimal mein,
Und dreimal noch, so macht es neun –
Halt! – Der Zauber ist gezogen.
(Macbeth und Banquo treten auf.)
MACBETH. So schön und häßlich sah ich nie 'nen Tag.
BANQUO. Wie weit ist's noch nach Fores? – Wer sind diese?
So eingeschrumpft, so wild in ihrer Tracht?
Die nicht Bewohnern unsrer Erde gleichen
Und doch drauf stehn? – Lebt ihr? Wie? seid ihr was,
Das man darf fragen? Ihr scheint mich zu verstehn,
Denn jede legt zugleich den stumpfen Finger
Auf ihren falt'gen Mund – ihr solltet Weiber sein,
Und doch verbieten eure Bärte mir,
Euch so zu deuten.
MACBETH. Sprecht, wenn ihr könnt: – Wer seid ihr?
ERSTE HEXE. Heil dir, Macbeth, Heil, Heil dir, Than von Glamis.
ZWEITE HEXE. Heil dir, Macbeth, Heil dir, Than von Cawdor!
DRITTE HEXE. Heil dir, Macbeth, dir, künft'gem König Heil.
BANQUO. Was schreckst du, Mann? erregt dir Furcht, was doch
So lieblich lautet? – In der Wahrheit Namen,
Seid ihr Wahnbilder oder wirklich das,
Was körperlich ihr scheint? Den edeln Kampffreund
Grüßt ihr mit neuem Erb' und Prophezeiung
Von hoher Würd' und königlicher Hoffnung,
Daß er verzückt dasteht; mir sagt ihr nichts:
Wenn ihr durchschauen könnt die Saat der Zeit
Und sagen: dies Korn sproßt und jenes nicht,
So sprecht zu mir, der nicht erfleht noch fürchtet
Gunst oder Haß von euch.
ERSTE HEXE. Heil!
ZWEITE HEXE. Heil!
DRITTE HEXE. Heil!

ERSTE HEXE. Kleiner als Macbeth, und größer.
ZWEITE HEXE. Nicht so beglückt, und doch weit glücklicher.
DRITTE HEXE. Kön'ge erzeugst du, bist du selbst auch keiner.
So, Heil, Macbeth und Banquo!
ERSTE HEXE. Banquo und Macbeth Heil!
MACBETH. Bleibt, ihr einsilb'gen Sprecher, sagt mir mehr:
Mich macht, so hör ich, Sinels Tod zum Glamis,
Doch wie zum Cawdor! Der Than von Cawdor lebt
Als ein beglückter Mann; und König sein,
Das steht so wenig im Bereich des Glaubens
Als Than von Cawdor. Sagt, von wannen euch
Die wunderbare Kunde ward? weshalb
Auf dürrer Heid' ihr unsre Schritte hemmt
Mit so prophet'schem Gruß? – Sprecht, ich beschwör euch!
(Die Hexen verschwinden.)

William Shakespeare:
„Die Tragödie von Macbeth"

Johann Wolfgang von Goethe (1749–1832) läßt seinen Protagonisten in seinem Drama „Faust" in einer Hexenküche seine Jugend wiedererlangen. Die Hexen verbünden sich einerseits ebenso wie Faust mit dem Teufel, um über die menschlichen Grenzen der Erkenntnis hinaus zu gelangen, andererseits tragen sie auch deutliche Züge des Heidnisch-Antiken.

Der Kessel, welchen die Kätzin bisher außer acht gelassen, fängt an überzulaufen; es entsteht eine große Flamme, welche zum Schornstein hinausschlägt. Die Hexe kommt durch die Flamme mit entsetzlichem Geschrei heruntergefahren.

DIE HEXE: Au! Au! Au! Au!
Verdammtes Tier! verfluchte Sau!
Versäumst den Kessel, versengst die Frau!
Verfluchtes Tier!
(Faust und Mephistopheles erblickend:)
Was ist das hier?
Wer seid ihr hier?
Was wollt ihr da?
Wer schlich sich ein?
Die Feuerpein
Euch ins Gebein!
(Sie fährt mit dem Schaumlöffel in den Kessel und spritzt Flammen nach Faust, Mephistopheles und den Tieren. Die Tiere winseln.)
MEPHISTOPHELES *(welcher den Wedel, den er in der Hand hält, umkehrt und unter die Gläser und Töpfe schlägt):*
Entzwei! entzwei!
Da liegt der Brei,
Da liegt das Glas!
Es ist nur Spaß,
Der Takt, du Aas,
Zu deiner Melodei!
(Indem die Hexe voll Grimm und Entsetzen zurücktritt.)

Erkennst du mich, Gerippe! Scheusal du!
Erkennst du deinen Herrn und Meister?
Was hält mich ab, so schlag ich zu,
Zerschmettre dich und deine Katzengeister!
Hast du vorm roten Wams nicht mehr Respekt?
Kannst du die Hahnenfeder nicht erkennen?
Hab ich dies Angesicht versteckt?
Soll ich mich etwa selber nennen?
DIE HEXE: O Herr, verzeiht den rohen Gruß!
Seh ich doch keinen Pferdefuß.
Wo sind denn Eure beiden Raben?
MEPHISTOPHELES: Für diesmal kommst du so davon:
Denn freilich ist es eine Weile schon,
Daß wir uns nicht gesehen haben.
Auch die Kultur, die alle Welt beleckt,
Hat auf den Teufel sich erstreckt;
Das nordische Phantom ist nun nicht mehr zu schauen,
Wo siehst du Hörner, Schweif und Klauen?
Und was den Fuß betrifft, den ich nicht missen kann,
Der würde mir bei Leuten schaden;
Darum bedien ich mich, wie mancher junge Mann,
Seit vielen Jahren falscher Waden.
DIE HEXE *(tanzend):*
Sinn und Verstand verlier ich schier,
Seh ich den Junker Satan wieder hier!
MEPHISTOPHELES: Den Namen, Weib, verbitt ich mir.
DIE HEXE: Warum? Was hat er Euch getan?
MEPHISTOPHELES: Er ist schon lang ins Fabelbuch geschrieben;
Allein die Menschen sind nichts besser dran,

Den Bösen sind sie los, die Bösen
sind geblieben.
Du nennst mich Herr Baron, so ist
die Sache gut;
Ich bin ein Kavalier, wie andre Kava-
liere.
Du zweifelst nicht an meinem edlen
Blut;
Sieh her, das ist das Wappen, das ich
führe.
(Er macht eine unanständige Gebärde.)
DIE HEXE *(lacht unmäßig):* Ha! Ha!
Das ist in Eurer Art!
Ihr seid ein Schelm, wie Ihr nur
immer wart!
MEPHISTOPHELES: *(zu Faust):*
Mein Freund, das lerne wohl verstehn!
Dies ist die Art, mit Hexen umzugehn.
DIE HEXE: Nun sagt, ihr Herren, was
ihr schafft.
MEPHISTOPHELES: Ein gutes Glas
von dem bekannten Saft!
Doch muß ich Euch ums älteste bitten;
Die Jahre doppeln seine Kraft.
DIE HEXE: Gar gern! Hier hab ich
eine Flasche,
Aus der ich selbst zuweilen nasche,
Die auch nicht mehr im mindsten
stinkt;
Ich will euch gern ein Gläschen
geben.
Leise: Doch wenn es dieser Mann
unvorbereitet trinkt,
So kann er, wißt Ihr wohl, nicht eine
Stunde leben.
MEPHISTOPHELES: Es ist ein guter
Freund, dem es gedeihen soll;
Ich gönn ihm gern das Beste deiner
Küche.
Zieh deinen Kreis, sprich deine
Sprüche,
Und gib ihm eine Tasse voll!
*Die Hexe, mit seltsamen Gebärden, zieht
einen Kreis und stellt wunderbare*

*Sachen hinein; indessen fangen die Glä-
ser an zu klingen, die Kessel zu tönen,
und machen Musik. Zuletzt bringt sie
ein großes Buch, stellt die Meerkatzen in
den Kreis, die ihr zum Pult dienen und
die Fackel halten müssen. Sie winkt
Fausten, zu ihr zu treten.*
FAUST *(zu Mephistopheles):*
Nein! sage mir, was soll das werden?
Das tolle Zeug, die rasenden
Gebärden,
Der abgeschmackteste Betrug,
Sind mir bekannt, verhaßt genug.
MEPHISTOPHELES: Ei Possen! Das ist
nur zum Lachen;
Sei nur nicht ein so strenger Mann!
Sie muß als Arzt ein Hokuspokus
machen,
Damit der Saft dir wohl gedeihen
kann.
*(Er nötigt Fausten, in den Kreis zu
treten.)*
DIE HEXE *(mit großer Emphase, fängt
an, aus dem Buche zu deklamieren):*
Du mußt verstehn!
Aus Eins mach Zehn,
Und Zwei laß gehn,
Und Drei mach gleich,
So bist du reich.
Verlier die Vier,
Aus Fünf und Sechs,
So sagt die Hex,
Mach Sieben und Acht,
So ist's vollbracht:
Und Neun ist Eins,
Und Zehn ist keins.
Das ist das Hexen-Einmaleins!
FAUST: Mich dünkt, die Alte spricht
im Fieber.
MEPHISTOPHELES: Das ist noch lange
nicht vorüber,
Ich kenn es wohl, so klingt das ganze
Buch;
Ich habe manche Zeit damit verloren,

Denn ein vollkommner Widerspruch
Bleibt gleich geheimnisvoll für Kluge
wie für Toren.
Mein Freund, die Kunst ist alt und
neu.
Es war die Art zu allen Zeiten,
Durch Drei und Eins, und Eins und
Drei
Irrtum statt Wahrheit zu verbreiten.
So schwätzt und lehrt man ungestört!
Wer will sich mit den Narrn befassen?
Gewöhnlich glaubt der Mensch, wenn
er nur Worte hört,
Es müsse sich dabei doch auch was
denken lassen.
DIE HEXE *(fährt fort):* Die hohe Kraft
Der Wissenschaft,
Der ganzen Welt verborgen!
Und wer nicht denkt,
Dem wird sie geschenkt,
Er hat sie ohne Sorgen.
FAUST: Was sagt sie uns für Unsinn
vor?
Es wird mir gleich der Kopf zerbre-
chen.
Mich dünkt, ich hör ein ganzes Chor
Von hunderttausend Narren
sprechen.
MEPHISTOPHELES: Genug, genug,
o treffliche Sibylle!
Gib deinen Trank herbei, und fülle
Die Schale rasch bis an den Rand
hinan;
Denn meinem Freund wird dieser
Trunk nicht schaden:
Er ist ein Mann von vielen Graden,
Der manchen guten Schluck getan.

Johann Wolfgang von Goethe:
„Faust"

*In Ludwig Tiecks (1773–1853) Novelle
„Hexen-Sabbat" taucht zum ersten Mal
ein sozialkritisches Element in der
Beschreibung der Hexenverfolgung auf:
Die politischen Mißstände in Burgund
wirken sich – für die Betroffenen allerdings nicht erkennbar – auf die private
Sphäre der einzelnen aus. Gertrud, ein
zwar schrulliges, aber sympathisches
altes Kräuterweiblein, das sogar wegen
seiner Frömmigkeit hohes Ansehen
genießt, lehnt es ab, sich der Fürsorge der
Gemeinschaft anzuvertrauen. Später
verfällt sie dem Wahnsinn und löst mit
ihrer Selbstbezichtigung den Hexenwahn
aus, der erst zur Ruhe kommt, als auch
im großen politischen Rahmen Burgunds
durch die Versöhnung des Herzogs mit
seinem Sohn wieder Frieden einkehrt.*

Liebe alte Segensprecherin, fing
Wundrich wieder an, der Dechant
Marck ist ein verständiger Mann und
meint es gut mit Euch. Ihr sollt Euch
im Spital selbst eine Zelle aussuchen,
da wird man Euch verpflegen; Ihr seid
der Kirche näher, Ihr braucht nicht
mehr Almosen zu heischen, und Euer
hülfloses Alter ist ganz ruhig und
ohne Sorgen. Der Herr schätzt Euch
hoch, er hat von Eurem Wandel
gehört; er wünscht, daß Eure Tugend
belohnt werde, und daß Ihr doch endlich die guten Tage kennen lernt.

Küster, sagte Gertrud verdrüßlich,
schwatzt nicht so albern; wo wäre
Tugend an mir zu finden? Wenn ich
für meine Kinderchen bettle, so gehe
ich nur meinem Vergnügen nach, und
kein Mensch soll mir diese Freude
nehmen. Dann sehe ich die Kleinen
selbst, wie sie gedeihen, ob sie die
rechte Pflege haben; tröste die Kranken, gebe den armen Pflegeeltern,

und bin so froh in meiner Seele, daß ich laut dem Geber aller Güter danken muß. Was geht mir hier ab? Die alte Stube verlasse ich einmal nicht. Was kümmert mich der Herr Dechant, so sehr ich ihn verehre? Er soll mich in Ruhe lassen, so wie ich ihn nicht störe. Gibt er mir Almosen, um so besser für meine Kinderchen; kann und will er nicht, so werde ich auch nicht über ihn klagen.

Der Bischof von Baruth, fuhr der Küster fort, möchte Euch in seiner Nähe haben, er nennt Euch eine heilige Frau und ein Muster für die Christenheit. Geht es nach ihm, so bleibt Ihr nicht arm, sondern stellt Euch in der Stadt an die Spitze einer frommen Schwesterschaft, verwaltet das Almosen und seid selbst der Not enthoben, genießt noch Ehre und Achtung, und gebt so Veranlassung, daß sich die christliche Gemeine an Euch erbaue.

Ludwig Tieck:
„Hexen-Sabbat"

Ebenfalls sozialkritische Züge tragen die anonym erschienenen „Nachtwachen des Bonaventura" (der Autor war nach neuesten Forschungen vermutlich August Klingemann, 1777–1831. Klingemann, ein Zeitgenosse Goethes, arbeitete als Theaterdirektor in Hamburg), in denen der Nachtwächter Kreuzgang, der weise Narr, erkennt, daß die Welt an ihrer Vernunftgläubigkeit erkrankt ist. Er ist der Sohn eines Magiers und einer Hexe und das Patenkind des Teufels.

Ich erwachte bei diesen Worten, und mit dem Traume war auch der Poet vom Kirchhofe verschwunden; aber an meiner Seite saß ein braunes Böhmerweib und schien aufmerksam in meinen Gesichtszügen zu lesen. Ich erschrak fast vor der großen gigantischen Gestalt und vor dem dunklen Antlitze, in das ein seltsam barockes Leben mit ebenso grellen Zügen niedergeschrieben schien. „Gib mir die Hand, Blanker!" sagte sie, geheimnisvoll, und ich reichte sie ihr unwillkürlich hin. Je stärker und sicherer der Mensch sich selbst gefaßt hält, um so läppischer erscheint ihm alles Geheimnisvolle und Wunderbare, vom Freimaurerorden an bis zu den Mysterien einer zweiten Welt. Ich schauderte heute zum ersten Male etwas, denn das Weib las aus meiner Hand mein ganzes voriges Leben, wie aus einem Buche mir vor, bis hin zu dem Augenblicke, wo ich als ein Schatz gehoben wurde. (S. die vierte Nachtwache.) Darauf sagte sie: „Sollst auch deinen Vater sehen, Blanker; schau dich um, er steht hinter dir!" – Ich wandte mich rasch – und der ernste, steinerne Kopf des Alchimisten blickte mich starr an. Sie legte die Hand auf ihn und sagte sonderbar lächelnd: „Der ist's, und ich bin die Mutter!" –

Das gab eine tolle, rührende Familienszene, – die braune Zigeunermutter und der steinerne Vater, der halb aus der Erde hervorragte, als wollte er den Sohn halsen und an die kalte Brust drücken. Um die Familiengruppe zu runden, umarmte ich beide, und als ich so mitteninne saß, erzählte das Weib im Bänkelsängervortrage:

„Es war in der Christnacht, als dein Vater den Teufel bannen wollte – er las aus dem Buche, und ich leuchtete dazu mit drei besprochenen Kerzen – unter dem Boden lief es hin, wie wenn die Erde Wellen schlüge, und das Licht brannte blau. Wir hielten jetzt an der Stelle, wo dem Himmel entsagt und der Hölle geschworen wird, und blickten uns eine Weile schweigend an. Es ist zur Abwechslung! sagte dann dieser Steinerne und las die Stelle laut und vernehmlich –

zwischen uns lachte es leise, wir lachten laut mit, um nicht albern dazustehen. Nun fing es an, in der Nacht um uns her sein Wesen zu treiben, und wir merkten, daß wir nicht allein waren. Ich schmiegte mich in dem gezogenen Kreise dicht an deinen Vater, wir berührten zufällig das Zeichen des Erdgeistes und wurden warm beisammen. Als der Teufel erschien, erblickten wir ihn nur noch mit halbgeöffneten Augen – es war gerade der Moment, in dem du entstandest! – Jener war recht bei Laune und erbot sich, Patenstelle zu vertreten; er mochte ein angenehmer Mann in seinen besten Jahren sein, und ich erstaune über die Ähnlichkeit, die du mit ihm hast; nur siehst du finsterer aus, was du dir noch abgewöhnen dürftest. Als du geboren wurdest, hatte ich so viel Gewissenhaftigkeit, dich in christliche Hände zu übergeben, und spielte dich darum jenem Schatzgräber zu, der dich erzog. – Das ist deine Familiengeschichte, Blanker!"

Welch ein helles Licht nach dieser Rede in mir aufging, das können sich nur Psychologen vorstellen; der Schlüssel zu meinem Selbst war mir gereicht, und ich öffnete zum ersten Male mit Erstaunen und heimlichem Schauder die lang verschlossene Tür – da sah es aus wie in Blaubarts Kammer, und es hätte mich erwürgt, wäre ich minder furchtlos gewesen. Er war ein gefährlicher psychologischer Schlüssel!

„Nachtwachen des Bonaventura"

Die klassische Hexenfigur, wie sie jedes Kind kennt, bildet sich in den volkstümlichen Märchen und Erzählungen heraus. Es ist kein Wunder, daß sich die Charakteristika der Märchenhexe weitgehend mit den allgemeinen Vorwürfen gegen Hexen in den Hexenprozessen decken. So auch in „Hänsel und Gretel", wo die Hexe Kinder in ihre Gewalt bringt und fressen will.

Nun wars schon der dritte Morgen, daß sie ihres Vaters Haus verlassen hatten. Sie fiengen wieder an zu gehen, aber sie geriethen immer tiefer in den Wald und waren nahe daran zu verschmachten. Als es Mittag war, sahen sie ein schönes schneeweißes Vöglein auf einem Ast sitzen, das sang so schön, daß sie stehen blieben

und ihm zuhörten. Dann schwang es seine Flügel und flog vor ihnen her, und sie giengen ihm nach, bis sie zu einem Häuschen gelangten, auf dessen Dach es sich setzte, und als sie nahe kamen, so sahen sie, daß das Häuslein ganz aus Brot gebaut war und mit Kuchen gedeckt, aber die Fenster waren von hellem Zucker. „Da wollen wir uns dran machen", sprach Hänsel, „und eine gute Mahlzeit halten. Ich will ein Stück vom Dach essen, Grethel, iß du vom Fenster, das ist süß." Hänsel reichte in die Höhe und brach sich ein wenig vom Dach ab, um zu versuchen, wie es schmeckte, und Grethel stellte sich an die Scheiben und knuperte daran. Da rief eine feine Stimme aus der Stube

> „knuper, knuper, kneischen,
> wer knupert an meinem
> Häuschen?"

die Kinder antworteten

> „der Wind, der Wind,
> das himmlische Kind,"

und aßen weiter, ohne sich irre machen zu lassen. Hänsel, dem das Dach sehr gut schmeckte, riß sich ein großes Stück davon herunter, und Grethel stieß eine ganz runde Fensterscheibe heraus, setzte sich und that sich wohl damit. Da gieng auf einmal die Thüre auf, und eine steinalte Frau, die sich auf eine Krücke stützte, kam herausgeschlichen. Hänsel und Grethel erschraken so gewaltig, daß sie fallen ließen, was sie in den Händen hielten. Die Alte aber wackelte mit dem Kopfe und sprach „ei, ihr lieben Kinder, wer hat euch hierher gebracht?

204 ZEUGNISSE UND DOKUMENTE

kommt nur herein und bleibt bei mir, ihr sollts gut haben." Sie faßte beide an der Hand und führte sie in ihr Häuschen. Da ward gutes Essen aufgetragen, Milch und Pfannekuchen mit Zucker, Aepfel und Nüsse. Hernach wurden zwei schöne Bettlein weiß gedeckt, und Hänsel und Grethel legten sich hinein und meinten, sie wären im Himmel.

Die Alte hatte sich nur so freundlich angestellt, sie war aber eine böse Hexe, die den Kindern auflauerte, und hatte das Brothäuslein bloß gebaut, um sie herbeizulocken. Wenn eins in ihre Gewalt kam, so machte sie es todt, kochte es und aß es, und das war ihr ein Festtag. Als Hänsel und Grethel sich dem Haus genähert hatten, da hatte sie boshaft gelacht und höhnisch ausgerufen „die sollen mir nicht entwischen".

Wilhelm und Jakob Grimm:
„Kinder- und Hausmärchen"

Ebenfalls in der Volkskunst findet sich die Hexe als Sinnbild für die unkontrollierbare und damit als furchterregend empfundene Sexualität des Menschen, seine Tiernatur. Dies setzt Clemens Brentano (1778–1842) in seiner Ballade „Loreley", die auf einer rheinischen Sage basiert, um.

Zu Bacharach am Rheine
wohnt' eine Zauberin,
die war so schön und feine
und riß viel Herzen hin.

Und machte viel zuschanden
der Männer rings umher,
aus ihren Liebesbanden
war keine Rettung mehr!

Der Bischof ließ sie laden
vor geistliche Gewalt
und mußte sie begnaden,
so schön war ihr' Gestalt.

Er sprach zu ihr gerühret:
„Du arme Lore Lay!
Wer hat dich denn verführet
zu böser Zauberei?"

„Herr Bischof, laßt mich sterben,
ich bin des Lebens müd,
weil jeder muß verderben,
der meine Augen sieht!

Die Augen sind zwei Flammen,
mein Arm ein Zauberstab –
o schickt mich in die Flammen,
o brechet mir den Stab!"

Ich kann dich nicht verdammen,
bis du mir erst bekennt,
warum in deinen Flammen
mein eignes Herz schon brennt!

Den Stab kann ich nicht brechen,
du schöne Lore Lay!
Ich müßte denn zerbrechen
mein eigen Herz entzwei!

„Herr Bischof, mit mir Armen
treibt nicht so bösen Spott
und bittet um Erbarmen
für mich den lieben Gott!

Ich darf nicht länger leben,
ich liebe keinen mehr, –
den Tod sollt Ihr mir geben,
drum kam ich zu Euch her.

Mein Schatz hat mich betrogen,
hat sich von mir gewandt,
ist fort von mir gezogen,
fort in ein fremdes Land.

Die Augen sanft und wilde,
die Wangen rot und weiß,
die Worte still und milde,
das ist mein Zauberkreis.

Ich selbst muß drin verderben,
das Herz tut mir so weh,
vor Schmerzen möcht' ich sterben,
wenn ich mein Bildnis seh'.

Drum laßt mein Recht mich finden,
mich sterben wie ein Christ,
denn alles muß verschwinden,
weil er nicht bei mir ist!"

Drei Ritter läßt er holen:
„Bringt sie ins Kloster hin!
Geh, Lore! Gott befohlen
sei dein berückter Sinn!

Du sollst ein Nönnchen werden,
ein Nönnchen schwarz und weiß,
bereite dich auf Erden
zu deines Todes Reis'!"

Zum Kloster sie nun ritten,
die Ritter alle drei
und traurig in der Mitten
die schöne Lore Lay.

„O Ritter, laßt mich gehen
auf diesen Felsen groß,
ich will noch einmal sehen
nach meines Lieben Schloß.

Ich will noch einmal sehen
wohl in den tiefen Rhein
und dann ins Kloster gehen
und Gottes Jungfrau sein!"

Der Felsen ist so jähe,
so steil ist seine Wand,
doch klimmt sie in die Höhe,
bis daß sie oben stand.

Es binden die drei Reiter
die Rosse unten an
und klettern immer weiter
zum Felsen auch hinan.

Die Jungfrau sprach: „Da gehet
ein Schifflein auf dem Rhein,
der in dem Schifflein stehet,
Der soll mein Liebster sein!

Mein Herz wird mir so munter,
er muß mein Liebster sein!" –
Da lehnt sie sich hinunter
und stürzet in den Rhein.

Die Ritter mußten sterben,
sie konnten nicht hinab;
sie mußten all' verderben,
ohn' Priester und ohn' Grab!

Wer hat dies Lied gesungen?
Ein Schiffer auf dem Rhein,
und immer hat's geklungen
von dem Dreiritterstein:

>   Lore Lay!
>   Lore Lay!
>   Lore Lay!
> Als wären es meiner drei!
>   Clemens Brentano

Die „Symphonie fantastique" von
Hector Berlioz (1803–1869) greift im
5. Satz das Thema Hexen auf. Berlioz
beschrieb den Inhalt seiner Musik in
kleinen Textpassagen, um seinem Publi-
kum zu helfen, sich seine musikalische
Welt zu erschließen.

Fünfter Satz
TRAUM EINER SABBATNACHT

Er sieht sich beim Hexensabbat inmitten einer abscheulichen Schar von
Geistern, Hexen und Ungeheuern
aller Art, die sich zu seiner Totenfeier
versammelt haben. Seltsame Geräu-
sche, Stöhnen, schallendes Gelächter,
ferne Schreie, auf die andere Schreie
zu antworten scheinen. Das Motiv
seiner Liebe erscheint noch einmal,
doch es hat seinen noblen und
schüchternen Charakter verloren; es
ist nichts mehr als ein gemeines Tanz-
lied, trivial und grotesk; *sie* ist es,
die zum Sabbat gekommen ist ... Freu-
dengebrüll begrüßt ihre Ankunft ...
Sie mischt sich unter das teuflische
Treiben ... Totenglocken, burleske
Parodie des „Dies irae", Sabbat-Tanz.
Der Sabbat-Tanz und das „Dies irae"
zusammen.

Hector Berlioz:
„Symphonie fantastique"

Heinrich Heine (1797–1856) setzt sich
in seinem Epos „Atta Troll" mit der
deutschen Romantik auf bissige Weise
auseinander. Dabei dient ihm im folgen-
den Ausschnitt das Hexenszenario als
Sinnbild für die romantische Bildwelt.

In der Hütte blieb zurück
Nur der Mops. Am Feuerherde
Stand er aufrecht vor dem Kessel,
In den Pfoten einen Löffel.

Schien vortrefflich abgerichtet,
Wenn die Suppe überkochte,
Schnell darin herumzurühren
Und die Blasen abzuschäumen.

Aber bin ich selbst behext? Oder
lodert mir im Kopfe
Noch das Fieber? Meinen Ohren
Glaub ich kaum – es spricht der
    Mops!

Ja, er spricht, und zwar gemütlich
Schwäbisch ist die Mundart;
    träumend,
Wie verloren in Gedanken,
Spricht er folgendergestalt:

„Oh, ich armer Schwabendichter!
In der Fremde muß ich traurig
Als verwünschter Mops ver-
    schmachten
Und den Hexenkessel hüten!

Welch ein schändliches Verbrechen
Ist die Zauberei! Wie tragisch
Ist mein Schicksal: menschlich fühlen
In der Hülle eines Hundes!

Wär ich doch daheim geblieben,
Bei den trauten Schulgenossen!
Das sind keine Hexenmeister,
Sie bezaubern keinen Menschen.

Wär ich doch daheim geblieben,
Bei Carl Mayer, bei den süßen
Gelbveiglein des Vaterlandes,
Bei den frommen Metzelsuppen!

Heute sterb ich fast vor Heimweh –
Sehen möcht ich nur den Rauch,
Der emporsteigt aus dem Schornstein,
Wenn man Nudeln kocht in Stukkert!"

Als ich dies vernahm, ergriff mich
Tiefe Rührung; von dem Lager
Sprang ich auf, an das Kamin
Setzt ich mich, und sprach mitleidig:

„Edler Sänger, wie gerietest
Du in diese Hexenhütte?
Und warum hat man so grausam
Dich in einen Hund verwandelt?"

Jener aber rief mit Freude:
„Also sind Sie kein Franzose?
Sind ein Deutscher und verstanden
Meinen stillen Monolog?

Ach, Herr Landsmann, welch ein
         Unglück,
Daß der Legationsrat Kölle,
Wenn wir bei Tabak und Bier
In der Kneipe diskurrierten,

Immer auf den Satz zurückkam,
Man erwürbe nur durch Reisen
Jene Bildung, die er selber
Aus der Fremde mitgebracht!

Um mir nun die rohe Kruste
Von den Beinen abzulaufen,
Und wie Kölle mir die feinern
Weltmannssitten anzuschleifen:

Nahm ich Abschied von der Heimat,
Und auf meiner Bildungsreise
Kam ich nach den Pyrenäen,
Nach der Hütte der Uraka.

Bracht ihr ein Empfehlungsschreiben
Vom Justinus Kerner; dachte
Nicht daran, daß dieser Freund
In Verbindung steht mit Hexen.

Freundlich nahm mich auf Uraka,
Doch es wuchs, zu meinem Schrecken,
Diese Freundlichkeit, ausartend
Endlich gar in Sinnenbrunst.

Ja, es flackerte die Unzucht
Scheußlich auf im welken Busen
Dieser lasterhaften Vettel,
Und sie wollte mich verführen.

Doch, ich flehte: ‚Ach, entschuld'gen
Sie, Madam'! bin kein frivoler
Goetheaner, ich gehöre
Zu der Dichterschule Schwabens.

Sittlichkeit ist unsre Muse,
Und sie trägt vom dicksten Leder
Unterhosen – ach! vergreifen
Sie sich nicht an meiner Tugend!

Andre Dichter haben Geist,
Andre Phantasie, und andre
Leidenschaft, jedoch die Tugend
Haben wir, die Schwabendichter.

Das ist unser einz'ges Gut!
Rauben Sie mir nicht den sittlich
Religiösen Bettelmantel,
Welcher meine Blöße deckt!'

Also sprach ich, doch ironisch
Lächelte das Weib, und lächelnd
Nahm sie eine Mistelgerte
Und berührt' damit mein Haupt.

Ich empfand alsbald ein kaltes
Mißgefühl, als überzöge
Eine Gänsehaut die Glieder.
Doch die Haut von einer Gans

War es nicht, es war vielmehr
Eines Hundes Fell – seit jener
Unheilstund bin ich verwandelt,
Wie Sie sehn, in einen Mops!"

Armer Schelm! Vor lauter Schluchzen
Konnte er nicht weitersprechen,
Und er weinte so beträglich,
Daß er fast zerfloß in Tränen.

„Hören Sie", sprach ich mit Wehmut,
„Kann ich etwa von dem Hundsfell
Sie befrein, und Sie der Dichtkunst
Und der Menschheit wiedergeben?"

Jener aber hub wie trostlos
Und verzweiflungsvoll die Pfoten
In die Höhe, und mit Seufzen
Und mit Stöhnen sprach er endlich:

„Bis zum Jüngsten Tage bleib ich
Eingekerkert in der Mopshaut,
Wenn nicht einer Jungfrau Großmut
Mich erlöst aus der Verwünschung.

Ja, nur eine reine Jungfrau,
Die noch keinen Mann berührt hat,
Und die folgende Bedingung
Treu erfüllt, kann mich erlösen:

Diese reine Jungfrau muß
In der Nacht von Sankt Silvester
Die Gedichte Gustav Pfizers
Lesen – ohne einzuschlafen!

Blieb sie wach bei der Lektüre,
Schloß sie nicht die keuschen Augen –
Dann bin ich entzaubert, menschlich
Atm ich auf, ich bin entmopst!"

„Ach, in diesem Falle" – sprach ich –
„Kann ich selbst nicht unternehmen
Das Erlösungswerk; denn erstens
Bin ich keine reine Jungfrau,

Und imstande wär ich zweitens
Noch viel wen'ger, die Gedichte
Gustav Pfizers je zu lesen,
Ohne dabei einzuschlafen."

Heinrich Heine

*Im ausgehenden 19. und besonders im
20. Jahrhundert erhält die literarische
Verarbeitung der Hexenverfolgung deutlich sozialkritische Züge. So beispielsweise in Christian Morgensterns (1871–
1914) satirischem Gedicht „Der Hahn"
aus seiner Tetralogie „Vier Teufelslegendchen"...*

Zu Basel warf einst einen Hahn
der hohe Magistrat ins Loch,
dieweil er eine Tat getan,
die nach des Teufels Küche roch.

Er hatte, wider die Natur,
ein Ei gelegt, – dem Herrn zum Trotz!
Doch nicht genug des Frevels nur, –
er schien auch reulos wie ein Klotz.

So ward er vor Gericht gestellt,
verhört, gefoltert und verdammt,
und Rechtens dann, vor aller Welt,
ein Holzstoß unter ihm entflammt.

Der Hahn schrie kläglich Kikriki,
der Basler Volk sang laut im Kreis.
Doch plötzlich rief wer: „Auf die
      Knie!
Gottlob! jetzt schrie er – Kyrieleis!"

Christian Morgenstern

*...oder bei Joachim Ringelnatz
(eigtl. Hans Bötticher, 1883 – 1934) in
„Die Lumpensammlerin".*

Hält sie den Kopf gesenkt wie ein Ziegenbock,
Ihre Gemüsenase,
Ihr spitzer Höcker, ihr gestückelter Rock
Haben die gleiche farblose Drecksymphonie
Der Straße.
Mimikry.

Selbständig krabbeln ihre knöchernen Hände
Die Gosse entlang zwischen Kehricht und Schlamm,
Finden Billette, Nadeln und Horngegenstände,
Noch einen Knopf und auch einen Kamm.

Über Speichel und Rotz zittern die Finger;
Hundekötel werden wie Pferdedünger
Sachlich beiseitegeschoben.
Lumpen, Kork, Papier und Metall werden aufgehoben,
Stetig – stopf – in den Sack geschoben.

Der Sack stinkt aus seinem verbuchteten Leib.
Er hat viel spitzere Höcker.
Er ist noch ziegenböcker
Als jenes arg mürbe Weib.

Schlürfend, schweigsam schleppt sie, schleift sie die Bürde.
Wenn sie jemals niesen würde,
Was wegen Verstopfung bisher nie geschah,
Würde die gute Alte zerstäuben
Wie gepusteter Paprika. –

Und was würde übrigbleiben?
Eine Schnalle von ihrem Rock,
Sieben Stecknadeln, ein Berlock,
Vergoldet oder vernickelt.
Vielleicht auch: Vielmals eingewickelt
Und zwischen zwei fettigen Pappen:
Fünfzig gültige, saubere blaue Lappen.

Irgendwo würde ein Stall erbrochen,
Fände man sortiert, gestapelt, gebündelt, umschnürt
Lumpen, Stanniol, Strumpfbänder und Knochen.

Was hat die Hexe für ein Leben geführt?
Vielleicht hat sie Lateinisch gesprochen.
Vielleicht hat einst eine Zofe sie maniküert.
Vielleicht ist sie vor tausend Jahren als Spulwurm
Durch das Gedärm eines Marsbewohners gekrochen.

Joachim Ringelnatz

Sehr viel ausgeprägter geschieht dies noch bei Arthur Miller (*1915) in seinem Drama „Hexenjagd". Seine Verarbeitung des einzigen großen Hexenprozesses Nordamerikas in Salem 1692 ist eine Parabel auf die Kommunistenjagd unter Senator McCarthy, unter der auch Miller selbst zu leiden hatte.

PARRIS In der Gemeinde greift die Meinung um sich, der Teufel könnte unter uns sein, und ich möchte sie beruhigen und ihnen sagen, daß sie sich irren.

PROCTOR Dann kommen Sie, und sagen Sie es ihnen. Sind Sie unser Pfarrer oder Herr Hale? Haben Sie den Kirchenvorstand gefragt, bevor Sie nach diesem Pastor riefen, damit er hier nach Teufeln sucht?

PARRIS Er kommt nicht, um nach Teufeln zu suchen.

PROCTOR Weshalb kommt er dann?

PUTNAM Kinder sterben in der Stadt, Mann ...!

PROCTOR Ich sehe niemanden sterben ...

REBECCA Bitte, John ... bleib ruhig. Herr Parris, ich denke, Sie schicken diesen Pastor Hale am besten wieder zurück, sobald er kommt. Es wird in der Gemeinde nur neuen Streit geben, und wir haben dieses Jahr auf Frieden gehofft. Ich denke, wir sollten auf den Doktor vertrauen und unser Gebet.

ANN Rebecca, der Doktor ist ratlos.

REBECCA Wenn er das ist, dann wenden wir uns an Gott um Rat. Es ist sehr gefährlich, nach bösen Geistern zu forschen. Das macht mir angst. Das macht mir angst. Suchen wir lieber die Schuld bei uns selber.

PUTNAM Warum sollen wir die Schuld bei uns selber suchen? Ich bin einer von neun Söhnen, unser Samen hat die Provinz bevölkert. Und doch ist mir von acht Kindern nur ein einziges geblieben – und auch das werde ich jetzt noch verlieren.

REBECCA Für mich ist das unbegreiflich.

ANN Sie denken, es ist Gottes Werk, daß Sie nie ein Kind oder ein Enkelkind verloren haben, während ich alle bis auf eins begraben mußte.

PUTNAM Wenn Pastor Hale kommt, werden Sie hier weiter nach Anzeichen von Hexerei suchen.

PROCTOR Sie haben Herrn Parris nichts zu befehlen. In der Gemeinde zählt nicht der Grundbesitz, sondern die Stimme jedes einzelnen.

PUTNAM Ich habe nie gehört, daß Sie sich Sorgen um die Gemeinde machen. Ich glaube, ich habe Sie seit der letzten Schneeschmelze nicht mehr in der Kirche gesehen.

PROCTOR Ich hab Sorgen genug. Ich fahre doch nicht fünf Meilen, nur um ihn von nichts anderem als von Höllenfeuer und Verdammnis predigen zu hören. Es gibt heutzutage viele, die nicht mehr zur Kirche kommen, weil er kaum mehr von Gott spricht.

PARRIS Das ist eine starke Beschuldigung.

REBECCA Doch es ist etwas Wahres dran. Viele zögern, ihre Kinder mitzubringen ...

PARRIS Ich predige nicht für Kinder, Rebecca. Nicht die Kinder vergessen ihre Pflicht gegen dieses Pastorenamt. Wo ist mein Holz? Mein Vertrag sieht vor, daß ich mit ausreichend Brennholz versorgt werde. Seit November warte ich auf nur ein Scheit und mußte damals meine erfrorenen Hände herzeigen wie ein Londoner Bettler.

COREY Sie bekommen sechs Pfund im Jahr, um Holz zu kaufen, Herr Parris.

PARRIS Ich werde zu schlecht bezahlt, um davon auch noch sechs Pfund für Brennholz auszugeben. Mein Gehalt sind sechsundsechzig Pfund, Herr Proctor. Ich bin nicht irgendein predigender Bauer mit einem Buch unter dem Arm. Ich habe mein Examen in Harvard gemacht.

COREY Ja, und sind sehr gut im Rechnen.

PARRIS Herr Corey, Sie können lange suchen, bis Sie jemanden von meiner Art für sechzig Pfund im Jahr finden. Ich bin diese Armut nicht gewöhnt. Ich habe ein blühendes Geschäft in Barbados verlassen, um dem Herrn zu dienen. Ich begreife nicht, warum man mich hier schikaniert. Ich kann nichts vorschlagen, ohne daß lautstark dagegen argumentiert wird. Ich habe mich oft gefragt, ob da nicht der Teufel irgendwie mit im Spiel ist, anders kann ich mir das nicht erklären.

PROCTOR Herr Parris, Sie sind der erste Pfarrer, der die Besitzurkunde für dieses Haus gefordert hat...

PARRIS Ich bin euer dritter Pfarrer in sieben Jahren. Ich will nicht wie eine Katze vor die Tür gesetzt werden, wenn irgendeiner Mehrheit die Laune dazu ankommt. Sie scheinen nicht zu begreifen, daß ein Pfarrer der Vertreter Gottes in der Gemeinde ist. Einen Pfarrer darf man nicht so einfach übergehen oder ihm widersprechen.

PUTNAM Jawohl.

PARRIS Entweder herrscht Gehorsam, oder die Kirche wird brennen wie die Hölle.

PROCTOR Können Sie nicht mal eine Minute reden, ohne daß wir wieder in der Hölle landen? Die Hölle steht mir bis hier!

PARRIS Es ist nicht an Ihnen zu entscheiden, was gut für Sie zu hören ist oder nicht.

PROCTOR Ich darf doch sagen, was ich denke, oder?

PARRIS Was, sind wir Quäker? Noch sind wir nicht soweit, Herr Proctor. Das können Sie auch Ihrem Anhang sagen.

PROCTOR Meinem Anhang?

PARRIS In dieser Gemeinde gibt es eine Partei. Ich bin nicht blind. Es gibt eine Spaltung und eine Partei.

PROCTOR Gegen Sie?

PUTNAM Gegen ihn und die ganze Obrigkeit.

PROCTOR Gut, dann muß ich sie finden und mich ihr anschließen.

REBECCA Das meint er nicht so.

PROCTOR Genauso meine ich es, Rebecca! Ich mag den Geruch dieser Obrigkeit nicht. Ich habe einen Acker zu bestellen und Holz heimzuschaffen. Was meinst du, Giles? Suchen wir diese Partei. Er sagt, es gibt eine Partei.

COREY Ich habe meine Meinung über diesen Mann geändert. Herr Parris, ich bitte um Verzeihung. Ich hätte Sie nie für so standhaft gehalten.

PARRIS Vielen Dank, Giles.

COREY Ich glaube, ich weiß jetzt, woher alle diese Schwierigkeiten kommen zwischen uns, in den letzten Jahren. Denkt mal darüber nach. Warum verklagt hier jeder jeden? Dieses Jahr war ich sechsmal vor Gericht.

PROCTOR Ist der Teufel daran schuld, daß keiner dir guten Morgen sagen kann, ohne daß du ihn einen Verleumder nennst? Du bist alt, Giles, und du hörst nicht mehr so gut wie früher.

COREY John Proctor, ich habe erst letzten Monat vier Pfund als Schadensersatz dafür bekommen, daß du in der Öffentlichkeit behauptet hast, ich hätte dir das Dach über dem Kopf angezündet und ...

PROCTOR Ich habe so etwas nie gesagt, aber ich habe dafür bezahlt, und deshalb kann ich dich taub nennen, hoffe ich, ohne dafür bestraft zu werden. Komm, Giles, und hilf mir, mein Holz nach Hause zu schaffen.

Arthur Miller:
„Hexenjagd"

Last, but not least erhält die Hexe in der Frauenbewegung einen ganz besonderen Stellenwert: Sie ist die weise Frau, die sich das von alters her überkommene Wissen der Frauen bewahrt hat, z. B. im Bereich der Kräuterheilkunde oder der Geburtshilfe. Dieses Wissen besitzt auch der „böse Geist" der Artuslegende, Morgaine Le Faye, die sich in Marion Zimmer-Bradleys (*1930) Nacherzählung der Artussage, „Die Nebel von Avalon", der Herrschaft des Manns, verkörpert durch ihren Bruder Artus, nicht ohne weiteres unterwerfen will. In dem Roman erhält Morgaine bei der Herrin vom See ihre Ausbildung in den alten Künsten der Frauen.

Hinter sich hörte Morgaine einen unheimlichen Schrei, und ihr wurde eisig. Raven klagte! Raven, deren Stimme sie nie gehört hatte; Raven, die einmal beim gemeinsamen Dienst im Tempel schnellhändig eine überfließende brennende Lampe vor dem Umfallen bewahrt und sich am heißen Öl verbrannt hatte. Als man ihre Wunden verband, erstickte sie mit beiden Händen ihre Schmerzensschreie, um ihr Gelübde nicht zu brechen. Denn sie hatte ihre Stimme der Göttin geweiht. Sie würde ihr Leben lang die Narben tragen, und mit einem Blick darauf hatte Morgaine einmal gedacht: *Dagegen bedeutet mein Schwur fast nichts. Trotzdem stand ich dicht davor, ihn wegen eines dunklen Mannes mit einer betörenden Stimme zu brechen.*

Und jetzt in der mondlosen Nacht schrie Raven aus Leibeskräften! Es war ein hoher, geisterhafter Laut, wie eine Frau im Kindbett ihn ausstößt. Dreimal hallte die schrille Klage über den Berg. Morgaine zitterte wieder. Sie wußte, selbst die Christenpriester auf der anderen Insel, die an derselben Stelle lag, würden in ihren einsamen Zellen aufschrecken und sich bekreuzigen, wenn sie diesen quälenden Schrei vernahmen, der zwischen den Welten widerhallte ...

Auf den Schrei folgte tiefes Schweigen ... ein Schweigen, das schließlich Atmen erfüllte, der angehaltene Atem der unsichtbaren Eingeweihten, die einen Kreis um diese schreckliche Einsamkeit bildeten, in der es nur die drei reglosen Priesterinnen gab. Dann rief Raven keuchend und mit erstickter Stimme, als mache ihr dieses lange Schweigen das Sprechen zunichte: „Ahhh ... siebenmal dreht sich das Rad, das Rad mit den dreizehn Speichen, das Rad, das sich am Himmel dreht ... siebenmal schenkt die Mutter ihrem dunklen Sohn das Leben ... Sie rennen! Sie rennen, getrieben von der Brunst des Frühlings ... sie kämpfen, sie wählen ihren König ... ah, das Blut, das Blut ... und der größte, er springt, und an seinem stolzen Geweih klebt Blut ..."

Wieder herrschte langes Schweigen. Morgaine sah in der Dunkelheit hinter geschlossenen Lidern die brünstigen Hirsche dahinjagen; sie sah, was sie in einem halbvergessenen Augenblick einst in der Silberschale gesehen hatte: Einen Mann unter den Hirschen, der sich wehrte und kämpfte ...

„Er ist der Sohn der Göttin ... er rennt, er rennt ... der Gehörnte muß sterben ... und der Gehörnte muß gekrönt werden ... die Jungfräuliche Jägerin muß den König zu sich rufen ... sie muß sich dem Gott darbringen ... ah, das alte Opfer, das alte Opfer ... ich brenne, ich brenne ..." Ravens Worte überstürzten sich und erstarben in einem langen schluchzenden Schrei. Durch geschlossene Augen sah Morgaine, wie die Priesterin hinter ihr besinnungslos zu Boden sank. Sie keuchte, und ihr Keuchen war der einzige Laut im dichter werdenden Schweigen.

Von irgendwoher drang der Ruf einer Eule ... einmal, zweimal, dreimal.

Aus der Dunkelheit lösten sich stumm dunkle Priesterinnen mit dem blauen Zeichen auf der Stirn. Vorsichtig hoben sie Raven auf und trugen sie davon. Auch Morgaine fühlte sich hochgehoben; und während sie aus dem Kreis getragen wurde, ruhte ihr schmerzender Kopf liebevoll an der Brust einer Priesterin. Danach wußte sie nichts mehr.

Marion Zimmer-Bradley:
„Die Nebel von Avalon"

In seinem Roman „Die Hexen von Eastwick" nimmt John Updike (*1932) die Faszination der emanzipierten Frauen für die Hexen auf – auch wenn bei ihm der Traum der Unabhängigkeit unerfüllbar für die drei Frauen bleibt.

Sie kehrte zu den Einmachgläsern mit Spaghettisauce zurück: Sauce für mehr Spaghetti, als sie und ihre Kinder jemals würden essen können, selbst wenn sie für hundert Jahre verhext wären, in einem italienischen Märchen. Immer wieder hob sie das zitternde, sengendheiße runde Drahtgestell aus dem weißgetupften blauen Einmachtopf und nahm ein dampfendes Glas nach dem anderen herunter. Irgendwo, versteckt in ihrem Kopf, war ihr klar, daß dies eine Art Tribut war, ein lächerlicher Tribut für ihren derzeitigen Liebhaber, einen Installateur italienischer Herkunft. Ihr Rezept sah keine Zwiebeln vor, hingegen zwei Knoblauchzehen, fein gehackt und in heißem Öl drei Minuten sautiert (nicht mehr, nicht weniger, das war das Geheimnis), viel Zucker, um die Säure zu entschärfen, eine geriebene Mohrrübe und mehr Pfeffer als Salz; entscheidend aber war der Teelöffel voll zerkrümelten Basilikums, das die Virilität steigerte, und der Spritzer Belladonna bewirkte die Entspanntheit, ohne die alle Virilität nichts weiter als ein mörderischer Blutstau ist. Und die Tomaten: sie zog sie selbst; in diesen letzten Wochen hatte sie sie gepflückt und auf sämtlichen Fensterbänken ausgebreitet. Jetzt schnitt sie sie in Scheiben und stopfte sie in den Mixer. Seit dem Tag vor zwei Sommern, als Joe Marino sich zum erstenmal zu ihr ins Bett gelegt hatte, waren die an Stöcke gebundenen Pflanzen von einer unnatürlichen Fruchtbarkeit befallen, draußen im Garten, an der Seite, wo den ganzen Nachmittag lang die Südwestsonne schräg durch die Weidenreihe schien. Die gekrümmten kleinen Zweige, wabbelig und fahl, wie aus billigem grünem Papier, knickten ab unter der Last so vieler Früchte; sie hatte etwas Panisches, diese Fruchtbarkeit, etwas Schrilles: wie Kinder, die um jeden Preis Aufmerksamkeit erregen und gefallen wollen. Und sie waren ja tatsächlich ein wenig menschlich, diese Tomatenpflanzen, mehr als alle anderen Pflanzen, sie waren so eifrig, so empfindlich, der Fäulnis so nah. Wenn Alexandra diese wasserprallen orangefarbenen Kugeln pflückte, dann war ihr, als hielte sie die Hoden eines sehr großen Geliebten in der Hand. Sie erkannte, während sie sich so in ihrer Küche abmühte, daß das Ganze etwas trauriges Menstruales hatte, blutrote Sauce, über weiße Spaghetti fließend. Die fetten weißen Schnüre würden zu ihrem eigenen weißen Fett werden. Dieser weibliche Kampf, dieser ewige Kampf gegen ihr Gewicht: sie fand ihn immer unnatürlicher, mit ihren 38 Jahren. Um Liebe zu erwecken: sollte sie deswegen ihren eigenen Körper verleugnen, wie eine neurotische Heilige aus alter Zeit? Die Natur ist das Maß und die Ordnung aller Gesundheit, und wenn wir Hunger haben, soll er gestillt werden, denn so wird das kosmische System aufrechterhalten. Dennoch, manchmal verachtete sie sich für ihre Trägheit, einen Liebhaber zu haben, der einer Rasse angehörte, die so notorisch nachsichtig war gegenüber leiblicher Fülle.

John Updike:
„Die Hexen von Eastwick"

Glossar

Amnionhülle: Embryonalhülle der höheren Wirbeltiere (und somit des Menschen), die das Fruchtwasser enthält.

Charivari (frz. Katzenmusik, Lärm): Ohrenbetäubende Musik (häufig verbunden mit Ausschreitungen gegen einzelne Personen), die besonders im Mittelalter von Vermummten bei Hochzeiten – z. B. bei großen Unterschieden im Alter oder Vermögen der Brautleute – veranstaltet wurde. Später gab es das Charivari nur noch bei der Wiederverheiratung von Witwen und Witwern mit wesentlich jüngeren Partnern. 1337 wurde der Brauch in Avignon erstmals gesetzlich verboten.

dämonomanisch: Einem (krankhaften) Wahn verfallen sein, es mit Geistern zu tun zu haben; im Unterschied zur **Dämonologie**, die für die wissenschaftliche Auseinandersetzung mit den Phänomenen des Geisterglaubens steht.

demiurgisch: Weltschöpferisch; der Demiurg hat eine Zwitterstellung zwischen Gott und Mensch inne.

hermeneutisch: Einen Text o.ä. auslegend.

Hohe Justiz/Gerichtsbarkeit: Gerichte, die im Unterschied zur **Niederen Gerichtsbarkeit** das Recht haben, auch die Todesstrafe zu verhängen (auch Peinliche oder Halsgerichtsbarkeit).

Inkubus (lat. eigtl. der Auflieger): Der spätmittelalterliche und frühneuzeitliche Dämonenglaube verstand darunter vornehmlich den Buhlteufel einer Hexe. Diese Vorstellung gewann in den Hexenprozessen vorrangige Bedeutung (Geschlechtsverkehr mit dem Teufel) und blieb bis in die Neuzeit im Volksglauben lebendig.

Inquisitor/Inquisition (lat. Aufspüren, Untersuchung): Schon seit Konstantin existente, aber erst unter Lucius III. verschärfte und gegen Ketzer (v. a. Albigenser und Waldenser) eingerichtete Untersuchungsbehörde, die zunächst den Bischöfen, ab 1231/1232 zentral dem Papst unterstand. Als Inquisitoren wurden vornehmlich Dominikaner, später auch Franziskaner eingesetzt. Das übliche Vorgehen der Inquisition war: Aufforderung an die Häretiker, sich freiwillig zu stellen, und an die übrigen Gläubigen, ihrer Anzeigepflicht nachzukommen; Vorladung (evtl. Verhaftung zum Zweck der Vorführung); Untersuchung mit dem Ziel des Schuldbekenntnisses (Namen der Denunzianten werden nicht bekanntgegeben, noch erhält der Angeklagte einen Anwalt). 1352 genehmigt Innozenz IV. die Anwendung der Folter. In Deutschland etabliert sich die Inquisition erst Mitte des 15. Jhs mit dem Aufflammen des Hexenwahns.

kanonisches Recht: Kirchliches (katholisches) Recht, das in ganz Europa bis zur Reformation verbindlich war, im Gegensatz zum weltlichen Recht, das sich von Herrschaftsgebiet zu Herrschaftsgebiet erheblich unterscheiden konnte und das nicht staatsübergreifend wirksam war.

Kapitular: Mitglied eines Dom- oder Stiftskapitels, d. h. einer zu einem Dom oder einem Stift gehörenden Ordensgemeinschaft.

katatonisch: Steif und verkrampft; von Katatonie: mit Krampfzuständen der Muskulatur und Wahnideen verbundene Form der Schizophrenie.

posttridentinisch: Nach dem Konzil von Trient (1545–1563), das sich vor allem mit einer Erneuerung des Katholizismus als Reaktion auf den neu entstandenen Protestantismus befaßte und die Spaltung zwischen Protestantismus und Katholizismus besiegelte.

Predigerkloster: Dominikanerkloster. Die Dominikaner oder Praedikatoren (Prediger) waren ein Orden, der im Zuge der mittelalterlichen Kirchenreform entstand und sehr bald zu einem entscheidenden Organ der Kurie wurde. So waren die Inquisitoren sehr häufig Dominikaner.

Sorgho: 1–5 m hohe Hirseart.

Sukkubus: Im Dämonenglauben Bezeichnung für einen weiblichen Buhlteufel, der angeblich sexuell mit Menschen verkehrt; mit dem Inkubus verwandt.

torquieren: Gerichtlicher Terminus des Mittelalters und der Neuzeit: martern, der Folter unterziehen.

Kleine Auswahl der weiterführenden Literatur

Becker, Gabriele / Bovenschen, Silvia / Brackert, Helmut u.a.: Aus der Zeit der Verzweifelung. Zur Genese und Aktualität des Hexenbildes, Frankfurt 1977.

Behringer, Wolfgang: Mit dem Feuer vom Leben zum Tod. Hexengesetzgebung in Bayern, München 1988.

Blauert, Andreas: Frühe Hexenverfolgung. Schweizerische Ketzer-, Zauberei- und Hexenprozesse des 15. Jhs., Hamburg 1989.

Degn, Christian/Lehmann, Hartmut/Unverhau, Dagmar (Hrsg.): Hexenprozesse. Deutsche und skandinavische Beiträge, Neumünster 1983.

Delumeau, Jean: Angst im Abendland, 2 Bände. Reinbek bei Hamburg 1985.

Diefenbach, Joseph: Der Hexenwahn vor und nach der Glaubensspaltung, Mainz 1886, Ndr. Leipzig 1985.

Ginzburg, Carlo: Hexensabbat, Berlin 1990.

Haining, Peter: Hexen. Wahn und Wirklichkeit in Mittelalter und Gegenwart. Oldenburg 1977.

Hansen, Joseph: Zauberwahn, Inquisition und Hexenwahn im Mittelalter und die Entstehung der großen Hexenverfolgung, München 1900, Ndr. Aalen 1964.

Heinemann, Evelyn: Hexen und Hexenglauben. Eine historisch-sozialpsychologische Studie, Frankfurt 1986.

Heinsohn, Gunnar/Steiger, Otto: Die Vernichtung der weisen Frauen, 2. Auflage, München 1987.

Honegger, Claudia (Hrsg.): Die Hexen der Neuzeit, Frankfurt 1978.

Merzbacher, Friedrich: Die Hexenprozesse in Franken, 2. Auflage, München 1970.

Midelfort, Erik C.H.: Witch-Hunting in Southwestern Germany 1562–1684, Standford 1972.

Muchembled, Robert: Kultur des Volkes – Kultur der Eliten, Stuttgart 1982.

Riezler, Sigmund von: Geschichte der Hexenprozesse in Bayern, Stuttgart 1896, Ndr. Aalen 1968.

Schwaiger, Georg (Hrsg.): Teufelsglaube und Hexenwahn, München 1987.

Sebald, Hans: Hexen damals – und heute? Frankfurt 1987.

Segl, Peter (Hrsg.): Der Hexenhammer. Entstehung und Umfeld des Malleus Maleficarum, Köln/Wien 1988.

Soldan, G.W./Heppe, Henriette/Bauer, Max: Geschichte der Hexenprozesse 1843, 3. Auflage 1912, 2 Bde., Ndr. Hanau o.J.

Unverhau, Dagmar: Von „Toverschen" und „Kunsthfruwen", Schleswig 1980.

Valentinitsch, Helfried (Hrsg.): Hexen und Zauberer. Die große Verfolgung – ein europäisches Phänomen in der Steiermark, Graz 1987.

Wolf, Hans-Jürgen: Hexenwahn und Exorzismus. Kriftel/Ts. 1980, 2. erg. Ausgabe Dornstadt 1989.

Verwendete Literatur

Richard van Dülmen: Imaginationen des Teuflischen, aus: Richard van Dülmen (Hrsg.), Hexenwelten. © Fischer Taschenbuch Verlag GmbH, Frankfurt am Main 1987.

Dieter Harmening: Zauberinnen und Hexen, aus: Arno Borst (Hrsg.), Barbaren, Ketzer und Artisten. © R. Piper & Co. KG München 1988.

Wolfgang Behringer: Hexenverfolgung in Bayern. Volksmagie, Glaubenseifer und Staatsräson in der Frühen Neuzeit. © Oldenbourg Verlag GmbH, München 1988.

Manfred Hammes: Hexenwahn und Hexenprozesse. © Fischer Taschenbuch Verlag GmbH, Frankfurt am Main 1977.

Wolfgang Behringer: Vom Unkraut unter dem Weizen, aus: Richard van Dülmen (Hrsg.), Hexenwelten. © Fischer Taschenbuch Verlag GmbH, Frankfurt am Main 1987.

Wolfgang Behringer: Erhob sich das ganze Land zu ihrer Ausrottung, aus: Richard van Dülmen (Hrsg.), Hexenwelten. © Fischer Taschenbuch Verlag GmbH, Frankfurt am Main 1987.

Dagmar Unverhau: Frauenbewegung und historische Hexenverfolgung, aus: Arno Borst (Hrsg.), Barbaren, Ketzer und Artisten. © R. Piper GmbH & Co. KG München 1988.

Jakob Sprenger/Heinrich Institoris: Der Hexenhammer. Berlin 1906

Andrea Renczes: Wie löscht man eine Familie aus? Eine Analyse der Bamberger Hexenprozesse. © 1990 Centaurus-Verlagsges. m.b.H., Pfaffenweiler.

Hannsferdinand Döbler: Hexenwahn. Die Geschichte einer Verfolgung. © 1977 C. Bertelsmann Verlag GmbH, München.

Kurt Baschwitz: Hexen und Hexenprozesse. © Bertelsmann Verlag GmbH, München.

Giovanni Boccaccio: Das Dekameron. Übersetzung von Ruth Macchi. © Aufbau-Verlag Berlin 1958.

William Shakespeare: Die Tragödie von Macbeth. Übersetzt von Dorothea Schlegel-Tieck. Berlin 1839/40

Johann Wolfgang von Goethe: Faust. Der Tragödie erster Teil. Berlin 1979

Ludwig Tieck: Hexen-Sabbat. Berlin 1853

Die Nachtwachen des Bonaventura. Heidelberg 1955

Wilhelm und Jakob Grimm: Hänsel und Grethel in: Kinder- und Hausmärchen. Berlin 1858

Clemens Brentano: Loreley. München 1968

Hector Berlioz: Symphonie fantastique. Übersetzung von Peter Schmidt. © 1971 by Bärenreiter-Verlag, Kassel.

Heinrich Heine: Atta Troll. Berlin 1911

Christian Morgenstern: Vier Teufelslegendchen. IV. Der Hahn. Berlin 1919

Joachim Ringelnatz: Die Lumpensammlerin, aus: Und auf einmal steht es neben dir. © Henssel Verlag 1980.

Arthur Miller: Hexenjagd. Übersetzung von H. Limpach und D. Hilsdorf. © 1952, 1953 by Arthur Miller. Für die deutsche Ausgabe: © S. Fischer GmbH, Frankfurt am Main 1987.

Marion Zimmer-Bradley: Die Nebel von Avalon. Übersetzung von M. Ohl und H. Sartorius. © 1982 Marion Zimmer-Bradley. Deutsche Ausgabe: © 1983 S. Fischer Verlag GmbH, Frankfurt am Main.

John Updike: Die Hexen von Eastwick (Auszug). Übersetzung von M. Carlsson. © 1985 by Rowohlt Verlag GmbH, Reinbek.

Bildnachweise

Umschlag
Vorderseite: Hexentreffen. Gemälde von F. Francken. Wien, Kunsthistorisches Museum.
Buchrücken: Dämon (Ausschnitt). Flämische Miniatur in: Liber Floredus, 15. Jh. Chantilly, Musée de Condé.
Rückseite: König Childerich läßt Hexen bei lebendigem Leibe verbrennen. Illumination der „Chroniques de France", 1492. E.R.L. Sipa Icono.

Bildvorspann
1 – 9   Hexensabbat. Ölgemälde von Francisco de Goya 1819/1823. Prado, Madrid.
11   Zwei Wetterhexen. Gemälde von Hans Baldung Grien 1523. Städelsches Kunstinstitut, Frankfurt am Main.

Erstes Kapitel
12   Die Hexen (auch: Hexentreiben). Reliefgemälde von Hans Baldung Grien, in Straßburg 1510 entstanden, Louvre, (Cabinet des dessins).
13   König Childerich läßt Hexen bei lebendigem Leibe verbrennen. Illumination der „Chroniques de France", 1492. Paris, Société géographique. E.R.L. Sipa icono.
14   Ein von der Inquisition zum Feuertod verurteilter Ketzer wird durch die Straßen von Goa geführt. In: Grasset de Saint-Sauveur: Encyclopédie des voyages, 1795.
15   Inquisitionsgericht unter dem Vorsitz des hl. Dominikus de Guzman (Ausschnitt). Tafelbild 1499 – 1500 von Pedro Berruguete. Madrid, Prado.
16/17   Anonyme Stiche zur Hexenverbrennung. In: Jean Léger: Histoire générale des Eglises Evangéliques des Vallées de Piémont ou Vaudoises (Allgemeine Geschichte der Evangelischen Kirchen des Piemont und des Waadtlandes) Leyden 1669. Paris, Bibliothèque nationale.
18   Satan (Ausschnitt). Holzstich in: Francesco Maria Guazzo: Compendium Maleficarum, Mailand 1608. Ebd.
19   (unten) Anbetung des Teufels. Miniatur (Frontispiz) in: Johannes Tinctor: Tractatus contra sectum valdensium, 15. Jh. Paris, Bibliothèque nationale.
19   (oben) Dass. (Ausschnitt). Ebd.
20   (links) Bildnis Philipps des Guten, Herzog von Burgund. Gemälde von Rogier van der Weyden. Lille, Musée de Lille.
20   (rechts) Titelblatt von: Jean Leger, Histoire... a.a.O.
21   Vorgehen und Brutalitäten der Protestanten. Stich 15. Jh. Paris, Bibliothèque nationale.
22   Zustand des reuigen Menschen. Kolorierter Stich. Epinal, Musée de l'Imagerie.

23   (links) Zustand des Menschen, in den der Teufel mit sieben anderen Teufeln siegreich eindrang und in dem sie ihre Wohnstatt errichteten. Kolorierter Stich. Ebd.
23   (rechts oben) Anhexen von Krankheiten. Holzstich in: Ulrich Molitor: De lamiis et phitonicis mulieribus, 1489. Ebd.
23   (rechts unten) Hexen, Regen herbeibeschwörend. Holzstich in: Ulrich Molitor: De lamiis... a.a.O.
24   (links) Sechs Kinder werden von den Regensburger Juden getötet. Kupferstich von Raphael Sadeler, Anfang 17. Jh. Paris, Bibliothèque nationale.
24   (rechts) Philipp V. der Lange verjagt die Juden, die angeklagt sind, die Brunnen zu vergiften. Stich. Ebd.
25   Leprakranker. Stich in: Barthelemy l'Anglais: Le Livre de la propriété des choses, 15. Jh. Ebd.
26   Das tanzende Bauernpaar. Kupferstich von Albrecht Dürer 1514. Ebd.
27   Die Heimkehr der Herde. Gemälde von Pieter Brueghel 1565, Öl auf Holz. Wien, Kunsthistorischen Museum.
28   (oben) Jagd der Diana. Gemälde von Domenico Zampiere, genannt Domenichino (1581 – 1641). Rom, Galeria Borghese.
28   (unten) Hexen, die sich auf eine Reise zum Blocksberg vorbereiten. Kupferstich von Adrianus Hubertus, 16.Jh. Paris, Gallimard.
29   Hexenfahrt durch den Kamin. Holschnitt von 1579 in: Thomas Erastus: Repetitio disputationis de lamiis seu strigibus. Basel 1574. Paris, Bibliothèque nationale.
30/31   Bilder von der Hexensabbat-Vorstellung. Stich in: Francesco Maria Guazzo: Compendium Maleficarum, Mailand 1608. Ebd.
32   Sylvanus, Gott der Wälder. Kupferstich von Cornelius Cort (1533 – 1578) nach Frans Floris, 1565. Ebd.
33   Die Bulle „Summis desiderantes affectibus" von 1484. Ebd.

Zweites Kapitel
34   Der Liebeszauber. Gemälde von Patzi? (niederrheinischer Meister), um 1470 – 1500 entstanden. Leipzig, Museum der Bildenden Künste.
35   Eine Hexe (Anne Hendriks) wird 1571 zu Amsterdam verbrannt. Kupferstich von Jan Luyken in: Théâtre des Martyrs, Leyden 1685. Paris, Bibliothèque nationale.
36   (links) Allegorie auf die Pest. Keramikfliesen, 15./16. Jh. Lyon, Musée d'Histoire de la Médecine.
36   (rechts) Karnevalsgeck. Stich von Hondius nach Brueghel 1642. Paris, Bibliothèque nationale.
37   Astaroth, Mammon und Abbadon. Stiche, koloriert von Griffith. Explorer-Archives.
38   Hexenhinrichtungen. Englischer Stich, 17.Jh. Ebd.
39   (oben) Dämon. Flämische Miniatur in: Liber Floredus, 15. Jh. Chantilly, Musée de Condé.

39 (unten) Bildnis von Jean Bodin. Kupferstich von F. Stuerhelt, 17. Jh. Paris, Bibliothèque nationale.
40 Papst Paul III. mit Ottavio und Kardinal Farnese (Ausschnitt). Gemälde von Tizian von 1545/46. Neapel, Pinakothek.
41 Peter Martinus, ein spanischer Jesuit, pflegt die Pestkranken im Jahr 1564. Kolorierter Stich, um 1700. Paris, Charmet.
42 (oben) Ein Schäfer. Gemälde von N. Frangipane. Auxerre, Musée des Beaux-Arts.
42 (unten) Der Blinde und seine Begleiter. Radierung von Jacques Callot aus der Serie „Die Bettler", um 1622/23. Paris, Giraudon.
43 Raufhandel. Gemälde von Maerten van Cleve d. Älteren, zwischen 1565 und 1570 entstanden. Wien, Kunsthistorisches Museum.
44 (oben) Vorbereitung zur Ausfahrt. Stich in: Pierre de Lancre: Tableau de Inconstance, 1612. Paris, Bibliothèque nationale.
44 (unten) Abreise zum Hexensabbat. Stich von Maleuvre nach Quererdeau. Ebd.
45 Die Armut. Miniatur von Jean Bourdichon (1457–1521). Paris, Bibliothèque de l'Ecole des Beaux-Arts.
46 Der Teufel beim Hexensabbat. Stich. Paris, Gallimard.
47 Hexensabbat. Gemälde von Frans Francken 1607. Wien, Kunsthistorisches Museum.
48 Hexensabbat. Kopie nach Hans Baldung Griens Hexensabbat, Federzeichnung um 1515. Straßburg, Musée de l'Oeuvre Notre-Dame.
49 Hexensabbat I. Feder und Gouache auf grünlich grundiertem Papier von Hans Baldung Grien 1514. Paris, Louvre (Cabinet des dessins).
50 Hexensabbat. Tinte und Weiß auf fahlbraunem Papier, von Altdorfer 1506. Ebd.
51 Nackte junge Hexe und fischgestalter Drache. Feder, Tusche und Weiß auf farbigem Papier von Hans Baldung Grien 1515. Karlsruhe, Staatliche Kunsthalle.
52 Zauberszene (auch: Incantation of a Witch). Zeichnung von Rosso Fiorentino. Paris, Ecole des Beaux-Arts.
53 (oben) Hexensabbat. Anonyme Zeichnung, Feder, Tusche, Aquarell, 17. Jh. Paris, Bibliothèque nationale.
53 (unten) Drei Hexen, auf einem Schwein reitend. Holzstich von 1612. Explorer-Archives.
54 Die Witwe. Tuschezeichnung von Francisco de Goya 1812–23. Paris, Louvre (Cabinet des dessins).
54/55 Die Versuchung des hl. Antonius (Auss.). Gemälde von Patinir und Metsys. Madrid, Prado.
55 Zauberin, die Liebe beschwörend (Ausschnitt). Radierung von Quirin Boel nach Il Corregio, um 1660. Paris, Bibliothèque nationale.
56 Die Hexenhöhle. Gemälde von Antoine-François Saint-Aubert, 18. Jh. Cambrai, Musée des Beaux-Arts.
57 Ankunft beim Hexensabbat und Anbetung des Teufels. Gemälde von Antoine-François Saint-Aubert, 18. Jh. Ebd.

58 Bestrafte Hexe. Kolorierter Stich von Grevembrock, 18. Jh. Venedig, Museo Correr.
59 Der Disput des hl. Dominikus mit den Ketzern und das Feuerwunder der heiligen Bücher. Predellenstück der Krönung Mariae, zwischen 1430 und 1440 auf Holz. Gemälde von Fra Angelico. Paris, Louvre.

Drittes Kapitel
60 Malle Babbe, die Hexe von Harlem. Gemälde von Frans Hals, um 1650. Berlin, Staatliche Museen, Gemäldegalerie Dahlem.
61 Vier Verurteilte werden zur Hinrichtungsstätte geführt. Anonymer holländischer Stich, Anfang 16. Jh. Paris, Louvre (Cabinet des dessins).
62 Hexe, in ein Tier verwandelt. Stich in: Sebastian Münster: Cosmographia Universalis, Basel 1544. Paris, Bibliothèque nationale.
62/63 Eintritt der Hexen und Monster. Ballett im Château de Bicêtre. Feder, Tusche und Gouache 1632. Paris, Louvre (Cabinet des dessins).
64 Die Wasserprobe. Stich in: Bibliotheca actua et scripta magica, 1738. Paris, Bibliothèque nationale.
64/65 Die Hexe. Stich von Albrecht Dürer, um 1500. Ebd.
65 Die Wasserprobe. Stich in: Pierre Le Brun: Histoire critique des pratiques superstitieuses, Paris 1732. Ebd.
66 (oben) Das Foltas-Kraut. Miniatur in: Miscellanea medica, 14. Jh. Padua, Universitätsbibliothek.
66 (unten) Die Schulmeisterin Ursula, gefoltert, ausgepeitscht und anschließend verbrannt im Jahr 1570. Kupferstich in: Jan Luyken, a.a.O.
67 Das Inquisitionsgericht (Ausschnitt). Gemälde von Alessandro Magnasco. Wien, Kunsthistorisches Museum.
68/69 Das Inquisitionsgericht. Gemälde von Eugenio Lucas y Velasquez. Paris, Louvre.
70/71 Das Inquisitionsgericht. Gemälde von Francisco de Goya. Madrid, Academia San Fernando.
72 Vier Männer ermahnen vier Gefangene. Anonyme Zeichnung, Deutsche Schule 1570/1580. Paris, Louvre (Cabinet des dessins).
73 (oben) Das Gleichnis von den Blinden. Gemälde von Brueghel, Tempera auf Leinwand, 1568. Neapel, Museo Nazionale.
73 (unten) Die Hexe. Anonymes Gemälde, 18. Jh. Collection Lévy.
75 18 Personen werden in Straßburg im Jahr 1528 verbrannt. Kupferstich in: Jan Luyden, a.a.O.
76 (oben) Hexer, in ein Tier verwandelt. Anonymer Holzstich. V.I.P./Sipa icono.
76 (unten) Folterszene. Stich von Manet in: Joseph La Vallée: Histoire des Inquisitions religieuses d'Italie, d'Espagne et du Portugal, Paris 1809. Paris, Bibliothèque nationale.
77 Sichere und gute Mittel, um die Häretiker zum katholischen Glauben zurückzuführen. Lithographie von C. Engelman. E.R.L. Sipa icono.

78 Die Verurteilung einer Hexe. Gemälde von Willem de Poorter, 17. Jh. Dijon, Musée des Beaux-Arts.
79 Waldenserinnen auf ihren Besen. Miniatur von 1451 in: Martin le Franc: Le Champion des Dames. Handschrift von 1451. Paris, Bibliothèque nationale. Älteste bekannte Darstellung fliegender Hexen.
80 Das Sabbatmahl. Anonymer Stich, Frontispiz von: Henning Gross: Magica de Spectris, 1656. Ebd.
80/81 Hexe bei der Zubereitung eines Trankes, Holzstich in: Ulrich Molitor, a.a.O.
81 Die Jagd nach den Zähnen. Kolorierte Federzeichnung von Goya, aus den „Kaprizien" 1797–1798. Paris, Bibliothèque nationale.
82 Jean Brugier, gehängt und lebendig verbrannt für seine Häresie. Zeichnung von Jacob van der Ulf. Paris, Louvre (Cabinet des dessins).
83 (oben) Sechs Brüder und Schwestern, 1549 in Amsterdam verbrannt. Radierung in: Jan Luyken, a.a.O.
83 (unten) Hexen, in Tiere verwandelt. Holzstich in: Ulrich Molitor, a.a.O.

Viertes Kapitel
84 Die Alchimisten. Gemälde von Johannes Stratensis 1570. Florenz, Palazzo Vecchio.
85 Teufelei. Holzschnitt in: Sprenger/Institoris: Der Hexenhammer, 1511. Berlin, Archiv für Kunst und Geschichte.
86 Stich in: Die Emeis de Geiler von Kaiserberg, 1517. Paris, Bibliothèque nationale.
86/87 Kriegsszene mit Feuersbrunst. Gemälde von Gilles Mostaert 1569. Paris, Louvre.
86 Titelseite von: Friedrich von Spee: „Advis aux criminalistes sur les abus qui se glissent dans les procès de sorcellerie" (Cautio Criminalis), 1660. Paris, Bibliothèque nationale.
88 (oben) Gemalte italienische Maske. 18.Jh. Palermo, Ethnographisches Museum.
88 (unten) Magische Instrumente. Stich von Griffith in: Francis Barett, The Magus, 1801. Paris, Dagli-Orti.
89 Harlekin. Anonymes Gemälde, 18. Jh. Mailand, Museum des Teatro alla Scala.
90 Votivhände. Stich von 1669. Explorer-Archives.
90/91 Der Alchimist. Stich von Pérée nach Teniers. Paris, Bibliothèque nationale.
92 (oben) Die Alchimisten. Gemälde von Pietro Longhi. Venedig, Casa Rezzonico.
92 (unten) Geisterbeschwörung (Ausschnitt). Holzschnitt von Hans Burgkmair d. Ä. Paris, Bibliothèque nationale.
93 Der Wahrsager. Gemälde von Pietro Muttoni, 17. Jh. Venedig, Pinakothek.
94 Hexe. Feder, Tusche und Gouache in: Ballet de la nuit, 1653. Paris, Bibliothèque de l'Institut.
95 (links) Magier. Feder, Tusche und Gouache in: Ballet des noces de Pelée et Thétis, 1654. Ebd.

95 (rechts unten) Magier. Dass. Paris, Musée Carnavalet.
95 (rechts oben) Teufel. Holzschnitt. Paris, Gallimard.
96/97 Illuminationen in: Rizzardo: Liber herbarium unacum rationibus conficiendi medicamenta. Paris, Bibliothèque Bertoliana.
98 Alraune. Stich von Abraham Bosse. Paris, Gallimard.
98/99 Autodafé der spanischen Inquisition. Kupferstich, Franz Hogenberg zugeschrieben. Paris, Bibliothèque nationale.
99 Basilisk. In: De animalum proprietate libellus, griechisches Manuskript vom 16. Jh. Venedig, Biblioteca Marciana.
100 Die Seherin, auch Die Nachtwandlerin. Gemälde von Gustave Courbet 1855. Besançon, Musée des Beaux-Arts et d'Archéologie.
101 (oben) Einige Zeichen der teuflischen Würdenträger der Hölle... In: Grillot de Givry: Le Musée des Sorciers. Paris, Bibliothèque nationale.
101 (unten) Wahrsagerin. Kupferstich von Pierre Brebette, 17. Jh. Ebd.
102 (links) Geisterbeschwörung. Stich in: Grillot de Givry, a.a.O.
102 (rechts) La comédie de la divineresse. Stiche von Thomas Corneille und Donneau de Visé. Paris, Bibliothèque nationale.
103 Faust. Gemälde von Krafft. Wien, Galerie der Akademie.

Fünftes Kapitel
104 Die wassersüchtige Frau. Gemälde von Gérard Dou (1613 – 1675) 1663. Paris, Louvre.
105 Die Lumpensammlerin. Zeichnung von Boilly. Paris, Bibliothèque nationale.
106 Die teuflische Runde. Gemälde von David Rijckaert. Clermont-Ferrand, Musée Bargoin.
107 Saturn, Patron der Hexen. Radierung von Crispin de Passe nach Martin de Vos, Ende 16. Jh. Paris, Bibliothèque nationale.
108 (oben) Portrait Johannes Weyers. Stich in: Bibliotheca actua et scripta magica, a.a.O.
108/109 Die Pilgerreise der Epileptiker. Radierung von Henri Hondius nach Pieter Brueghel 1642. Paris, Bibliothèque nationale.
110 (oben) Karthäuser Novizin vor Ablegen der Gelübde. Stich, 18. Jh. Paris, Bibliothèque des Arts décoratifs.
110 (unten) „Refutation des idées de Jean Wier" (Zurückweisung der Ideen des Johannes Weyer) in der „Démonomanie des sorciers" von Jean Bodin 1580. Paris, Bibliothèque nationale.
110/111 Sicht auf das Kloster von Port-Royal des Champs. Gouache, Madeleine de Boulogne zugeschrieben. Versailles, Musée du Château.
111 Bildnis von Gabriel Naudé. Stich von G. Georgi. Paris, Bibliothèque nationale.
112 Ansicht des Refektoriums der Abtei Port-Royal des Champs um 1710. Gouache, Madeleine de Boulogne zugeschrieben. Versailles, Musée du Château.

113 (oben) Bildnis des Kardinals Richelieu. Gemälde von Philippe de Champaigne, Öl auf Leinwand. Paris, Louvre.
113 (unten) „L'ombre d'Urbain Grandier de Loudun: sa rencontre et conférence avec Gaufridy en l'autre monde", 1634. Paris, Bibl. nat.
114/115 Die Hinrichtung Urbain Grandiers. Anonymer Holzschnitt 1634. Ebd.
115 (oben) Mutter Jeanne des Anges. Anonymer Holzschnitt 1637. Ebd.
115 (unten) Der hl. Martin exorziert einen Besessenen. Anonymes Gemälde, Ende des 15. Jh. Colmar, Unterlinden.
116 „Histoire de Magdeleine Bavent, à Paris, chez Jacques le Gentil", 1652. Paris, Bibl. nat.
117 Exorzismus eines von einem Dämonen Besessenen. Gemälde des Meisters von San Severino. Florenz, Museum Horne.
118 Der hl. Bernhard als Exorzist. Radierung von Antonio Tempesta 1587. Paris, Bibl. nat.
118/119 Der große Saal des Parlaments. Zeichnung von Ferdinand Delamonce. Paris, Musée Carnavalet.
119 Bildnis von Jean Baptiste Colbert. Gemälde von Claude Lefebvre 1666. Versailles, Musée du Château.
120/121 Der Aufenthaltsort der Hexen. Aquarell von R. Doyle. London, Victoria and Albert Museum.
122/123 idem
124 (oben) Titelseite der „Histoire des imaginations extravagantes de Monsieur Oufle", Amsterdam 1710. Paris, Bibl. nat.
124 (unten) Irrend in der Nacht an einem verlassenen Ort. Radierung von Jean Audran nach einem Kupferstich von Claude Gillot, Anfang 18. Jh. Ebd.
125 Portrait der Madame de Montespan (1641–1707). Gemälde von François-Athenais de Rochechouart. Versailles, Musée du Château.
126 Hexensabbat. Kupferstich von Martin van Maele in: Jules Michelet: Die Hexe, Paris 1911. Paris, Bibl. nat.
126/127 Hexenszene. Aquarellierte Zeichnung mit Gouache von A. de Neuville. Paris, Bibliothèque de l'Opéra.
128 Die Walpurgisnacht. Radierung auf Zink von Albert Welti (1862–1912) 1897. Zürich, Kunsthaus.

Zeugnisse und Dokumente
129 Der Gegenzauber durch das Bild. Zeichnung von Vuillier. Musée du cloître André Mazeyrie.
130 Bauern auf dem Markt. Stich von Dürer. Paris, Bibl. nat.
137 Beschuldigung einer Hexe. Englischer Stich. Explorer-Archives.
138 Heilkundige Frau am Bett eines Kranken. Holzschnitt aus dem 15. Jh.
144 Frau, die der Hexerei angeklagt wird und unter der Folter keinerlei Anzeichen von Schmerz zeigt. Stich aus dem 19. Jh. Paris, Roger-Viollet.

147 Titelbild der ersten deutschen Ausgabe des „Hexenhammers von 1906. Stich von R. de Moraine.
153 Abreise zum Hexensabbat. Kupferstich von J. Aliamet nach David Teniers le Jeune. Paris, Bibl. nat.
159 Die Teufelsrichter von Loudun 1699. Anonymer Stich. Ebd.
165 Hexenverbrennung. Holzschnitt aus dem 15./16. Jh.
173 Drei Hexen. Holzstich von den Brüdern Daziel nach einer Zeichnung von John Gilbert (Illustration für „Macbeth" von Shakespeare). Berlin, Archiv für Kunst und Geschichte.
184 Opfer eines Hahns im Voodoo-Kult. Foto. Paris, Gallimard.
187 Drei Vögel, auf eine Scheune genagelt. Foto. Paris, Roger-Viollet.
192 Hexen beim Kindsmord. Holzstich von Martin van Maelen. In: Jules Michelet, a.a.O.
194 William Shakespeare. Stich. London, National Portrait Gallery.
197 Die Hexen. Stich von Barathier nach Füssli. Coll. Peral.
201 Hexensabbat. Holzstich, um 1850. Berlin, Archiv für Kunst und Geschichte.
203 Hänsel und Grethel. Illustration von Ludwig Pietzsch, 19.Jh.
214 Eine Hexe wirft das Los. Lithographie von Eugène Delacroix 1829. Paris, Bibl. nat.

Fotografische Nachweise

Register

Inhalt

Ein biografischer Reiseführer

Cornelia Dömer

MIT MARTIN LUTHER UNTERWEGS

SCM Hänssler

SCM

Stiftung Christliche Medien

Bestell-Nr. 394.879
ISBN 978-3-7751-4879-5

Die Informationen in diesem Reiseführer sind sorgfältig recherchiert. Bitte beachten Sie jedoch, dass sich manche Informationen ändern können. Der Verlag kann für Folgen, die sich aus dem Gebrauch dieses Reiseführers ergeben, oder für Informationen auf angegebenen Websites keine Verantwortung übernehmen.
Ihre Meinung ist uns wichtig. Falls Sie Vorschläge zur Verbesserung dieses Reiseführers haben, können Sie uns gerne schreiben.

© Copyright 2008 by Hänssler Verlag
im SCM-Verlag GmbH & Co. KG, 71088 Holzgerlingen
Internet: www.haenssler-verlag.de
E-Mail: info@haenssler.de
Gestaltungskonzept:
Sebastian Meyer, Hochschule der Medien Stuttgart
Titelbild: istockphoto.com
Karten: Goldjunge Grafik & Design, Stuttgart;
www.gold-junge.com
Satz: Druckhaus Götz, Ludwigsburg
Druck und Bindung: Druckerei Steinmeier, Deiningen
Printed in Germany

Soweit nicht anders angegeben, sind die Bibelverse folgender Ausgabe entnommen:
Lutherbibel, revidierter Text 1984, durchgesehene Ausgabe in neuer Rechtschreibung, © 1999 Deutsche Bibelgesellschaft, Stuttgart.

INHALT

GELEITWORT

Martin Luther hat die Welt verändert. Im Zenit der Wende vom Mittelalter zur Neuzeit stehen Luthers 95 Thesen aus dem Jahr 1517 und deren Verteidigung 1521 vor dem Reichstag in Worms. Was für die Repräsentanten der Macht in Kirche und Staat eine beispiellose Herausforderung bedeutete, war für andere ein Akt der Befreiung von der Entmündigung durch eben diese Mächte hin zum radikalen Vertrauen allein auf die Barmherzigkeit Gottes, die allen Menschen gleichermaßen gilt. So entstand ein Bewusstsein der eigenen, unmittelbaren Verantwortung vor Gott und den Menschen, wie sie noch heute in der Präambel des Grundgesetzes unseres Landes als höchste Handlungsmaxime hervorgehoben wird.

Der Durchbruch zu einem neuen Denken, zu einem neuen Verständnis allgemein verbindlicher Grundwerte und zu einer neuen Kultur des Lebens in Politik, Religion und Gesellschaft war begleitet von leidenschaftlichen Auseinandersetzungen und Kämpfen auf Biegen und Brechen. Mitten im Herzen Europas leuchten noch heute die Namen der Orte auf, die so vor rund fünfhundert Jahren zu Schauplätzen der Geschichte wurden, wie z. B. die Lutherstädte Eisenach und Wittenberg, Worms und Augsburg, das Augustinerkloster in Erfurt und die Wartburg in Eisenach, um nur einige zu nennen.

Es ist, wie ich finde, eine großartige Idee, einen „biografischen Reiseführer" an die Hand zu geben, um gleichsam an der Seite Martin Luthers diese Schauplätze der Geschichte noch einmal aufsuchen zu können, nachzulesen, was wann und wo am Ort geschah, und vor allem Luther selber durch entsprechende Zitate „verortet" zu Wort kommen zu lassen.

Zu den Orten und Ereignissen gehören die Menschen, die den Weg Luthers in besonderer Weise begleitet haben, ob als glühende Verehrer oder erbitterte Gegner, als Studenten oder gelehrte Disputanten, als Künstler oder Politiker, als Freunde oder Familienangehörige – mit Katharina von Bora, der „Lutherin", an der Spitze. Auch sie kommen in großer Vielfalt im „biografischen Reiseführer" zu Wort und werden in ihrer Bedeutung für Luther persönlich, aber auch für den Verlauf der Reformation und der historischen Prozesse insgesamt erkennbar.

Eine Fülle von historischen und aktuellen Texten, Bildern und Informationen, von Adressen und Literaturverweisen macht diesen Reiseführer, der wohl einzig ist in seiner Art, noch zusätzlich zu einem interessanten, lehrreichen und nützlichen Begleiter für alle, die zu den Vordergründen auch gerne etwas über die Hintergründe wissen möchten.

Es ist dem Hänssler Verlag und der Autorin, Cornelia Dömer, zu danken, dass dieser Reiseführer rechtzeitig vor dem großen Datum 2017 (500 Jahre Thesenanschlag in Wittenberg) verfügbar ist. Viele Menschen mit sehr unterschiedlichen Interessen werden sich aus aller Welt auf den Weg machen, um den Spuren Luthers und der Reformation in dieser oder jener Region Deutschlands nachzugehen. Unter ihnen werden viele aus der weltweiten Schar der rund 70 Millionen sein, die als Lutheraner diesen deutschen Familiennamen im Wappen ihrer Kirche führen. Aber es geht nicht nur um sie. Ihnen wie all den anderen möge dieser „biografische Reiseführer" dazu helfen, sich konkret und kenntnisreich an den Orten des Geschehens dem Genius Loci auszusetzen und etwas von dem großen Atem der Liebe und Barmherzigkeit Gottes zu spüren, der Luther bewegt, getrieben und getröstet hat.

In allem geht es nicht um eine „Heldenverehrung" Martin Luthers. Neben den genialen Leistungen und Zeugnissen des Glaubens werden auch seine Schwächen und teils fatalen Irrtümer wie in seinen Äußerungen gegen die Juden kritisch dokumentiert. Die vielgestaltige Komposition und inhaltliche Weite des „biografischen Reiseführers" spiegeln die umfangreichen Erfahrungen von Cornelia Dömer wider, die sie als langjährige Leiterin des Luther-Zentrums in Wittenberg auch international und ökumenisch hat sammeln können. Das macht Lust, mit Luther unterwegs zu sein!

Landesbischof i. R. Dr. Christian Krause
Präsident des Lutherischen Weltbundes 1997–2003
Wolfenbüttel, im Juli 2008

VORWORT

Begegnung mit Martin Luther

Martin Luther, vom *Life Magazin* auf Platz drei der wichtigsten Personen des vergangenen Millenniums gewählt, hat mit seinen Ideen und Schriften epochale Veränderungen auf den Weg gebracht.

Sein eigentliches Vorhaben, die gesamte katholische Kirche zu reformieren, misslang. Doch seine Einsicht, dass der Mensch allein aus Glauben die Gnade Gottes erlangt, die verbreitete sich in ganz Europa und kurz darauf in der ganzen Welt.

Durch seine Bibelübersetzung prägte er zudem wesentlich den deutschen Sprachraum, da bis dato Deutschland noch in mehrere Dialektregionen unterteilt war.

Dem ausgewiesenen Lutherkenner Professor Martin Brecht bin ich zu großem Dank verpflichtet. Viele der von mir beschriebenen Fakten und Hintergründe habe ich direkt oder indirekt von ihm übernommen und danke für seine freundliche Genehmigung.

Cornelia Dömer
Göppingen, im September 2008

Entdecken Sie die Spuren eines Mannes, der die Welt verändert hat. Quer durch die Jahrhunderte hat er seine Spuren hinterlassen. Torgau setzte ihm vor über 100 Jahren ein Denkmal.

In diesem Haus wurde der große Reformator geboren.

1. DIE WURZELN

Mansfelder Land – Kindheit

Über Luthers Kindheit ist nicht viel bekannt. Er wurde am 10. November 1483 in Eisleben als zweiter[1] Sohn des aus Möhra in Thüringen stammenden Bergmannes Hans Luder und seiner Ehefrau Margarete geboren.

Heute noch in Möhra zu besichtigen:

Lutherdenkmal

Das Lutherdenkmal in Möhra wurde 1846 beim Bildhauer Ferdinand Müller in Auftrag gegeben und 1861 eingeweiht.

Bereits einen Tag nach seiner Geburt wurde er in der St.-Petri-Pauli-Kirche in Eisleben getauft und nach dem Tagesheiligen Martin genannt. 1484 verließ Luthers Vater Hans das Dorf in Richtung Mansfeld und hinterließ eine zahlreiche Verwandtschaft. Noch heute zählt der Name Luther zu den häufigsten in der Umgebung.

Hans Luder gelang in Mansfeld der gesellschaftliche Aufstieg vom Bergmann zum Kupferminenbesitzer und später sogar zum Ratsherrn. Der Sohn erfuhr eine nüchterne, von Sparsamkeit und Strenge geprägte Erziehung.

Bereits mit viereinhalb Jahren war er Schüler der Trivialschule, der heutigen Grundschule ähnlich. Diese Stadtschule behielt

Die wuchtige Burganlage der Grafen von Mansfeld thront über einem steilen Tal.

er allerdings nicht in angenehmer Erinnerung, da Rutenhiebe und weitere Strafen an der Tagesordnung waren. Er besuchte sie bis 1497.

Martin Luther über seine Herkunft und seine Vorfahren:

Ich bin ein Bauernsohn; der Urgroßvater, mein Großvater, der Vater sind richtige Bauern gewesen. Der aber sagte, ich soll ein Vorsteher werden, ein Schultheiß und was sie sonst im Dorf haben, irgendein oberster Knecht über die andern. Danach ist mein Vater nach Mansfeld gezogen und dort ein Bergmann geworden. Dorther bin ich.[2]

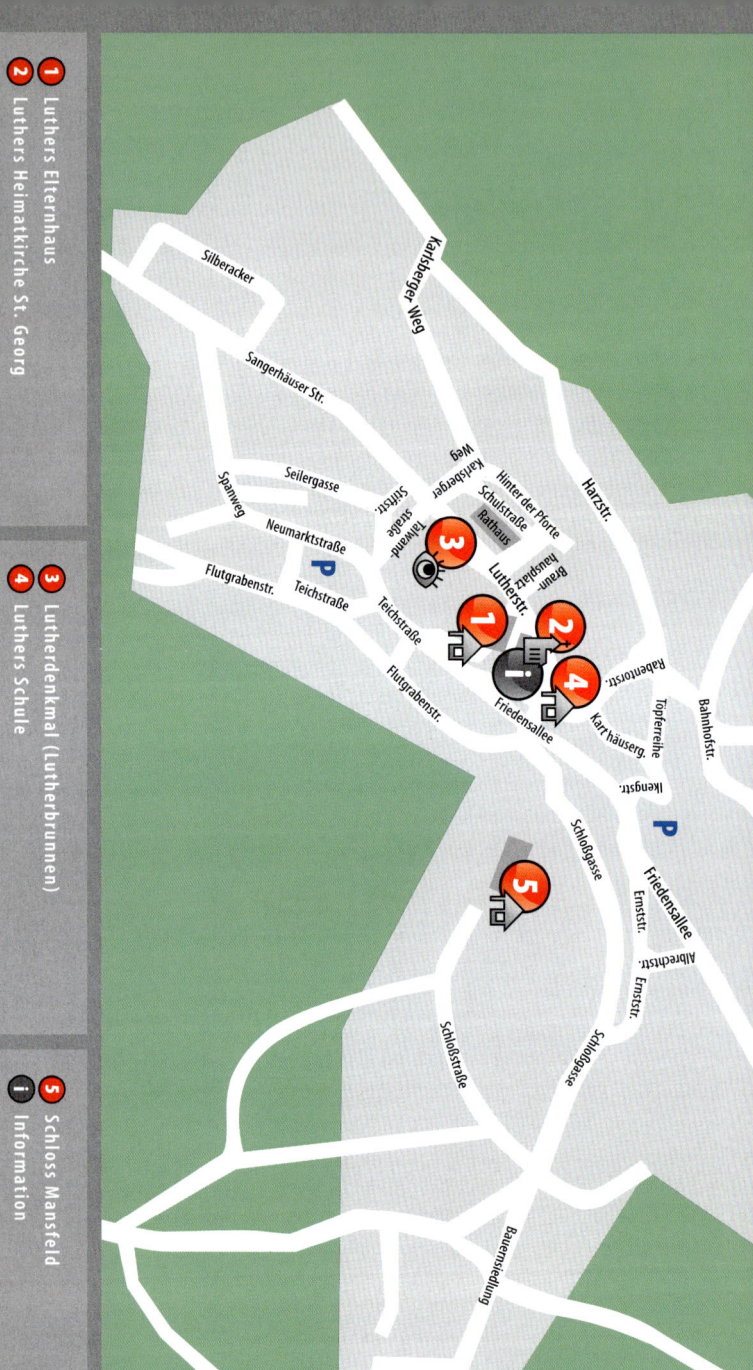

Silberacker

Karlsberger Weg

Sangerhäuser Str.

Seilergasse

Spanweg

Neumarktstraße

Flutgrabenstr.

Teichstraße

Teichstraße

Flutgrabenstr.

Silberstr.

Talwandstraße

Karlsberger Weg

Hinter der Pforte

Schulstraße

Rathaus

Braun'scher Hauptplatz

Lutherstr.

Friedensallee

Rabentorstr.

Karl häuserg.

Harzstr.

Topferreihe

Ilengstr.

Bahnhofstr.

Friedensallee

Ernststr.

Albrechtstr.

Ernststr.

Schloßgasse

Schloßgasse

Schloßstraße

Bauernsiedlung

Bauernsiedlung

Heute noch in Mansfeld zu besichtigen:

(Zu Eisleben siehe Kapitel 11.)

Luthers Elternhaus
Luthers Vater zog 1483/84 von Eisleben nach Mansfeld, wo er „Am Stufenberg 2" zur Miete wohnte. Die heutige Adresse lautet „Spangenberggasse 2".

Luthers Heimatkirche St. Georg
Die spätgotische Kirche St. Georg stammt aus den Jahren 1497 bis 1518. Es darf vermutet werden, dass der junge Martin Luther in dem Vorgängerbau seine Ministrantendienste versah. Einzelne Teile dieses Baus aus romanischer Zeit sind noch heute erhalten. Die Kirche beherbergt neben einem Auferstehungsgemälde aus der Werkstatt Lucas Cranachs d. Ä. auch das einzige Ganzporträt Luthers, das in der Cranachwerkstatt entstand.[3]

Lutherdenkmal (Lutherbrunnen)
Lutherbrunnen am Lutherplatz wurde 1913 von Paul Juckoff errichtet. Luther wird als 13-jähriges Kind mit Wanderstab dargestellt.

Luthers Schule
1488 ging Martin Luther zum ersten Mal in die Mansfelder Stadtschule und lernte nach und nach das kleine Abc und das kleine Einmaleins. Außerdem wurde hier der Grundstock für seine Lateinkenntnisse gelegt.

Schloss Mansfeld
Das Schloss stellt den Stammsitz der Grafen von Mansfeld dar. 1229 wurde es erstmals urkundlich erwähnt. Heute befindet sich im Schloss ein CVJM-Heim.

Magdeburg und Eisenach – Schulzeit

Im Alter von 14 Jahren wechselte Luther zur Schule der „Brüder vom gemeinsamen Leben" nach Magdeburg. Fünfzehnjährig besuchte er die Lateinschule von St. Georg in Eisenach und bereitete sich auf sein Studium vor. Warum Luther die Schulorte wechselte, ist unbekannt, aber für die damalige Zeit war dies nicht ungewöhnlich, insbesondere dann nicht, wenn die Schüler aus einer Kleinstadt stammten, die über keine weiterbildende Schule verfügte. Dies traf auch für Mansfeld zu. Nach Magdeburg wurde Luther von seinem Freund Hans Reinecke begleitet und er wohnte dort bei einem Dr. Paul Moßhauer, dem Vertreter des Erzbischofs bei geistlichen Gerichtsverfahren. Der stammte auch aus Mansfeld und hatte dort noch Verwandte, die es im

Die Magdeburger Altstadt

Bergbau zur Meisterschaft gebracht hatten. Wahrscheinlich war er es, der Magdeburg als Schulort empfohlen hatte. Zum Schulwechsel nach Eisenach führten wohl verwandtschaftliche Beziehungen der Familie Luther.

Heute noch in Magdeburg zu besichtigen:

Johanneskirche mit Lutherdenkmal

Die Grundsteinlegung fand zwischen den Jahren 936 und 941 statt. Erwähnt wird die Kirche als Pfarrkirche erstmals 941 als Schenkung von König Otto I. an das Moritzkloster. Luther predigte hier am 26. Juni 1524 über „die wahre und falsche Gerechtigkeit". Die Predigt hinterließ einen solch starken Eindruck auf die Hörer, dass in der Folge die Stadt protestantisch wurde.

Zur Erinnerung an die Predigt von Martin Luther wurde 1886 das von Emil Hundrieser stammende Denkmal errichtet. Sein Originalsockel wurde 1966 gegen einen Betonsockel ausgetauscht. Am 29. Mai 1995 wurde der Originalsockel mit der Inschrift „Gottes Wort mit uns in Ewigkeit" wieder eingesetzt.

Wallonerkirche

Die Kirche wurde 1285 von Mönchen des Augustinerklosters gegründet. 1396 fand ein Jubiläumsablassjahr statt und Magdeburg war im Umkreis von 60 Kilometern zur Gnadenstätte ernannt worden, sodass viele Pilger kamen.

1516 besuchte Martin Luther die Kirche und ihre Augustiner aus Anlass einer Visitation. 1524 kam er ein zweites Mal und predigte dort. Er übernachtete in einer Klosterzelle. Im gleichen Jahr löste der Vorsteher das Kloster auf und übergab den Klosterkomplex an die Stadt Magdeburg.

In der Folgezeit diente die Kirche weltlichen Zwecken. Nach dem Dreißigjährigen Krieg wurde sie aber nicht mehr repariert und darum ab 1639 auch nicht mehr benutzt.

1690 wurde sie auf Befehl von Kurfürst Friedrich Wilhelm an wallonische Flüchtlinge protestantischen Glaubens übergeben. Seit dieser Zeit trägt sie den Namen Wallonerkirche.

Dom

Auch bereits im Jahr 955, also schon vor seiner Krönung zum Kaiser, begann Otto I. mit dem Bau eines ottonisch-romanischen Doms. Er war der Vorgängerbau des heutigen Doms und sehr prachtvoll ausgestattet. 1207 wurde ein großer Teil der Stadt Magdeburg und des Doms durch ein Feuer zerstört.

Neben dem alten Dom wurde ein neuer errichtet, Steine und Säulen wurden wiederverwendet. Am Dom zeigt sich der Einfluss der Reformation: 1567 wurde er protestantisch, nachdem er vorher für 20 Jahre geschlossen war. Am ersten Advent wurde dort der erste evangelische Gottesdienst gefeiert.

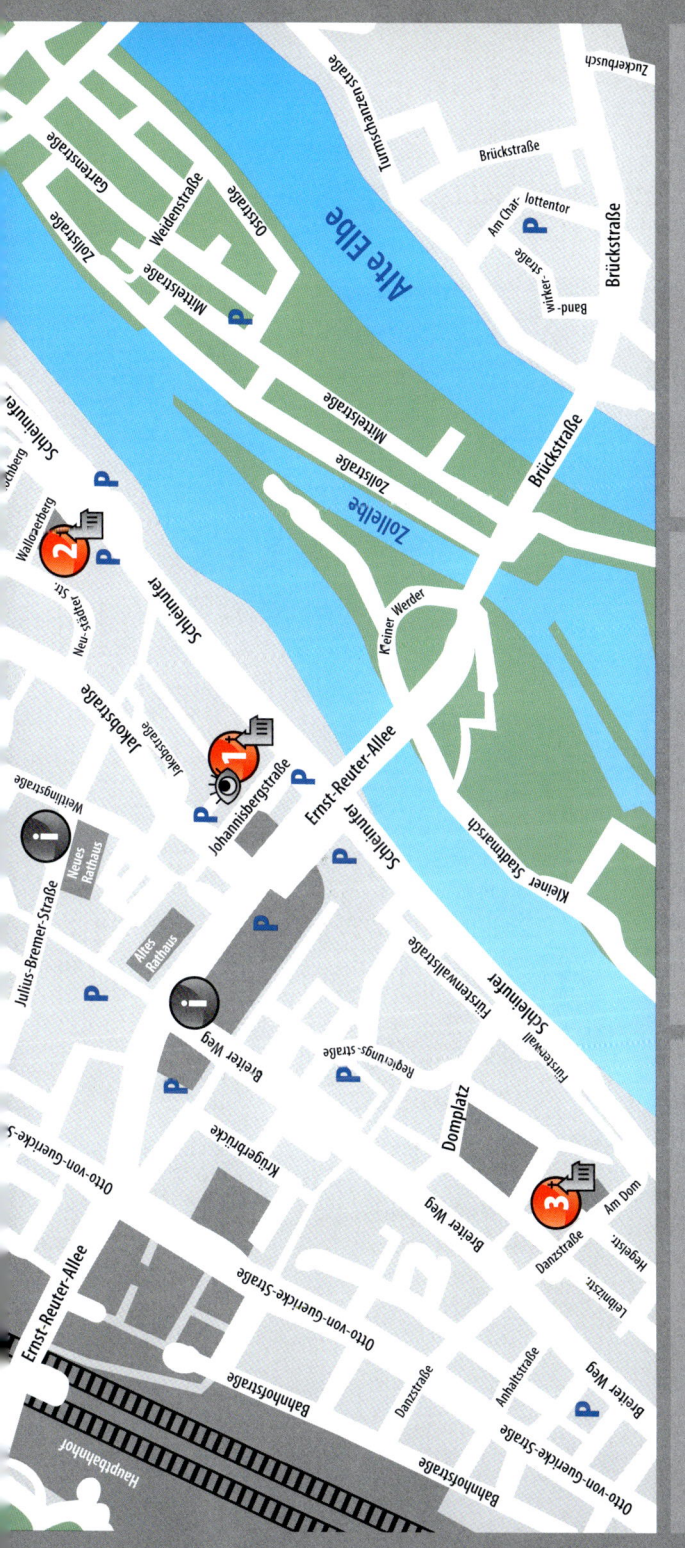

Information

3 Dom „St. Mauritius und St. Katharina"

1 Johanniskirche mit Lutherdenkmal
2 Wallonerkirche

Auf der Wartburg, deren Turm sich 2008 mit Gerüst präsentiert, fand Luther Zuflucht und Zeit für seine Bibelübersetzung.

2. Eisenach und die Wartburg

In Eisenach fühlte Luther sich sehr wohl, sodass er bald von „Eisenach, seiner lieben Stadt" sprechen konnte.

Eisenach zu Luthers Zeit

Um 1500 dürfte Eisenach etwas mehr als 4 000 Einwohner gehabt haben. Die einstige Hauptstadt hatte ihre Bedeutung als Residenzstadt verloren. Der Anteil der Geistlichkeit war jedoch nach wie vor überdurchschnittlich hoch. Es existierten drei Pfarrkirchen: St. Nikolaus, das mit einem Kloster verbunden war, St. Georg mit 16 Altären und Vikarsstellen und das Marienstift mit 20 Altären und Vikarsstellen. Weiterhin hatten Dominikaner, Franziskaner und Kartäuser Klöster in der Stadt. Insofern war das kirchliche Leben in der Stadt reichhaltig und vielfältig.

Seinen Lebensunterhalt verdiente Luther teilweise selbst, indem er vor den Häusern sang und dafür Brot erhielt. Dies war bei Schülern durchaus üblich und gewöhnte sie an Sparsamkeit.

Heinrich Schalbe, von 1495 bis 1499 Bürgermeister der Stadt, nahm ihn später auf. Sein Sohn war nahezu im gleichen Alter wie Martin und besuchte zusammen mit ihm die Pfarrschule St. Georg, die nach der benachbarten Kirche benannt war. Hier nahm Luther teil an dem damals sehr intensiv gepflegten St.-Anna-Kult. Maßgeblich beteiligt war daran sein hoch geschätzter Lehrer Johannes Braun und dessen Schülerzirkel. Zu ihm hielt Luther noch nach seinem Eintritt ins Kloster Verbindung. Luthers tiefe katholische Frömmigkeit wurde zu dieser Zeit entscheidend geprägt.

Die heilige Anna

Anna und Joachim waren nach apokryphen, d. h. unechten, Evangelien des 2. bis 6. Jahrhunderts die Eltern der Maria und somit die Großeltern von Jesus. Ihre legendäre Lebensgeschichte ist dem alttestamentlichen Vorbild von Hanna und ihrem Sohn Samuel (1. Samuel 1-2) nachgezeichnet: Erst nach zwanzigjähriger kinderloser Ehe gebar Anna Maria.

Anna wurde seit dem 6. Jahrhundert als Marias Mutter verehrt. Der Anna-Kult erreichte in Europa im späten Mittelalter seinen Höhepunkt, als 1481 Papst Sixtus IV. den Gedenktag der Anna in den römischen Kalender aufnahm; 1584 bestimmte Papst Gregor XIII. ihren Festtag. Seit 1500 liegen angeblich Reliquien von Anna in Düren, weitere sollen in Wien und anderen Städten liegen. Anna gilt als Schutzpatronin gegen Gewitter. Um den Annatag herum beginnen die sommerlichen Hundstage, die bis in den August hinein andauern; diese Jahreszeit wird durch den Aufgang des „Hundssterns", des Sirius im Sternbild des großen Hundes bestimmt und zeichnet sich durch große Hitze und die damit einhergehenden Gewitter aus.[4]

Das Lutherhaus Eisenach: Hier soll Luther während seiner Schulzeit gewohnt haben.

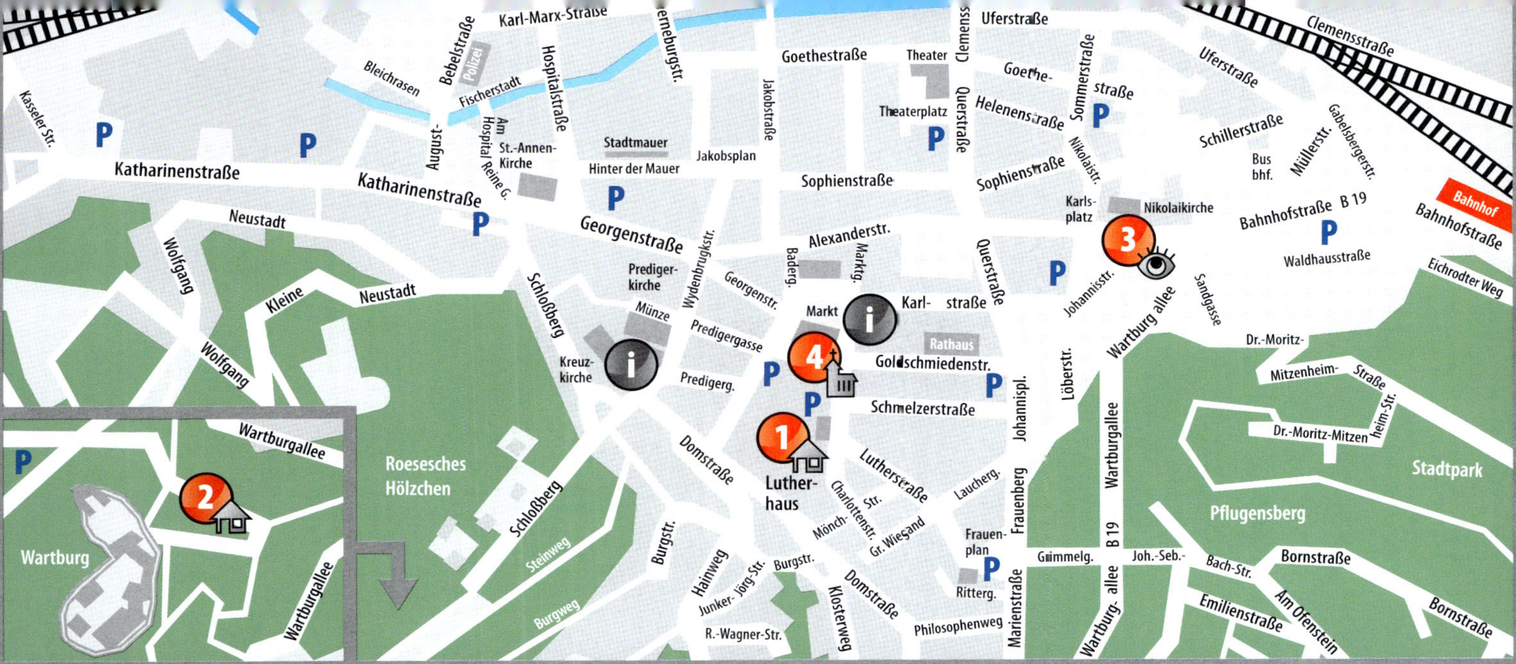

ℹ Information

3 Lutherdenkmal
4 Georgenkirche

1 Lutherhaus
2 Wartburg

Heute noch in Eisenach zu besichtigen:

Lutherhaus

Das Lutherhaus ist eines der ältesten erhaltenen Fachwerkhäuser Eisenachs. Es war lange Zeit im Besitz der Familie Cotta. Nach einer alten Überlieferung soll Martin Luther während seiner Eisenacher Schulzeit (1498 bis 1501) in diesem Haus gewohnt haben. Seit 1898 befand sich hier der „Lutherkeller", eine altdeutsche Gaststätte; die beiden Lutherstübchen konnten schon damals besichtigt werden. Nach Beseitigung der Bombenschäden des Zweiten Weltkrieges eröffnete die Thüringer Landeskirche 1956 in diesem Haus eine Luthergedenkstätte.

Wartburg

Die Wartburg gehörte dem Adelsge-
schlecht der Ludowinger. Eine erste
Erwähnung findet sich 1080. In den
Jahren 1156 bis 1162 wurde der kultur-
historisch wertvolle Palast errichtet.
Danach wechselten die Besitzer.

Das Gebäude ist eine typische Ab-
schnittsburg. Sie bestand ursprünglich
aus vier Abschnitten, von denen heute
nur noch die Vor- und die Hauptburg
erhalten sind. Die Burg wurde oft
belagert, aber nie erobert. Bekannt
durch Luther und Elisabeth von Thürin-
gen⁵, gilt die Wartburg als deutsches
Nationaldenkmal.

Lutherdenkmal

Es wurde 1895 von Adolf Donndorf
errichtet und steht auf dem Karlsplatz.

Georgenkirche

Die Georgenkirche ist die Hauptkirche
im Zentrum von Eisenach. Hier predigte
Martin Luther unmittelbar nach der von
ihm begonnenen Reformation, wodurch
sie zu einem der ältesten protestantischen Gotteshäuser überhaupt wurde.

Elisabeth von Thüringen

Elisabeth wurde 1207 in Ungarn geboren und starb am 17. November 1231 in Marburg.

Elisabeth war die Tochter von König Andreas II. von Ungarn und Gertrud von Kärnten-Andechs-Meran. Im Geburtsjahr von Elisabeth fand der berühmte „Sängerkrieg" auf der Wartburg bei Eisenach statt; Dichtung und Legende erzählen von der Anwesenheit des zauberkundigen Klingsor aus Ungarn und seinem prophetischen Hinweis auf die Königstochter Elisabeth.

Der Thüringer Landgrafensohn Ludwig der IV. heiratete die erst Vierzehnjährige im Jahr 1221.

Es kam zu einer glücklichen Ehe, aus der schnell drei Kinder hervorgingen, als jüngstes die Tochter Gertrude. Im Jahr 1225 kamen die ersten Franziskaner nach Eisenach und übten mit ihrem Armutsideal großen Einfluss auf Elisabeth aus. Sie kümmerte sich um Bedürftige und besuchte dazu die Armenviertel; dies wurde trotz der Unterstützung durch ihren Mann von der Familie mit großem Misstrauen betrachtet. Ausführlich berichten die Legenden, wie sie unerschütterlich den Verleumdungen und Vorwürfen ihrer Umgebung standhielt. Auch wissen sie

von vielen wundersamen Ereignissen zu erzählen: Ein Aussätziger, den sie zur Pflege in ihr Bett hat legen lassen, wird aufgedeckt, aber statt seiner wird das Bild des gekreuzigten Christus gesehen. Im Hungerjahr 1226 lässt sie alles verfügbare Korn austeilen und verwendet auch Geld aus der Staatskasse zur Hilfe. Als sie heftigen Vorwürfen ausgesetzt wird, da bedeckt sich plötzlich der Boden des Saales mit Korn, und das füllt alle Kammern. Bei der festlichen Ankunft des Kaisers Friedrich II. findet sie kein Gewand mehr in der Truhe, da überkleidete sie ein Engel mit Glanz und Schmuck, und fürstlicher als je betritt sie den Saal.

Das sog. „Rosenwunder" ist zwar in der Lebensbeschreibung und in den großen Legendensammlungen nicht verzeichnet, dennoch sei es hier berichtet: Elisabeth steigt mit gefülltem, aber sorgfältig verdecktem Brotkorb von der Burg herab. Da tritt Ludwig ihr entgegen mit der Frage: „Was trägst du da?" Seine Umgebung hat ihn wegen ihrer angeblichen Verschwendung aufgehetzt. Als sie aber den Korb aufdeckt, sieht er nichts als Rosen.

Ihr Mann trat dem Deutschen Orden bei und empfing von Konrad von

Hildesheim das Kreuz zur Teilnahme am fünften Kreuzzug. Er erkrankte dabei im italienischen Brindisi, wurde – schon eingeschifft – in Otranto wieder an Land gebracht und starb dort an einer Seuche. Die Legende berichtet aber auch von einem verderblichen Trank, den er mit der Kaiserin Jolanthe getrunken haben soll, denn auch sie musste sterben. Elisabeth fasste die tiefe Trauer um ihren Mann in die Worte: „Mit ihm ist mir die Welt gestorben."

Danach wurde Elisabeth mit ihren drei Kindern von ihrem Schwager Heinrich Raspe von der Wartburg vertrieben. Er warf ihr vor, sie verschwende öffentliche Gelder für Almosen.

1229 zog Elisabeth an den Wohnort ihres Beichtvaters Konrad von Marburg. Dieser Mönch gehörte dem streng asketischen Prämonstratenserorden an. Wegen seiner fanatischen Strenge wurde er im Jahr 1233 erschlagen. Elisabeth aber lebte, weil sie das für fromm hielt, ganz arm, ging von Tür zu Tür betteln und wollte rechtskräftig auf allen Reichtum verzichten, der ihr juristisch zustand. Konrad hinderte sie am Verzicht, um das Vermögen zu retten. Mit dem errichtete sie daraufhin 1229 in Marburg ein Spital, benannte es nach Franziskus und arbeitete dort selbst als Pflegerin bis zu ihrem Tod. Sie verließ nun auch ihre Kinder und trat in die von Konrad geleitete Hospitalitergemeinschaft ein.

Im Alter von 24 Jahren starb sie und wurde in ihrem Franziskushospital bestattet.

Schon nach vier Jahren wurde sie heilig gesprochen. In einer angeblichen Vision Mechthilds von Helfta soll Gott selbst dies begründet haben mit der Erklärung: „Es gehört sich für einen Boten, schnell zu sein. Elisabeth ist und war ein Bote, den ich zu den Frauen gesandt habe, die, ohne an ihr Seelenheil zu denken, auf den Burgen saßen, von der Unkeuschheit so tief durchdrungen und vom Hochmut ganz bedeckt und von der Eitelkeit so beständig umhüllt, dass sie von Rechts wegen für den Abgrund bestimmt gewesen wären. Elisabeths Vorbild sind viele edle Frauen gefolgt, soweit ihr Wille und ihre Kraft eben reichten." [6] Der Deutsche Orden, der seinen Verwaltungssitz in Marburg hatte, erweiterte Elisabeths Spital und ließ 1235 bis 1283 die ihr geweihte Kirche als ersten gotischen Bau in Deutschland errichten. [7]

1501 schrieb sich Martin Luther als Student an der Universität Erfurt ein. Das Wahrzeichen der Stadt ist der imposante Dom St. Marien.

3. Erfurt – Luther als Student

Ein erstes urkundlich belegtes Datum aus Luthers Leben enthält das Studentenverzeichnis der Universität Erfurt. Unter dem Jahr 1501 findet sich darin der Eintrag: „Martinus ludher ex mansfeld". In diesem Jahr begann Luther also zu studieren. Vor seinem Eid auf Rektor und Universität hatte Luther eine Einschreibgebühr von ⅓ Gulden zu zahlen, da die Universitätsverwaltung ihn als vermögend (in habendo) einschätzte.

Bereits nach drei Semestern erwarb er den ersten Grad der mittelalterlichen Universitätslehrer – das „Baccalaureat in artibus", eine Art Assistentenstelle für die sog. sieben freien Künste. Zu denen gehörten neben der Redekunst mathematische, musische und astronomische Fähigkeiten. Vor jedem weiteren Studium mussten sie erlernt werden.

Erfurt im Spätmittelalter

Erfurt lag als wirtschaftliches Zentrum des Thüringer Beckens am Schnittpunkt großer Handelsstraßen und war mit seinen ca. 20 000 Einwohnern zu Luthers Zeit bereits eine große Stadt. Seit 1392 existierte die städtische Universität und zeugte von Selbstbewusstsein und wirtschaftlicher Kraft. Sie war eine der ersten in Deutschland, hatte eigene Rechte und ein ständig wachsendes Ansehen. Politisch befand sich die Stadt allerdings in keiner beneidenswerten Lage: Der Erzbischof von Mainz und der Kurfürst von Sachsen verhinderten ihre Unabhängigkeit und stritten um sie. Außerdem hatte sich die Stadt bei einem Streit um das Erzbistum Mainz auf die Seite des späteren Verlierers gestellt und darum 1509 Bankrott gemacht. In diesem „tollen Jahr" erhoben sich die Bürger wegen unmäßiger Steuerlasten gegen die vierköpfige Regierung der Stadt und der „Vierherr" Heinrich Keller wurde im darauffolgenden Jahr hingerichtet. Bei weiteren Konflikten um die Stadt nahmen die Unterschichten Partei für Mainz, die Oberschichten für Sachsen. Ebenso Luther, nachdem er von einem vorübergehenden Aufenthalt in Wittenberg zurückgekehrt war. Über die Bedeutung der Stadt war er bestens informiert.

Die Barfüßerkirche in Erfurt

Sie war Sitz vieler kirchlicher Einrichtungen: Vier Stiftskirchen, 21 Pfarrkirchen und elf Klosterkirchen erhoben dort ihre Türme. Beherrschend, auch von der Lage her, war das sog. Domstift, Reich und Sitz eines Mainzer Weihbischofs.

Der Eingang zur Kathedrale in Erfurt

Luther äußerte sich lobend über Erfurt:

Erfurt liegt am besten Ort, ist eine Schmalzgrube; da muss eine Stadt stehen, wenn sie gleich wegbrennen würde.[8]

Studenten pflegten während der Studienzeit in sog. Bursen zu leben. So auch Luther, der in den ersten zwei Jahren in der sogenannten „Himmelspforte" wohnte, einer der angesehensten Studentenunterkünfte. Die Hausordnung war ähnlich streng wie in einem Kloster. Die Kleidung der sog. Bursalen entsprach ihrem akademischen Grad. In der Burse selbst trug man eine Weste und eine lange Hose mit Gürtel, darüber in der Öffentlichkeit einen Rock oder Talar sowie eine Kopfbedeckung. Die Studenten mussten sehr intensiv lernen und auch außerhalb der Lehrveranstaltungen Lateinisch sprechen. „Saufereien und Beziehungen zum anderen Geschlecht" waren untersagt, allerdings besaßen die Bursen das Schankrecht, wobei Schließzeiten einzuhalten waren.

In den Bursen herrschte ein spartanischer Lebensstil: Geschlafen wurde in Sälen, Arbeitsräume für mehrere Studenten waren die Regel, die Weckzeit war vier Uhr und um acht Uhr gingen die Studenten zu Bett. Es gab zwei Mahlzeiten am Tag: Das sog. Frühmahl um zehn Uhr und um siebzehn Uhr nach den Vorlesungen die zweite Mahlzeit. Um acht Uhr begannen die Vorlesungen. Die Studenten besuchten die Universitäts- und Fakultätsgottesdienste, weiteres geistliches Leben fand in den Bursen statt. Im Jahr 1505 wurde Luther Magister, d. h. Meister der freien Künste. Dieser akademische Grad entsprach etwa dem des heutigen Dozenten. Die Prüfung hatte Luther etwa um die Jahreswende als Zweitbester von siebzehn Kandidaten abgeschlossen. Am 19. Mai begann er auf Wunsch des Vaters mit einem Jurastudium, und zwar zunächst mit dem des Zivilrechtes. Aber schon am 17. Juli trat er ein in den Augustinerorden. Er hatte eine Krise durchlebt, weil einige seiner Kollegen und Professoren unvermittelt u. a. an der Pest gestorben waren. Hinzu kam ein anderes Erlebnis, das sein Leben entscheidend veränderte.

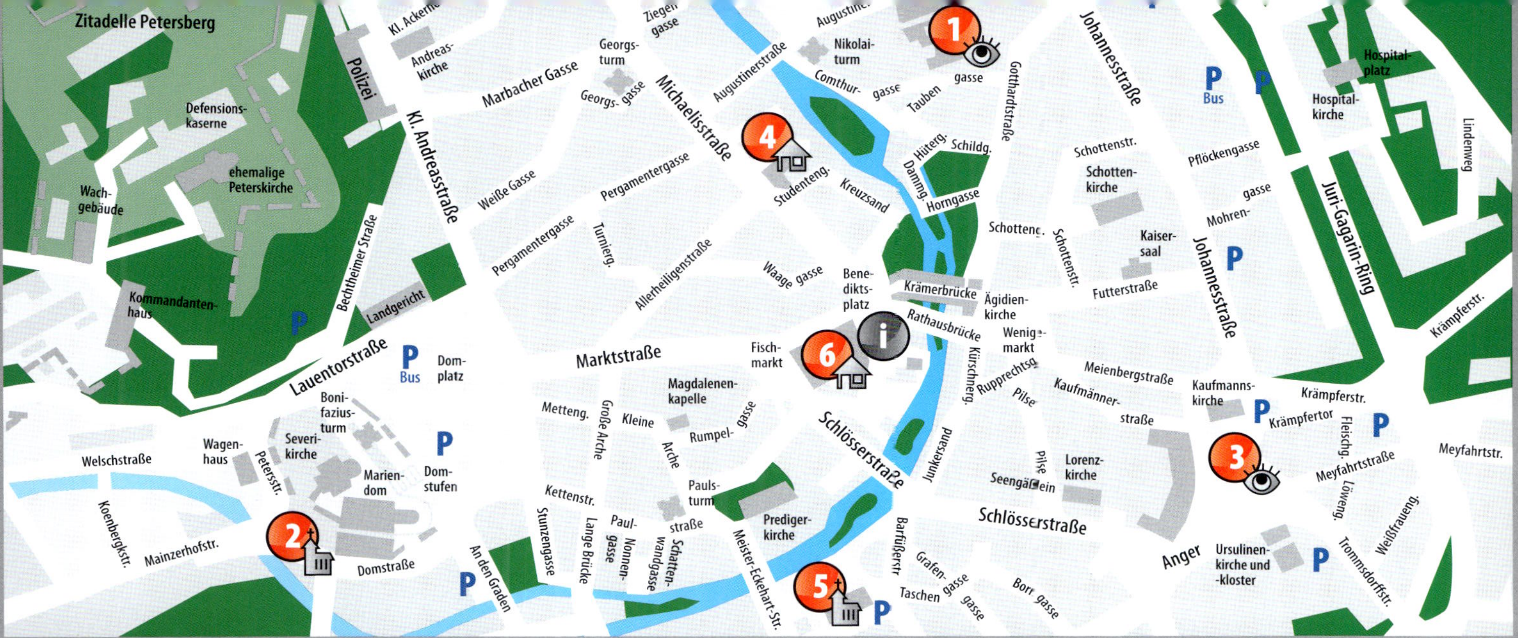

i Information

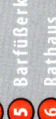

4 Alte Universität
5 Barfüßerkirche
6 Rathaus

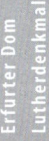

1 Augustinerkloster
2 Erfurter Dom
3 Lutherdenkmal

Heute noch in Erfurt zu besichtigen:

Augustinerkloster

Bereits 1131 wurde die Pfarrkirche St. Philipp und Jacobus an der Stelle der heutigen Augustinerkirche errichtet. Im Jahr 1266 erhielten die Augustiner die Niederlassungserlaubnis und sie begannen 1277 mit dem Klosterbau. Die Mittel wurden durch Almosen und Ablässe aufgebracht. 1518 besaß das Kloster eine Bibliothek, die Katharinenkapelle, einen Kapitelsaal°, Kirchturm, Kreuzgang, Langhaus, Priorat und Waidhäuser. Von 1505 bis 1511 war Martin Luther Mitglied des Klosters und las am 2. Mai 1507 hier seine erste Messe.

Infolge einer bereits bestehenden ordenseigenen Hochschule wurden die Augustiner die ersten theologischen Professoren an der neu gegründeten Universität.

Luther hielt sich hier von 1505 bis 1511 auf. Im Rahmen der Reformation erfolgte die Säkularisierung des Klosters und 1561 richtete die Stadt Erfurt ein Ratsgymnasium im Westflügel ein.

Nach der Wende wurde das Kloster renoviert und Schwestern der Kommunität Casteller Ring haben das Kloster wiederbelebt. Besucher können untergebracht werden in insgesamt 50 Zimmern, die Klosterzellen nachempfunden sind.

Erfurter Dom

Hier wurde Luther zum Priester geweiht.

Angeblich wurde 752 ein Vorgängerbau des heutigen Doms errichtet.
Urkundlich erwähnt wurde St. Marien
erstmals 1117. Einige Teile des romanischen Kirchenbaus sind noch erhalten. Da aber das Gebäude für die vielen
Kleriker nicht reichte, wurde es immer
wieder erweitert, und zwar im gotischen
Baustil.

In den Kriegen wurde der Dom
mehrmals in Mitleidenschaft gezogen,
aber er wurde nie zerstört. 1994 wurde
er zur Kathedrale des wiedererrichteten
Bistums Erfurt erklärt.

Lutherdenkmal

Das Denkmal befindet sich an der
Südseite der Kaufmannskirche. Schaper
schuf es zu Luthers 400. Geburtstag
1883, an die Erfurter Bürger wurde es
am 31. Oktober 1889 übergeben.

ßelte Spruch der alten Universität zu
lesen ist: Magistra vitae regina rerum
possidet sapientia, „Die Lehrmeisterin
des Lebens, die Weisheit, Königin der
Welt, gebietet hier.“[10]

Alte Universität

Im lateinischen Viertel, dem historischen Universitätsviertel, sind heute
noch Häuser zu besichtigen, die an die
alte Universität erinnern. Dort befindet
sich auch das im Zweiten Weltkrieg
zerstörte und seit 1998 im Wiederauf-
bau befindliche Hauptgebäude der
historischen Universität, das Collegium
Maius (errichtet 1512 bis 1515), über
dessen Portal noch der in Stein gemei-

Barfüßerkirche

Ursprünglich gehörte die 1231 erbaute
Kirche zu einem Franziskanerkloster.
Hier predigte Luther 1529, vier Jahre
nachdem sie evangelisch geworden war.

Rathaus

In diesem neugotischen Bau gibt es
unter anderem Wandgemälde mit
Szenen aus Luthers Leben zu sehen.

„Luthers Freund Alexis wird an seiner Seite auf einer Reise vom Blitz erschlagen" (Radierung von Gustav König, 1847).

4. Erlebnisse, die sein Leben veränderten

Stotternheim

Im Juni 1505 reiste Luther nach Mansfeld zu seinen Eltern. Am
2. Juli befand er sich auf der Rückreise. In der Nähe des Dorfes
Stotternheim am Höhenzug Stollberg, etwa sechs Kilometer von
Erfurt entfernt, geriet er in ein Gewitter. Ein Blitzschlag in der
Nähe warf ihn dabei wohl zu Boden und verletzte ihn am Bein.
Zu Tode erschrocken gelobte er daraufhin: „Hilf du, S. Anna, ich
will ein Mönch werden." Aus Schrecken und Angst vor einem
plötzlichen Tod sei er zu dem Gelübde gezwungen und genötigt
worden, berichtet er später. Er „muss diese Situation als völlig
unausweichlich empfunden haben"[11], denn er ist, wie er immer
wieder betonte[12], ungern Mönch geworden.

Am 16. Juli feierte er ein letztes Mal mit seinen Freunden und
nahm von ihnen Abschied.

Über seine Erfurter Zeit sagte Luther später:

> Dass ich aber ein Baccalaureus, ja, ein Magister wurde, dann das
> braune Barett ablegte, es andern überließ und Mönch wurde, damit
> habe ich (mir) keine große Schande angetan. Meinen Vater aber
> verdross das sehr. Dennoch geriet ich dem Papst in die Haare und er
> mir wieder.[13]

Die Augustiner

„Der Orden der Augustiner-Eremiten (www.augustiner.de) war erst in der Mitte des 13. Jahrhunderts entstanden. Er verdankte sein Aufkommen nicht der Initiative eines einzelnen Ordensstifters, sondern der Weisung des Papstes. Auf Befehl von Papst Alexander IV. schlossen sich zunächst in Italien mehrere Gruppen von einsiedlerisch lebenden Gemeinschaften zum Orden des Eremiten St. Augustinus zusammen. Den Namen des Ordensvaters Augustinus trugen sie, weil sie die unter seinem Namen um- laufende Ordensregel angenommen hatten."[14] Diese Regel war auch zu Luthers Zeit noch sehr streng: Der Tag begann um drei Uhr nachts mit der kleinen Marienmesse, Matutin genannt, ihr folgten die Prim, die Terz und die Sext, jeweils um sechs, neun und zwölf Uhr morgens; außerdem die Konvents- messe nachmittags, die Non und die Vesper und nach dem Abendessen die Complet. Nach jeder Messe folgte ein „Ave Maria" und ein „Salve Regina".[15]

Das Augustinerkloster in Erfurt: Zu Luthers Zeit herrschten strenge Regeln hinter einer idyllischen Fassade.

Mehr als ein Jahrzehnt lang konnte Luther anscheinend die Er-gebnisse seines im Kloster vorgeschriebenen Bibelstudiums mit der überschwänglichen Marienverehrung vereinbaren. Er mühte sich mit ganzem Ernst als Mönch zu leben, bis an die Grenze seiner physischen Belastbarkeit. Selbst vor entwürdigenden Ar-

beiten scheute er sich nicht, konnte aber trotz seiner Gewissenhaftigkeit nicht alle Regeln einhalten. Immer wieder strafte ihn
sein Gewissen, weil er nicht alle Stundengebete und verbind-
lichen Dienste hatte ableisten können. Dabei galten sie doch
ebenso wie lückenlose wöchentliche Beichten als sündentil-
gende Bußübung.

Luthers intensive Beschäftigung mit der Bibel, seine Gewissenhaftigkeit und seine Intelligenz blieben den Ordensoberen
nicht verborgen. Schon nach zwei Jahren, am 27. Februar 1507
weihten sie ihn zum Priester. Dadurch wurde der Vater wieder
versöhnt und fuhr mit prächtigem Gespann nach Erfurt.

Romfahrt

Das Erfurter Augustinerkloster hatte damals sehr strenge Kons-
titutionen[16]. Sie wurden aber – ebenso wie die Regel – von Luther
wie auch von vielen seiner Mitbrüder sehr ernst genommen und
gehorsam befolgt. Der Generalvikar[17] Johann von Staupitz hatte die
nicht leichte Aufgabe, dieses strenge Ordensleben aufrechtzuerhal-
ten. Er gab Luther den Auftrag, gemeinsam mit einem anderen
Mönch nach Rom zu reisen, um diese Angelegenheiten des Ordens
zu regeln. So trat Luther um den November 1510 eine Reise an, die
als die längste seines Lebens gilt. Die Stationen in Deutschland
waren Nürnberg, Ulm und wahrscheinlich Memmingen. „Dann
ging es wohl durch das Rheintal über Chur und den Septimer nach
Chiavenna und von da den Comer See entlang nach Mailand."[18]
Unwegsame Alpenpässe mussten dabei überwunden werden.

Das Stadtbild Roms war damals noch nicht sehr stark von der
Renaissance geprägt: Es gab in diesem Stil nur vereinzelte Kirchen und Gebäude. Mit dem Bau des Petersdoms hatte man
eben erst begonnen. Aber Luther interessierte sich in Rom weniger für die Gebäude, als für sein Seelenheil: Wie bereits zwei Mal
in Erfurt, wollte er auch in Rom eine Generalbeichte ablegen. Zu
seinem Missfallen waren aber die Beichtväter dort sehr unver-
ständig. Groß war auch seine Enttäuschung darüber, dass die
Messen wie am Fließband zelebriert wurden. Innerhalb einer
Stunde wurden in der Sebastianbasilika sieben Messen gefeiert,
doch keine entsprach seinen Vorstellungen.

Aber das waren bei Weitem nicht die einzigen Missstände, die er wahrnahm: Kardinäle schwelgten im Luxus, indem sie reiche Klöster als ihnen zustehende Pfründe[19] ausbeuteten. Der allgemeine Sittenverfall auch – und gerade! – innerhalb der Geistlichkeit konnte ihn nur abstoßen.

Trotzdem blieb Rom für Luther ein besonderer Ort und er spulte willig und gern das damals übliche Pilgerprogramm ab: Dazu gehörte die Wallfahrt zu den sieben Hauptkirchen an einem Tag. Sie begann vor den Toren mit St. Paul, der Grabkirche des Apostels Paulus, an der Via Appia folgte St. Sebastian, dann St. Johannes im Lateran, die Kirche zum Heiligen Kreuz, St. Laurentius, St. Maria Maggiore und schließlich die Peterskirche mit einer Messe. Tagsüber hatten die Pilger deswegen zu fasten. Luther pilgerte zu weiteren Kirchen und Katakomben, sog die dazugehörigen frommen Geschichten auf und las die Messe, wo es möglich war.

Pilger auf der Treppe des Lateranpalastes

Ohne Rücksicht auf seine Hosen – die italienischen hielt er für viel eleganter – rutschte er im Lateranpalast auf Knien die Treppe aus dem Palast des Pilatus hinauf, auf jeder Stufe ein Vaterunser betend. So wollte er seinen Großvater aus dem Fegefeuer erlösen. Doch oben angekommen, zweifelte er bereits am Erfolg seiner Mühe. Erfolglos blieb auch die Mühe um Lösung des Ordenskonfliktes: Im Winter 1511 kehrte Luther unverrichteter Dinge nach Erfurt zurück.

Heute noch in Rom zu besichtigen: Petersdom

Der Petersdom mag exemplarisch für die vielen Sehenswürdigkeiten in Rom stehen. Papst Julius II. (1443 bis 1513) veranlasste seinen Bau während Luthers Aufenthalt in Rom und ließ die älteste Kirche der Stadt, die alte Peterskirche abreißen. Währenddessen fertigte Michelangelo die Deckenmalereien in der Sixtinischen Kapelle an und Raffael schmückte das Privatzimmer des Papstes mit Fresken.

Das Turmerlebnis

Gewiss war ich gepackt von ungewöhnlichem Eifer, Paulus in seinem
Römerbrief zu verstehen. Aber gewehrt hatte sich seither dagegen
… ein einziges Wörtchen aus Kapitel 1 bei der Stelle: „die Gerechtigkeit Gottes wird darin[20] offenbart". Das Wörtchen „Gerechtigkeit Gottes" hasste ich nämlich. Ich war ja … belehrt worden, die Gerechtigkeit … so zu verstehen: „Gott ist gerecht und darum straft er die
Sünder und Ungerechten."Zwar lebte ich als ein untadeliger Mönch,
doch spürte ich: Vor Gott bin ich ein Sünder mit unruhigem Gewissen
und kann mich nicht darauf verlassen, durch eigene Genugtuung
versöhnt zu sein. Keineswegs liebte ich, nein, ich hasste den gerechten
Gott, der die Sünder straft. Wenn ich nicht stumm lästerte, dann ent-
rüstete ich mich über Gott gewiss mit gewaltigem Murren: „Als wäre
es nicht wirklich genug, elende, durch Erbschuld ewig verlorene Sünder durch ein Gesetz von zehn Geboten mit lauter Not zu bedrücken!
Mit dem Evangelium hat Gott auch noch den einen Schmerz durch
einen weiteren vermehrt! Auch mit dem Evangelium hat er uns seinen
gerechten Zorn angedroht!" So tobte ich mit wildem und verwirrtem
Gewissen. Ich klopfte trotzdem rücksichtslos an jener Paulusstelle an,
gierig danach dürstend zu wissen, was St. Paulus will.[21]

Endlich erbarmte sich Gott. Nachdem ich Tag und Nacht überlegt
hatte, achtete ich auf den Zusammenhang der Worte „Die Gerechtigkeit Gottes wird darin[22] offenbart, denn es steht geschrieben ‚der
Gerechte wird aus Glauben leben'[23]". Da fing ich an, die Gerechtigkeit Gottes zu verstehen: So nämlich, dass der Gerechte aufgrund
göttlichen Geschenkes durch sie lebt, und zwar durch den Glauben.[24]
Da spürte ich, dass ich völlig neu geboren und durch geöffnete Pfor-
ten in das Paradies selbst eingetreten war. Nun zeigte mir die ganze
Schrift ohne Unterbrechung ein anderes Gesicht. Ich eilte durch die
Schrift hindurch, wie es mein Gedächtnis hergab, und fand auch
bei anderen Wörtern Entsprechendes: dass nämlich Gottes Werk in
dem besteht, was Gott in uns tut: die Kraft Gottes darin, dass er uns
mächtig macht, die Weisheit Gottes darin, dass er uns weise macht,
(so auch) die Stärke Gottes, das Heil Gottes, die Ehre Gottes. Und
so sehr ich die Vokabel Gerechtigkeit Gottes gehasst hatte, so viel
mehr nun hob ich dieses allersüßeste Wort in meiner Liebe empor. So
wurde jene Stelle bei Paulus mir zur Pforte des Paradieses.[25]

Im Turmzimmer des Augustinerklosters von Wittenberg erkannte Luther, was „Glaube" bedeutet.

Diese Erkenntnis, die Luther im Arbeitszimmer, im Turm des Augustinerklosters (heute Lutherhaus) von Wittenberg gekommen war, ist heute bekannt unter der Bezeichnung „Turmerlebnis". Er entwickelte sie beim Studium der Bibel und sie kann als Ursprung der Reformation bezeichnet werden. Für die Gläubigen besagt sie, dass sie sich durch Gottes Wort zwar als Sünder erkennen, dass sie aber dennoch ohne Bedingung durch das Evangelium gerecht gesprochen werden. Der gerechte Gott ist in Christus damit auch der barmherzige Gott.

Die Lutherrose – das Siegel Luthers

Am 8. Juli 1530 schreibt Luther an Lazarus Spengler über die „Lutherrose":

Weil ihr begehrt zu wissen, ob mein Siegel recht getroffen sei, will ich Euch meine ersten Gedanken anzeigen, ... die ich in mein als Merkzeichen meiner Theologie gedachtes Siegel fassen wollte. Das Erste sollte ein schwarzes Kreuz sein in einem Herzen, das seine natürliche Farbe haben sollte, damit ich mir selbst in Erinnerung brächte, dass der Glaube an den Gekreuzigten uns selig macht. Denn wenn man von Herzen glaubt, so wird man gerecht. Obwohl es nun ein schwarz Kreuz ist, tötet und auch wehtun soll, so lässt es dennoch das Herz in seiner Farbe, verdirbt die Natur nicht, das heißt:

Es tötet nicht, sondern erhält lebendig. Iustus enim fide vivet, sed fide crucifixi (Denn der Gerechte wird aus Glauben leben, doch aus Glauben an den Gekreuzigten). Solch Herz aber soll mitten in einer weißen Rose stehen, anzuzeigen, dass der Glaube Freude, Trost und Frieden gibt und schnell in eine weiße, fröhliche Rose setzt, (aber) nicht wie die Welt Frieden und Freude gibt, darum soll die Rose weiß und nicht rot sein; denn die weiße Farbe ist der Geister und aller Engel Farbe. Diese Rose steht in einem himmelfarbenen Felde, weil solche Freude im Geist und Glauben ein Anfang der zwar zukünftigen, aber jetzt schon darin eingeschlossenen himmlischen Freude ist. Die wird durch Hoffnung ergriffen, ist aber noch nicht offenbar geworden. Und in solches Feld (setze ich) einen goldenen Ring, (zum Zeichen) dass solche Seligkeit im Himmel ewig währt und kein Ende hat und dass sie auch köstlicher als alle Freude und alle Güter ist, wie das Gold das höchste, köstlichste Erz ist. [26]

Die Lutherstadt ehrt den Reformator: durch Johann Gottfried Schadows imposante Bronzestatue auf dem Marktplatz (1821).

5. WITTENBERG –
STADT DER REFORMATION

Wittenberg mit seiner eher abseitigen Lage scheint Luther zunächst aus der Mitte des Geschehens zu reißen. Aber das neue geistige und soziale Umfeld bewirkt bei ihm genau das Gegenteil: Durch seine Mitstreiter an der neu gegründeten Wittenberger Universität gerät er erst in die Lage diejenige Wirkung zu entfalten, die ihm heutige Historiker zugestehen.

Wittenberg im Spätmittelalter

1180 wurde Wittenberg zum ersten Mal urkundlich erwähnt (burchwardum wittenburg). Ab 1200 war es im Besitz der Askanier, Albrecht II. errichtete hier 1260 seine Residenz. 1293 erhielt Wittenberg von ihm das Stadtrecht. Seit 1356 war die Stadt kurfürstliche Residenz und besaß seit 1441 die hohe Gerichtsbarkeit. Sie befand sich in einer landwirtschaftlich geprägten Umgebung und hatte als Handelsplatz lediglich regionale Bedeutung mit den Zünften Schuster, Tuchmacher, Fleischer und Bäcker.

356 Hausbesitzer waren steuerpflichtig, 172 von ihnen besaßen ein eigenes Braurecht und 184 von ihnen waren sogenannte Buddelinge, die nur ein winziges Häuschen ihr Eigen nannten. Die Stadt selbst war mit elf heute noch stehenden Türmen befestigt und sie gruppiert sich nach wie vor um ihre drei Tortürme: das Elbtor im Süden, das

Coswiger Tor im Westen, auch als Schlosstor bezeichnet, und das Elstertor im Osten. Die heutige Collegienstraße und die Coswiger Straße bilden die Achsen. Die höchste Stelle im Zentrum ist zugleich Markt- und Kirchplatz.

Hauptgebäude sind hier die Pfarrkirche St. Maria, die im 15. Jahrhundert erweitert wurde, sowie das Rathaus. In der Kirche hatte Luther die Predigtstelle inne.

Das Wittenberger Rathaus

Die Universität

Kurfürst Friedrich III., der Weise, gründete 1502 die kursächsische Universität Leucorea (leukos bedeutet „weiß" und kommt von Wittenberg, „weißer Berg"). Die Erlaubnis erteilte Kaiser Maximilian, die feierliche Eröffnung erfolgte am 18. Oktober 1502. Zu Anfang des 13. Jahrhunderts waren bereits Universitäten gebildet worden, deren Genehmigung und Aufsicht dem Papst oblag. Diese bedienten sich nach wie vor mittelalterlich-aristotelischer Wissenschaftsmethoden sowie der Pflege des Römischen Rechtes auf dem Gebiet der Rechtswissenschaft. Allmählich aber traten weltliche Mächte (Könige, Landesfürsten, Städte) als Gründer von Universitäten in den Vordergrund. Und nun vermischten sich die spätmittelalterlichen mit neu erwachenden humanistischen Ideen. Die außertheologischen Fächer gewannen an Selbstständigkeit und an Bedeutung. Das galt auch für die Leucorea, bei deren Gründung Friedrich vor allem eine geordnete Verwaltung seines Landes im Auge hatte. Ein mittelalterlicher Zug beim Aufbau der Leucorea bestand darin, dass sie mit Augustinus einen Schutzheiligen erhielt. Außerdem bekam noch jede Fakultät ihren eigenen Schutzpatron. Um für spätere Zusammenkünfte die Sitzverteilung festzulegen, wurde eine Rangordnung aufgestellt. Dies war ebenfalls spätmittelalterlicher Brauch. An der Spitze stand die theologische Fakultät, ihr folgten die juristische und die medizinische. Den Schluss bildete die artistische Fakultät mit den sieben freien Künsten für das Vorstudium.

Den Geist des Humanismus nahm eine andere Bestimmung auf: Die gekrönten Dichter (poetae laureati), wurden den Magistern der artistischen Fakultät gleichgestellt. Sie galten als Repräsentanten des deutschen Humanismus, der sich auf ganz neue Art mit den antiken Sprachen Griechisch, Latein und Hebräisch und deren Literatur befasste, sich aber besonders auch der Redekunst widmete. Für die humanistischen Fächer wurden an der Universität eigens neue Stellen eingerichtet.

Der nördliche Innenhof des Leucorea-Gebäudes in der Lutherstadt Wittenberg

Die Universität benötigte einen hohen Bedarf an Lehrmaterial für den Studienbetrieb, gerade auch im humanistischen Bereich. So wurden Drucker angezogen und der erste Wittenberger Druck erschien bereits im Gründungsjahr. Damit trug die Universität stark zum wirtschaftlichen Aufschwung von Wittenberg bei.

Den Augustiner-Eremiten übertrug Friedrich der Weise zwei Professuren an der theologischen und ein Lektorat, d. h. eine Vorlesungsstelle in Moralphilosophie an der artistischen Fakultät. Als Prior des Augustinerklosters führte von Staupitz, Mitbegründer der Leucorea, für die Augustinerer-Eremiten ein alle Fakultäten umfassendes Generalstudium ein und sicherte damit den Besuch der akademischen Veranstaltungen. Friedrich der Weise erhöhte die Zahl der Stiftsherren auf zwölf und verpflichtete sie zu Lehrveranstaltungen an der Leucorea. Damit war die Besoldung der Lehrkräfte wenigstens teilweise gesichert.[27] Die Schlosskirche wurde im Zuge dieser Entwicklung zugleich Universitätskirche. In ihrer Sakristei fanden Wahlen für die Ämter der Universität statt und ihr Chorraum diente als Festsaal der Leucorea.

Durch den Zuzug von Professoren und Studenten erhielt die Stadt einen weiteren wirtschaftlichen Aufschwung. Sie förderte die Universität nach Kräften. So wurde das Beichthaus beim Franziskanerkloster derart gestaltet, dass die artistische Fakultät es als Vorlesungssaal nutzen konnte. Die Stadtkirche erhielt ein neues Gestühl, um bis zur Fertigstellung der Schlosskirche für die Feierlichkeiten der Leucorea verwendet zu werden.

Die Entstehung der Leucorea führte zu einer baulichen Umgestaltung der Stadt. Da die Bursen noch erbaut wurden und auch später nicht alle Studenten fassen konnten, wohnte ein Teil von Ihnen bei den Wittenberger Bürgern. 1504 wurde verfügt, dass jeder, der in Wittenberg ein unbebautes Grundstück besitzt oder ererbt, es innerhalb eines Jahres bebauen soll. Damit löste die Leucorea die erste Wittenberger Bauwelle des 16. Jahrhunderts aus. Leere Grundstücke wurden bebaut, Häuser von Handwerkern und Kaufleuten aufgestockt und weitere Gebäude errichtet. Die Professoren nahmen ebenfalls Studenten auf. Luther und seine Frau Katharina sind hierfür ein Beispiel. In dieser Zeit wurden auch die Häuser rund um die Stadtkirche errichtet, sodass sie nun die Kirche vom Rathaus trennten.[28]

Schwierig wurde durch die zunehmende Bevölkerungszahl die Wasserversorgung. Damals wurden nur Bachläufe durch die Stadt geleitet, denen man Frischwasser entnahm, die aber auch Abwässer und Fäkalien entsorgten und diese der Elbe zuführten.[29] Aber die Bierbrauer der Stadt beschwerten sich über die schlechte Wasserqualität und die Grundwasserbrunnen reichten nicht aus. Darum beauftragte Kurfürst Johann Friedrich 1542 den Bürgermeister Philipp Reichenbach und den Amtmann Christoph Groß mit dem Bau einer Röhrwasserleitung. Dadurch sollte sein Schloss und die Festung Wittenberg mit Wasser versorgt werden. Aber auch die Bürger wollten Röhrwasser haben, ohne vom Kurfürsten abhängig zu sein. Deshalb schlossen sich 1556 sieben Unternehmer Wittenbergs zusammen, ließen auf der Bruder-Annendorfer-Mark eine Quelle fassen und das Wasser durch Holzröhren zu ihren Häusern leiten. Einige Röhrwasserbrunnen sind heute noch in der Stadt zu besichtigen.

Das Schloss und die Schlosskirche

Schon seit 1490 wurde Wittenberg zu einem Schwerpunkt des kurfürstlichen Interesses. Friedrich der Weise ließ zunächst das Schloss neu errichten. Der ehemalige Sitz der Askanier wurde abgerissen, 1509 wurde ein Schlossbau mit zwei Flügeln fertiggestellt. Die Baukosten beliefen sich laut Quellenlage auf 32 466 Gulden, 13 Groschen und neun Pfennige. Der Neubau wurde vervollständigt durch die Schlosskirche, die ebenfalls neu errichtet wurde und den dritten Flügel des Renaissanceschlosses bildete. Sie war zugleich die Kirche des „Allerheiligenstiftes" und diente ab 1503 als Universitätskirche, sodass ihr Tor sich als Anschlagtafel für akademische Thesen anbot. Das Allerheiligenstift bestand bereits seit 1346. Außer einer Propststelle hatte es sechs Stiftsherrenpfründen[30] und besaß kostbare Reliquien[31], u. a. einen Dorn aus der Dornenkrone Christi. Durch jahrelanges Sammeln vermehrte Friedrich der Weise den bereits vorhandenen Reliquienschatz des Stiftes. Diese Art von Frömmigkeit war für das Spätmittelalter typisch. Das Stift gewährte außerdem den sog. Portiuncula-Ablass des Franz von Assisi, der sonst nur in dessen Heimatkapelle zu erwerben war und Strafe und Schuld von Sünden bereits im Voraus erließ.

Die Kirche erhielt eine reiche Ausstattung. Der Hauptaltar wurde von Lucas Cranach d. Ä. gemalt. Einige ihrer siebzehn bekannten Gemälde sind noch erhalten, befinden sich jedoch nicht mehr alle in der Schlosskirche. Von Cranach ist noch das Martyrium der heiligen Katharina vorhanden. Auf den Seitenflügeln waren sechs heilige Frauen dargestellt. Dieses Gemälde ist heute als „Dessauer Fürstenaltar" bekannt und befindet sich im Dessauer Schloss Georgium in der Anhaltischen Gemäldegalerie. Auch Dürer steuerte Werke bei, von denen heute noch vier erhalten sind. Zwei Tafeln stellen „Die Sieben Freuden" und „Die Sieben Schmerzen Mariä" dar. Die Teiltafel mit den sieben Schmerzen ist nach Dresden gelangt, die Darstellung der Maria in die Alte Pinakothek in München.

Durch ständig neue Messestiftungen füllte der Kurfürst die Kirche mit Leben, das er damals noch für geistlich hielt.

So wurden in einem Jahr 1 138 Messen gesungen und 7 856 gelesen. Hinzu kamen noch die Stundengebete, zu denen 40 932 Kerzen aufgesteckt wurden. Ihr Wachs wog insgesamt 66 Zentner.

Mit dem Tod Friedrichs des Weisen verlor die Schlosskirche ihre Bedeutung. Sein nachfolgender Bruder, Johann der Beständige, trat entschlossener für die Reformation ein und hob das Allerheiligenstift 1525 auf. Die Reliquiensammlung wurde unter strenger Geheimhaltung nach Torgau gebracht. Georg Goldschmidt trennte Gold, Silber, Edelsteine und Perlen voneinander und arbeitet sie zu Gebrauchsgegenständen um. Das Silber wurde nach Nürnberg verkauft und der Erlös von 24 739 Gulden wurde für die Hofhaltung genutzt.[32]

Die Wittenberger Schlosskirche

Einige Stücke sind noch erhalten, wie z. B. ein Glas aus dem Besitz der heiligen Elisabeth von Thüringen, vermutlich von einer Kreuzzug stammend. Es befindet sich heute auf der Veste Coburg.

1760 wurde die Kirche schwer zerstört. Die reiche Ausstattung wurde vernichtet und es blieben von der ursprünglichen Kirche lediglich die beiden Grabfiguren von Friedrich dem Weisen und dessen Bruder Johann dem Beständigen.

Die Kirche wurde 1892 neugotisch umgebaut. Im Inneren erinnern die Statuen zur rechten und zur linken Seite des Ganges an Luther und seine wichtigsten Mitstreiter Justus Jonas, Johannes Bugenhagen, Nikolaus von Amsdorf, Urbanus Rhegius, Georg Spalatin, Philipp Melanchthon, Johannes Brenz und Caspar Cruciger. An der Decke sind die Wappen der Reformationsorte sichtbar; von ursprünglichen 198 sind noch 128 erhalten. Auf den Medaillons an den Seiten sind die Wappen von Reformatoren zu sehen.

Die Kanzel zeigt vier Evangelisten und ebenfalls Wappen. Es sind die der Städte, die für Luthers Leben prägend waren: Eisleben, Erfurt, Wittenberg und Worms.

Des Weiteren sind an der Emporebrüstung 52 Wappen von Adeligen zu sehen, die in der ersten Hälfte des 16. Jahrhunderts in Kontakt zu Martin Luther standen. Die reiche Wappenausstattung zeigt die Intention von Kronprinz Friedrich Wilhelm, dem späteren Kaiser Friedrich III., der die Schlosskirche als ein „Sanktuarium der ganzen evangelischen Christenheit" ausgestalten wollte. Vom ehemaligen Renaissanceschloss sind noch die prachtvollen Treppenhäuser zu sehen. Diese führen allerdings ins Nichts, da in den ursprünglich dreigeschossigen Bau vier Geschosse eingezogen wurden, als er umgebaut wurde zu einem preußischen Befestigungswerk.

Das Haus Luthers

Brennpunkt seines privaten und beruflichen Lebens blieb für Luther das ursprüngliche Augustinerkloster, nach den schwarzen Mönchskutten auch schwarzes Kloster genannt. Es lag am Elstertor südlich der Stadtmauer, wo sich einst das Heilig-Geist-Spital befunden hatte. Johann von Staupitz hatte es im Jahr 1502 gegründet im Zusammenhang mit dem Aufbau der Universität. Die ursprünglich geplante Anlage mit Kirche und Kreuzgang konnte er nicht vollenden. Er ließ den Bau aber erweitern zu einem Konventshaus mit Hörsälen für die Universität im ersten und annähernd 40 Mönchszellen im zweiten Stock. Dort lebten zu Studienzwecken ständig zwischen 15 bis 20 auswärtige Mönche. Auch Luther wohnte dort zeitweilig, benutzte aber wohl abends auch gelegentlich zum Arbeiten den Speisesaal im Erdgeschoss, in dem man heute Cranachs Zehn-Gebote-Tafel betrachten kann. Später bewohnte Luther mit seiner Familie das erste Obergeschoss. Infolge vieler Umbauten lässt sich die ursprüngliche Verteilung der Räume nicht mehr mit Sicherheit ermitteln.

Das große Lutherhaus mit seinen zahlreichen Bewohnern kam natürlich nicht ohne Dienstpersonal aus. Luther hatte einen eigenen Diener, Wolf Seberger, dem der Kurfürst ein kleines Einkommen zahlte. Dies musste Luther des Öfteren anmahnen. Seberger war für Keller, Garten und geschäftliche Angelegenheiten zuständig. Luther hielt ihn für gutmütig, musste aber oft seine Faulheit beklagen.

Neben dem Lutherhaus unterhielt das Ehepaar auch noch das Gut Zülsdorf, das wohl hauptsächlich auf Betreiben von Luthers Frau Katharina von Bora[33] gekauft wurde. Anscheinend entstammte es ihrem Familienbesitz. Dieses Gut wurde ordentlich bewirtschaftet, sodass es Lebensmittel für das Lutherhaus abwarf.

Allerdings erhielt Luthers „Käthe" auch Geschenke durch Bekannte, die Fische, Wildbret, Wein, Bier und Wein schickten. Engpässe konnten aber auch gelegentlich dazu führen, dass Luther 40 Tage auf sein Bier verzichten musste, wie z. B. im Sommer 1540, in dem es kein Braugetreide gab.

Aber das konnte ihn nicht erbittern. Viel mehr erbitterten ihn gegen Ende seines Lebens die allgemeine Verachtung von Gottes Wort und die damit zusammenhängende Zuchtlosigkeit, die sich bei den Wittenberger Frauen in zu kurzen und sehr weit ausgeschnittenen Kleidern äußerte. Deswegen schrieb er am 28. Juli 1545 von Zeitz aus an seine Käthe:

> Meiner lieben Hausfrau Katharina Luther von Bora, Predigerin, Brauerin, Gärtnerin und was sie mehr sein mag, Gnade und Friede: Liebe Käthe, wie unsere Reise gegangen ist, wird Dir (unser Sohn) Hans alles berichten. ... Ich wollt's gerne so machen, dass ich nicht wieder nach Wittenberg zu kommen brauchte. Mein Herz ist erkaltet, dass ich nicht gerne mehr da bin. Ich wollte auch, dass Du Garten und Hufe, Haus und Hof verkauftest. Ebenso wollte ich M.G.H. das große Haus wiederschenken. Es wäre Dein Bestes, dass Du nach Zülsdorf übersiedeltest, dieweil ich lebe. Ich könnte Dir mit der Besoldung wohl helfen, das Gütlein zu bessern. ... Wie sie anfangen, die Frauen und Jungfrauen, sich zu entblößen hinten und vorn und niemand ist, der da strafe oder wehre, und über Gottes Wort wird dazu gespottet![34]

Erst als Kurfürst, Stadt und Universität Abhilfe versprachen, kehrte Luther zurück.[35]

Kleidung zu Luthers Zeiten

„Bildnis einer Frau"
(um 1480).

Schon vor der Reformationszeit galt die Kleidung allgemein als Standeskennzeichen. Teure Farben wie das Purpurrot der Purpurschnecke und das Karmesinrot der Kermeslaus, auch bestimmte Verzierungen und edle Stoffe wie Seide blieben dem (Hoch-) Adel vorbehalten. Die niederen Stände verwandten Leinen, Hanf, Nessel, Schafwolle und dazu Naturfarben aus Pflanzen.

Bauern und Tagelöhner erzeugten ihre Kleidung in der Regel selbst, während Adel und Klerus sie aus erhobenen Abgaben erwarben.

Der Mann trug im Mittelalter leinene Unterwäsche und darüber einen wollenen Kittel, der gegürtet wurde. Darüber legte man einen Rechteckmantel, der auf der rechten Seite durch eine Spange gehalten wurde. Kopfbedeckung war ein Filzhut. Die Beine wurden durch lange Strümpfe gewärmt, über die wendegenähte Schuhe gezogen wurden.

Die Frauen trugen ein leinenes, langes Unterkleid mit langen Ärmeln, darüber wurde ein knöchellanges Obergewand getragen. Über dieses wurde ein Umhang geworfen, der über der Brust geschlossen wurde. Kopfbedeckung war das sog. Gebände, eine drei bis sechs Zentimeter breite Leinenbinde, auf die kleine, flache Hauben oder Schleier gesetzt wurden. Adlige Frauen trugen reich verzierte Kopfreifen. Die Schuhe waren spitz und aus weichem, zumeist verziertem Leder. Die Haare wurden nach römischem Vorbild oft blondiert.

Im Laufe der Zeit entwickelten sich regionale Unterschiede; so trug man seit dem 15. Jahrhundert in der Stadt Unterschuhe mit einer Holzsohle, die vor Schmutz und Feuchtigkeit schützen sollten.

Luther klagt indes über die Putzsucht bei Arm und Reich:

Wer könnte leichtlich erzählen, was für Fleiß und Unkosten die Leute auf Kleidung legen? Darum sollte man es nicht mehr eine Lust noch eine Unmäßigkeit, sondern eine Unsinnigkeit nennen, dass sie sich mehr ... mit Kleidung und Schmuck beladen als schmücken, wie Esel, die dazu geboren sind Gold zu schleppen.[36]

Sternstraße

Friedrichstr.

Friedrichstraße

Lutherstraße

Fleischerstraße

Feuergasse

Mittelstraße

Kupferstraße

Collegienstraße

Neustraße

Mauerstraße

Mittelstraße

Judenstraße

Töpferstr.

Collegienstraße

Kirchplatz

Burgermeisterstraße

Klosterstraße

Arsenalplatz

Scharrenstraße

Markt

Wallstraße

Am Stadtgraben

Weserstraße

Weserstraße

Weserstraße

SPORTPLATZ

P

Elbstraße

Marstallstr.

Coswiger Straße

Schloßstraße

Schloßplatz

Wallstraße

Berliner Straße

Pfaffengasse

Hallesche Straße

HALTEPUNKT ELBTOR

Hallesche Straße

Dessauer Straße

P
Bus

1 Lutherhaus
2 Melanchthonhaus
3 Schloßkirche mit der Thesentür
4 Stadtkirche St. Marien

5 Rathaus
6 Lutherdenkmal
7 Luthereiche
8 Cranachhaus am Markt 3–4

9 Cranachhof in der Schloßstr. 1
10 Bugenhagenhaus an der Stadtkirche
i Information

Heute noch in Wittenberg zu besichtigen:

Lutherhaus

Seit 1508 lebte der Reformator in diesem Gebäude. Mit seiner Heirat 1525 zog Katharina von Bora zu ihm. Seit 1883 wird das Lutherhaus als Museum genutzt. (Abbildung siehe Unterkapitel „Turmerlebnis", S. 35).

Melanchthonhaus

Philipp Melanchthon kaufte 1520 zu seiner Hochzeit das Haus in der Collegienstraße. Da das Haus verfiel, schenkte Kurfürst Johann Friedrich Melanchthon 1536 ein neues Haus. Heute dient das Renaissancehaus als Museum.

Schlosskirche mit der Thesentür

Der Überlieferung nach soll Luther seine 95 Thesen an diese Tür angeschlagen haben. Daran erinnert eine bronzene Thesentür aus dem Jahre 1858, weil die Originaltür im Siebenjährigen Krieg verlorenging. Luther predigte oft in der Schlosskirche, vor allem wenn der Hof sich in Wittenberg aufhielt.

Stadtkirche St. Marien

Sie ist die Predigtkirche der Reformatoren Martin Luther und Johannes Bugenhagen. In ihr wurde die heilige Messe zum ersten Mal in deutscher Sprache gehalten und das Abendmahl zum ersten Mal in „beiderlei Gestalt", in Brot und Wein, an die Gemeinde ausgeteilt. Darum gilt sie als Mutterkirche der Reformation.

Urkundlich erwähnt wird sie erstmals 1187. Um 1280 wurden Altarraum und südliches Seitenschiff errichtet. Im 15. Jahrhundert erfolgten zusätzliche Erweiterungen. Im Zuge des von Andreas Bodenstein[37] angefachten Bildersturms wurde nahezu die gesamte Inneneinrichtung zerstört. Um weiteren Schaden zu vermeiden, kehrte Luther von der Wartburg zurück und hielt seine berühmten Invokavit-Predigten.

Im Zuge der 1280 erfolgten Erweiterung wurde an der Südostecke – wie an mehreren Kirchen Europas – außen eine sogenannte „Judensau" angebracht.[38] Sie sollte keinen Juden, sondern deren geistliche Nahrung, den christusfeindlichen Talmut, darstellen und vor ihm warnen[39], nicht vor dem jüdischen Volk, zu dem ja auch Jesus und seine Apostel gehörten.

Am 11. November 1988 wurde unterhalb des bereits bestehenden Mahnmals im Pflasterbereich ein weiteres Mahnmal enthüllt, das das Ergebnis einer mehrjährigen Diskussion um den Verbleib der Judensau ist. Es soll den Juden bekunden, dass Christen nicht bereit sind, die schuldige Vergangenheit ihres Volkes zu verleugnen. Der Text lautet: Gottes eigentlicher Name[40]/der geschmähte Schem Hamphoras/den die Juden vor den Christen/fast unsagbar heilig hielten/starb in sechs Millionen Juden/unter einem Kreuzeszeichen.[41] Darunter steht in hebräischen Schriftzeichen der Anfang des 130. Psalms: „Aus der Tiefe rufe ich, Herr, zu dir!"

Rathaus

Zur Reformationszeit erblühte Wittenberg und die Einwohnerzahl stieg,
sodass das alte Rathaus nicht mehr
ausreichte. Ab 1523, also zu Luthers
Zeiten, begann der Auf- und Ausbau des
Rathauses in heutigen Dimensionen.

Vom Eingangsportal aus erfolgten
die Rechtssprüche und vor dem Portal
die Hinrichtungen. Reste des Schafotts
vor dem Rathaus im Marktplatzboden
zeugen noch heute davon. Nach der
Vollstreckung des Urteils läutete die
Sünderglocke. Ein letztes Mal erklang
sie am 9. Mai 1834, als der Fleischerge-
selle Ernst Wollkopf wegen Mordes
gerädert wurde.

Cranach war lange im Rathaus als
Bürgermeister tätig. Doch dieses Bau-
werk diente auch anderen Zwecken. Es
beherbergte den Ratskeller ebenso wie
die Gefängnisse. Im Bürgersaal verkauften Tuchmacher und Schuster ihre
Waren.[42]

Lutherdenkmal

Dieses Lutherdenkmal gehört zu den
größten Bronzedenkmälern und wurde
von Johann Gottfried Schadow entwor-
fen und 1821 den Bürgern übergeben.
Dies ist ein früher Zeitpunkt für ein
Lutherdenkmal. Erst 1883, zum 400.
Geburtstag des Reformators, wurde in
Eisleben ein Lutherdenkmal nach einem
Entwurf von Rudolf Siemering errich-
tet.[43]

Luthereiche

Gepflanzt zum Gedenken an den 10. Dezember 1520, als Luther die päpstliche Bannandrohungsbulle verbrannte. Der Baum steht an der Ecke Lutherstr./Dresdener Str. Der ursprüngliche Baum blieb nicht erhalten. Der heutige Baum stammt aus dem Jahr 1830.

Cranachhaus am Markt 3–4

1505 wurde Cranach nach Wittenberg gerufen und lebte zuerst in der Malerstube im Schloss. Wahrscheinlich hatte Cranach 1512 geheiratet, kaufte die Grundstücke Markt 3–4 und zog im gleichen Jahr um.[44]

Cranachhof in der Schlossstraße 1

Cranach kaufte den größten Wittenberger Hof, als ihm die Werkstatt am Marktplatz zu klein wurde – ein beredtes Zeugnis seines Erfolgs als Maler.

Bugenhagenhaus an der Stadtkirche

Dieses Gebäude diente als Pfarrhaus der Marienkirche. Hier lebte Luthers Mitstreiter Johannes Bugenhagen bis zu seinem Lebensende 1558.

Katharina von Bora, Gemälde von Lucas Cranach dem Älteren (nach 1528)

6. WITTENBERG – ORT DER BEGEGNUNG

Katharina von Bora

Wittenberg wurde für Luther nicht nur zum Ort vielfältiger Begegnungen, sondern vor allem zur Stätte seiner Eheschließung mit Katharina von Bora. 1531 rühmt er die Vorzüge seiner Frau:

> Ich wollte meine Käthe nicht um Frankreich und um Venedig obendrein hergeben, erstens darum, weil Gott sie mir geschenkt und mich ihr gegeben hat; zweitens, weil ich oft erfahre, dass andere Frauen mehr Fehler haben als meine Käthe (obwohl sie auch einige hat, stehen [ihnen] doch viele große Tugenden entgegen); drittens, weil sie die fides matrimonii, das ist die (eheliche) Treue und Ehre, wahrt. So soll umgekehrt auch das Weib über den Mann denken.[45]

Luthers Heirat mit Katharina von Bora 1525 war für Freunde wie Gegner gleichermaßen eine Überraschung. Doch sie hatte eine Vorgeschichte:

Luthers Kritik am Zölibat und an den Klostergelübden hatte bis dahin schon eine Welle von Priesterhochzeiten und Klosteraustritten zur Folge gehabt. Obwohl er selbst unverheiratet war und im Kloster lebte, setzte er sich für Klosterflüchtlinge ein. Am 7. April 1523 entkamen aus dem Kloster Nimbschen bei Grimma in Heringsfässern versteckt zwölf Nonnen, von denen neun nach Wittenberg gebracht wurden. Luther zeigte Verständnis für ihre Flucht und bemühte sich um die Unterbringung der Frauen. Katharina von Bora war als Einzige von ihnen noch unversorgt geblieben. Sie verweigerte sich anderen Interessenten und schlug letztendlich selbst vor, Luther zu heiraten.

Die Eheschließung sollte als Schritt des Gottvertrauens den Gefahren des Bauernkrieges trotzen. Luther wollte damit beweisen, dass er seinen eigenen Lehren über die Unzulässigkeit des Zölibates folge. Melanchthon aber hielt gerade wegen des Bauernkriegs, der Luthers ganze Autorität erforderte, den Zeitpunkt für völlig falsch und unterstellte Katharina, sie hätte Luther umgarnt. Er war außerdem sehr darüber verstimmt, dass Luther ihn vor seiner Hochzeit nicht ins Vertrauen gezogen hatte. Andere Zeitgenossen wiederholten eine alte Volkssage, die besagte, dass aus der Heirat eines Mönches mit einer Nonne der Antichrist hervorkäme. Aber die Bilder zu Luthers Neuem Testament und seine seit fünf Jahren bekannte Schrift „Wider die fluchwürdige Bulle des Endchrists" hatten das kursächsische Volk längst belehrt, wer für den Antichristen zu halten ist: nämlich eben der Verfasser dieser Bulle, die Luther aus der Kirche ausschloss. Diese Überzeugung teilte auch Katharina.

Dem neu Vermählten wurde vom Kurfürsten ein Professorengehalt gezahlt und außerdem das Augustinerkloster als Wohnhaus überschrieben. Allerdings war das in einem jämmerlichen Zustand: Hausrat war nur noch in geringen Mengen vorhanden, da jeder der austretenden Mönche mitgenommen hatte, was er gerade brauchen konnte. Luthers Bett aus Stroh war von seinem nachlässigen Diener nicht ordentlich gelüftet worden, sodass es durch die vom Schweiß verursachte Feuchtigkeit verfaulte.[46]

Katharina entwickelte das ehemalige Kloster zum Lutherhaus und betrieb dort zum Lebensunterhalt eine Studentenburse. So verband sich das theologische Gespräch mit dem Familienleben. Käthe bekam am 7. Juni 1526 das erste Kind Hans. Weitere Kinder folgten. Das Ehepaar Luther und dessen Kinder wurden zum Symbol eines neuen bürgerlichen Christentums. Das Ideal des christlichen Pfarrerhaushalts geht auf sie zurück.

Geprägt wurde Katharina von Bora durch ihre Herkunft aus verarmtem Adel und infolge ihres Klosteraufenthaltes zugleich durch eine Bildung, die über das damals übliche Maß hinausging. Luther ließ ihr ihren Geburtsnamen und hielt so die Erinnerung an ihre adlige Herkunft aufrecht.

Seine Anreden in den Briefen zeugen davon, dass er sie als Gemahlin liebte und ehrte.[47] Er zeigt dies nicht zuletzt auch durch sein Testament, in dem er seine Frau als Erbin einsetzt, was in der damaligen Zeit recht ungewöhnlich war. Der kurfürstliche Kanzler Brück wollte sie allerdings zu ihrem Ärger nicht als Erbin anerkennen.

Luthers Kinder

Luther berichtet zwar nicht oft über seine Kinder, aber gleich-
gültig waren sie ihm nicht. Er schrieb ihnen Briefe, schickte Geschenke und bezeichnete sie als die schönste Freude der Eltern.

Unterrichten ließ er sie privat durch ältere Studenten. Der älteste Sohn Hans litt unter der Strenge des Vaters, der mit den
jüngeren Kindern nicht so ernst umging wie mit ihm. Hans
sollte besondere Erwartungen erfüllen, die ihn allerdings über-
forderten, sodass Enttäuschungen nicht ausblieben. Im Jahr
1533, erst siebenjährig bereits an der Universität eingeschrie-
ben, machte er 1539 das Baccalaureats-Examen. Danach wurde
er gemeinsam mit seinem Vetter Florian von Bora an eine gute
Torgauer Schule geschickt. Hans litt unter der Entfernung und
hatte Heimweh, doch eingedenk seiner eigenen Schulzeit bestand Luther darauf, dass sein Sohn die Trennung aushalten und
lernen müsse. Lediglich als dessen Schwester Magdalene schwer
krank war, durfte er nach Wittenberg kommen.

Luther und Bildung

„Ich meine auch, dass unter den
äußerlichen Sünden keine die Welt vor
Gott so stark beschwert und so
gräuliche Strafe verdient wie eben
diese, die wir den Kindern antun,
indem wir sie nicht erziehen." [48]

Luther verfasste die hier zitierte Schrift
an die Ratsherrn unter dem Eindruck,
dass das Schulwesen verfalle. Nach dem
reformatorisch-humanistischen Auf-
bruch registrierte er, dass die Schüler-
und Studentenzahlen zurückgingen.

Miniatur zum Matthäus-Evangelium

In der Einleitung zu seiner Schrift stellt er es als ein Gebot Gottes heraus, dass die weltlichen Obrigkeiten sich der Bildungsaufgabe annehmen müssten. Seine Forderung begründet er theologisch: Alle Wissenschaften, vor allem Philologie und Grammatik dienen dem Ziel, die heilige Schrift auszulegen.

Natürlich setzt Luther in seinen Ausführungen die Staatsform seiner Zeit voraus. Gültig bleibt aber seine Erkenntnis: Erziehung und Ausbildung sind vonnöten für den Nachwuchs von kompetenten Politikern und Staatsbürgern, die zu verantwortlichen Entscheidungen befähigt sind. Deswegen ist Luther darum besorgt, dass Jungen und Mädchen zur Schule gehen.

Luther bereitete seine Tochter vor auf die Möglichkeit, dass Gott sie zu sich nehmen werde. Sie war furchtlos und am 20. September 1542 starb sie in seinen Armen.

Im Hause der Luthers lebten nicht nur die eigenen Kinder, sondern auch Verwandte der beiden. Magdalena von Bora, eine Tante von Käthe, auch „Muhme Lene" genannt, blieb dort bis zu ihrem Tod 1537. Außerdem beherbergte das Ehepaar vier Kinder der verstorbenen Schwester Luthers, zwei seiner Neffen und eine Nichte Käthes. Diese Großfamilie führte zu viel Trubel im Haus und Katharina hatte es nicht immer leicht. Luther selbst meinte, man bräuchte hierzu ein ähnlich strenges Regiment wie bei den Türken.

Mit ausgeprägtem Familiensinn kümmerte sich Luther um die Verheiratung seiner Nichten und Neffen und nahm zeitweise auch entferntere Verwandte oder Bedürftige auf.

Schwindler und Hochstapler nutzten verschiedentlich seine Hilfsbereitschaft aus und er wurde vorsichtiger. Allerdings entließ er noch 1541[49] eine „unsaubere Hure"[50], die sich das Vertrauen der Familie erschlichen und in seinem Haus unter dem Namen Rosina von Truchsess zuerst als Nonne, dann – nach vergeblichem Versuch gewaltsam ein Kind abzutreiben[51] – auch als armes Waisenkind eines hingerichteten Aufständischen ausgegeben hatte und danach auch weiterhin in anderen Pfarrhäusern log und stahl.

Kurfürst Friedrich der Weise

1486 wurde Friedrich III. Kurfürst von Sachsen im Alter von 23 Jahren. Er förderte die neue Bildungsbewegung, unterhielt Beziehungen zu dem Humanisten Johannes Reuchlin, der ihm auch Philipp Melanchthon empfahl, und ließ sich von Erasmus von Rotterdam beraten. Ein Freund der bildenden Kunst, vergab er viele Aufträge an die besten Künstler.

Wie schon zu seiner Reliquiensammlung bemerkt, wurzelte seine Frömmigkeit im Spätmittelalter, darum unternahm er u. a. eine Wallfahrt ins Heilige Land. Geheiratet hat er nie, seine Geliebte gebar ihm drei Kinder.

Auf politischem Parkett agierte der neue Kurfürst geschickt. Das kursächsische Gebiet gehörte kirchlich zu mehreren Bistümern, nämlich zu Meißen, Naumburg, Mainz, Halberstadt, Magdeburg, Brandenburg, Bamberg und Würzburg. Deshalb halfen dem Landesherrn viele Parteien, die sich untereinander in ihren Forderungen nicht einig waren, zu einer starken Position. Die beiden Kirchen des Allerheiligenstifts (s. o.) waren direkt dem Papst unterstellt, sodass der zuständige Brandenburger Bischof keinen Zugriff darauf hatte. Friedrich hatte ein persönliches und politisches Interesse an der Modernisierung der Kirche in seinem Land. Er war überzeugt von der Notwendigkeit längst fälliger Reformen und von der Berechtigung geltend gemachter Forderungen nach Beseitigung von Missständen, zu der sich die Kirche von sich aus kaum entschließen konnte. Insofern unterstützte er Luthers kirchenreformerische Ansätze. Beide haben sich trotz häufiger Aufenthalte Luthers in Torgau nie persönlich kennengelernt. [52]

Friedrich der Weise und seine Einstellung zu seinem Schützling
Martin Luther:

> *Und es war ein weises Bedenken Herzog Friedrichs, dass, so oft er*
> *um des Doktors willen angeredet wurde, warum er ihn im Lande*
> *leide, dass er dann sprach: Ich weiß nichts Böses von ihm. Ich habe*
> *mit ihm nichts zu tun. Tut er etwas Unrechtes, so disputiert und*
> *unterredet euch mit ihm zu Wittenberg; da habe ich eine Universi-*
> *tät. Er soll euch Antwort stehen. Ich habe so viele gelehrte Leute zu*
> *Wittenberg! Täte er etwas Unrechtes, sie würden ihn nicht dulden.*[53]

Melanchthon

In sehr jungen Jahren kam Melanchthon bereits nach Wittenberg.
1497 als Sohn von Georg Schwarz-
erdt geboren, ging Melanchthon
(dies die Übertragung seines Vater-
namens ins Griechische) bereits
1509 auf die Universität nach Heidelberg und wechselte 1512 nach
Tübingen, wo er 1514 als Magister
lehrte – was er Zeit seines Lebens
blieb.

Die noch junge Wittenberger
Universität hatte sich wegen der
Besetzung des Lehrstuhls für Griechisch an den berühmten
Reuchlin gewandt. Dieser hatte seinen Großneffen Melanchthon
empfohlen, und der hatte den Ruf angenommen. Am 25. August
1518 traf er in Wittenberg ein. Mit seinen Vorlesungen hatte er
von Anfang an durchschlagenden Erfolg. 500 bis 600 Hörer
drängten sich in seinen Hörsaal. Melanchthon sah seinerseits in
Luther den Inbegriff wahrer und christlicher Frömmigkeit.

Gleich mit seiner Antrittsvorlesung am 29. August 1518 über
die Reform des Universitätsstudiums gewann der 21-Jährige die
Herzen der Zuhörer.

Er ging mit anderen Lehrkräften die von Friedrich dem Weisen gewünschte Universitätsreform an. Luther war froh, Melanchthon in Wittenberg zu haben und beide waren sich sachlich und persönlich sehr verbunden, obwohl ihre Naturelle grundverschieden waren. Melanchthon war ängstlich, manchmal unsicher und empfindlich, wurde aber von Luthers Fürsorge umgeben. Beide wohnten in Wittenberg nicht weit voneinander und die Hinterfronten ihrer Häuser waren durch einen Fußpfad miteinander verbunden, sodass sie ungesehen jederzeit einander besuchen konnten.

Die ersten Jahre Melanchthons in Wittenberg waren geprägt von dessen Übernahme der Lutherischen Theologie. Er erläuterte diese auch in seinen Vorlesungen.

Die sog. Wittenberger Unruhen während Luthers Aufenthalt auf der Wartburg bürdeten ihm die Hauptlast der Verantwortung auf und er fühlte sich den Anforderungen, die sich daraus ergeben, nicht gewachsen. Dem zurückgekehrten Luther überließ er mehr und mehr das Gebiet der Reformation und zog sich auf sein eigentliches Wirkungsgebiet zurück: auf die Reformen des Bildungssystems. Daher rührt sein Ruf als Praeceptor Germaniae, Lehrer Deutschlands. Er reformierte die Universität Wittenberg, die so zum Vorbild für viele andere Hochschulen wurde. Er gab außerdem wichtige Impulse für das allgemeine Bildungssystem.[54]

Spalatin

Den Namen Spalatin verdankt der Gelehrte seinem Geburtsort Spalt bei Nürnberg. Dort wurde er als Johannes Burckhardt am 17. Januar 1884 geboren. Spalatin studierte in Erfurt und Wittenberg und kam 1509 an den kursächsischen Hof. Zunächst tätig als Bibliothekar und Archivar, dann aber als Sekretär, Geheimer Rat und Hofprediger, gewann er in der Reformationsgeschichte eine maßgebliche Bedeutung. Er wurde zum Verbindungsglied zwischen Luther und Friedrich dem Weisen; dies zeigen allein die über 400 Briefe von Luther an ihn, die erhalten sind.

Früh schon lernte er Luther in Wittenberg kennen, und ehe er dessen Sprachrohr beim Kurfürsten wurde, diente der ihm seinerseits als Mentor im Bereich der Theologie. Spalatin war vorsichtig und bedachtsam, hat aber den noch vorsichtigeren Kurfürsten darin bestärkt, Luther zu stützen und treu zu dem Reformator gehalten.

Nach Friedrichs Tod trat er eine Stelle als Pfarrer in Altenburg an, wo er mit Mühe die Reformation durchsetzte. Nichtsdestoweniger war er immer wieder in amtlichen Missionen unterwegs: 1526 auf dem Reichstag in Speyer, 1530 in Augsburg, 1537 in Schmalkalden. Neben seiner großen Bedeutung für die Reformation sind seine Übersetzungen und historischen Schriften wichtig.

Johann von Staupitz

Der Augustinerer-Eremit Johann von Staupitz (geb. 1468) studierte zunächst in Köln und Leipzig und trat vermutlich in das Augustinerkloster München ein. Seit 1497 studierte er in Tübingen Theologie und war zugleich Prior des dortigen Klosters. Im Jahr 1500 promovierte er zum Doktor der Theologie. Der sächsische Kurfürst Friedrich, der ihn schon seit seiner Jugendzeit kannte, holte ihn aber, wie schon bemerkt, im Jahr 1502 aus dem Münchener Kloster nach Wittenberg zum Aufbau seiner Universität, die mit der Gründung des dortigen Augustinerklosters einherging. Staupitz hatte bereits in Tübingen die Möglichkeiten enger Zusammenarbeit zwischen einem Bettelordenskloster und der Universität kennengelernt. Dieses Modell übertrug er auf Wittenberg. Er selbst übernahm in Wittenberg die Bibelprofessur und war 1502 der erste Dekan der theologischen Fakultät. Als er 1512 seine Professur niederlegte, wurde Luther sein Nachfolger. Ihm hatte er während der Mönchszeit ständig als Seelsorger gedient und ihn in seinen Gewissensnöten getröstet.

Lucas Cranach

Die Bilder von Lucas Cranach be-
stimmen bis heute die Vorstellung, die wir von Luthers Äuße-
rem haben. Fast jedes Bildnis
von Luther ist auch heute noch
ein Bild von Cranach.

Im Jahr 1520 entstanden die
ersten Bildnisse des Reformators. Der war zu dieser Zeit bereits Taufpate der jüngsten Tochter Cranachs, was die beiden
Männer auch familiär miteinander verband. Um diese Zeit ar-
beitete der Künstler an dem Kupferstich, der Luther als Mönch
mit Doktorhut darstellt. Im Dezember 1521 kam Luther von der
Wartburg aus inkognito nach Wittenberg und ließ dort den
Holzschnitt „Junkers Jörg" anfertigen.

Eines ihrer größten gemeinsamen Projekte war der Druck des
von Luther auf der Wartburg übersetzten Neuen Testaments. Es
erschien nach fünfmonatiger Vorbereitung kurz vor dem 25.
September 1522[55] mit 21 ganzseitigen Holzschnitten von Cranach und wurde nach dem Erscheinungsmonat als „Septembertestament" bezeichnet. Die Auflage in Höhe von ca. 5000
Exemplaren war schnell vergriffen, sodass bereits im Dezember
die zweite Auflage (Dezembertestament) folgte. Bis 1534 wurden allein in Wittenberg 17 Auflagen gedruckt. Der Preis pro ver-
kauftem Exemplar betrug zehneinhalb Groschen, gebunden
wahrscheinlich einen Gulden, den Gegenwert eines schlachtrei-
fen Schweines. Luther nahm grundsätzlich kein Honorar, sodass der Gewinn für den cranachschen Verlag immens war. Zudem hatte Cranach gleichzeitig einen Buchhandel gegründet,
der sich bis 1533 in seinem Hause Marktplatz 3 befand.

Der wirtschaftliche Erfolg brachte ihm zugleich einen Aufstieg in der ständischen Hierarchie der Stadt. Dreißig Jahre lang
– von 1519 bis 1549 – war er Mitglied des Wittenberger Rates.
Die Ratsordnung schrieb vor, dass jeweils ein Drittel der 21 Räte

ein Jahr lang regieren sollte; so kam Cranach auf eine Regierungszeit von zehn Jahren. Drei Mal war er zusätzlich Kämmerer und 1537, 1540 und 1543 Bürgermeister.

Cranach gilt gemeinhin als der Illustrator von Luthers Überlegungen. So fertigte er zu dessen Schrift „Passional Christi et Antichristi" die erläuternden polemischen Holzschnitte an. Die Zehn-Gebote-Tafel im Lutherhaus wurde schon erwähnt; sie hing ursprünglich im Rathaus.

Ein weiteres Werk lässt sich in der Wittenberger Stadtkirche besichtigen: Es ist der sogenannte Reformationsaltar, der am 24. April 1547, also nach Luthers Tod, von Bugenhagen geweiht wurde.

Geschichtlich ist das Datum insofern bemerkenswert, als an diesem Tag die protestantischen Fürsten im Schmalkaldischen Krieg den Truppen von Kaiser Karl V. in der Schlacht bei Mühlberg unterlagen. Die Folgen waren auch in Wittenberg spürbar: Der Kurfürst wurde gefangen genommen, die Stadt verlor die Residenzfunktion und wurde kurz darauf erobert.

Beim Malen des Altarbildes hat sich Cranach von den Wittenberger Theologen beraten lassen.

Das mittlere Gemälde zeigt das Abendmahl: Alle Jünger sitzen in einer Runde und tragen Gewänder in bunten Farben, bis auf Judas, der ein gelbes Kleid trägt – ein Hinweis auf den späteren Verrat.

Der Diener, der Luther den Kelch reicht, ist Lucas Cranach der Jüngere. Luther wird in der Runde als Junker Jörg dargestellt, wie ihn Cranach bei dessen heimlicher Rückkehr von der Wartburg gesehen hat.

Die Bedeutung solcher Gemälde und Illustrationen war damals sehr hoch, weil die wenigsten Leute lesen und schreiben konnten und insofern auf die bildliche Interpretation angewiesen waren.

Ein weiteres sehr bekanntes Gemälde in der Stadtkirche ist das Epitaph für den Theologieprofessor Paulus Eber. Das Bild stellt einen Weinberg dar, das biblische Gleichnis für die Kirche, und lehnt sich an eine Äußerung von Papst Leo X. in der Bannandrohungsbulle an: „Diesen Weinberg will ein Wildschwein (Eber) aus dem Wald verderben, und ein außerordentlich wildes

Eines von Cranachs bekanntesten Gemälden illustriert die „Zehn Gebote".

Tier frisst ihn kahl …" Cranach zeigt recht polemisch auf, wer den Weinberg verdirbt und wer ihn hegt und pflegt: Auf der vom Betrachter aus linken Seite arbeiten Papst, Mönche und Kardinäle. Sie reißen die Reben aus und werfen Steine in den Brunnen.

Auf der anderen Seite sind die Reformatoren zu sehen, die sich vorbildlich den Reben widmen. Luther beseitigt Unkraut, Melanchthon schöpft klares Wasser und Bugenhagen bearbeitet den Boden mit einer Harke.

Nach der Eheschließung Luthers malt Cranach ein Doppelbild der Eheleute, das noch heute in mehreren Versionen existiert und offensichtlich die Zustimmung zu Luthers Heirat fördern soll.

Einige Jahre später erfolgt eine Neuauflage und die Eheleute sind bereits gesetzter – auch hiervon sind noch verschiedene Bilder vorhanden. Das letzte Lutherbild von Cranach entstand 1539. Der nunmehr 56-Jährige wird massig und gesetzt dargestellt und soll wohl protestantische Festigkeit und Zuversicht symbolisieren.

Cranach war und ist bekannt als erfolgreicher Unternehmer, der in Wittenberg diverse Häuser besaß und nach dem kurfürstlichen Kanzler Brück als reichster Bürger der Stadt galt. Außerdem hatte er das Apothekenprivileg inne und das Schankrecht für Wein.[56]

Bugenhagen

Johannes Bugenhagen wurde wegen seiner Herkunft aus Pommern Pommeranus genannt. Nach dem Studium von Luthers Schriften hatte er sich 1520 der Reformation zugewandt. Er entschloss sich zum Studium an der Leucorea, wurde dort 1521 immatrikuliert und 1523 konnte er durch Luthers Empfehlung die Stadtpfarre übernehmen, sodass er dessen Pastor und Seelsorger wurde. Das Vertrauensverhältnis zu Luther war sehr eng. Er traute Luther und Katharina, taufte deren erstes Kind und hielt die Predigt bei Luthers Bestattung.

Er war an den Bibelübersetzungen beteiligt und seine Schriftkommentare waren vor allem im niederdeutschen Raum einflussreich. Er übersetzte die Bibel ins Niederdeutsche. Bugenha-

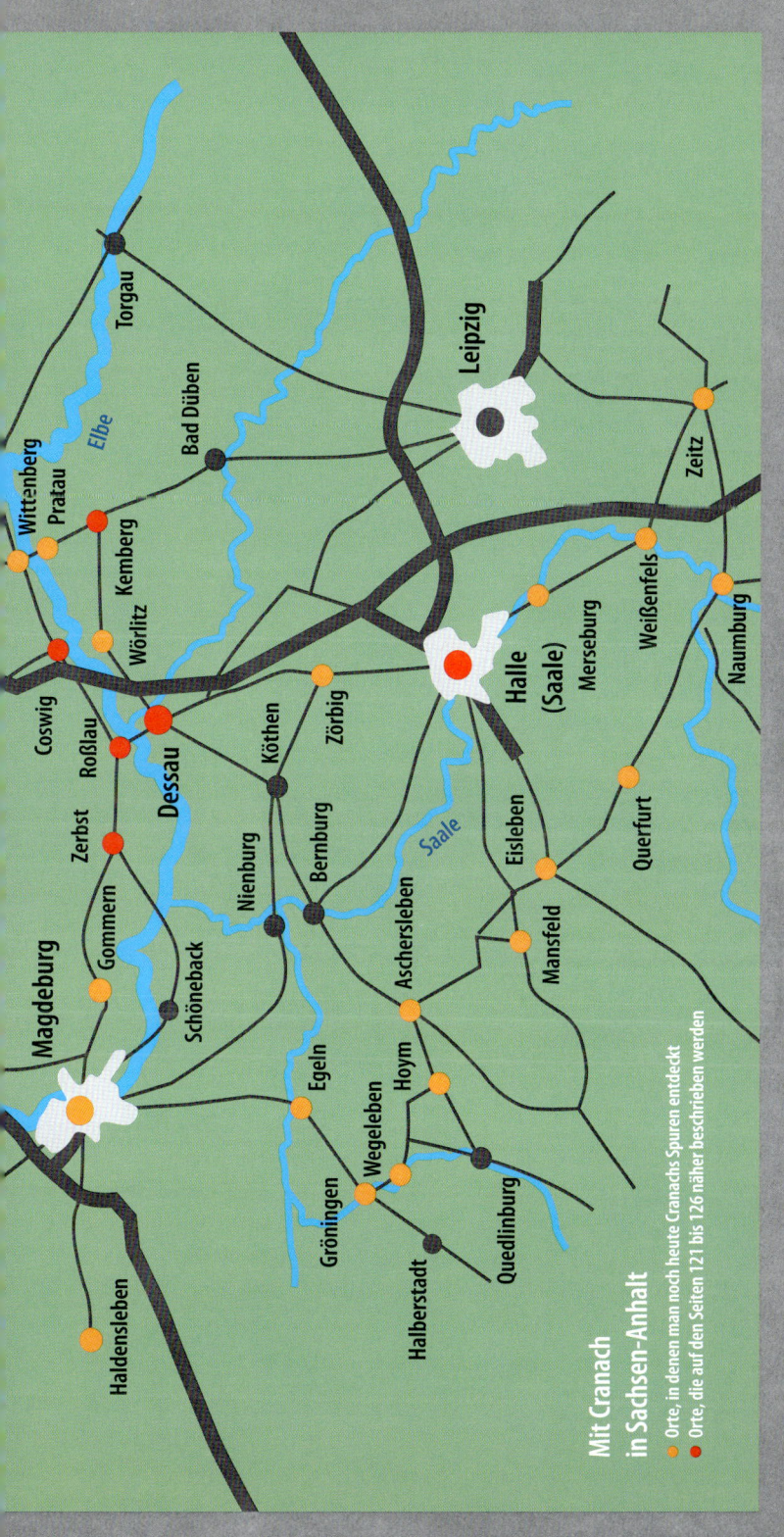

Mit Cranach
in Sachsen-Anhalt

● Orte, in denen man noch heute Cranachs Spuren entdeckt
● Orte, die auf den Seiten 121 bis 126 näher beschrieben werden

Torgau
Elbe
Bad Düben
Wittenberg
Pratau
Kemberg
Wörlitz
Coswig
Roßlau
Dessau
Zerbst
Gommern
Magdeburg
Schöneback
Nienburg
Köthen
Zörbig
Bernburg
Saale
Aschersleben
Eisleben
Mansfeld
Querfurt
Halle
(Saale)
Merseburg
Weißenfels
Naumburg
Zeitz
Leipzig
Haldensleben
Egeln
Wegeleben
Hoym
Gröningen
Quedlinburg
Halberstadt

gen blieb in Wittenberg, obwohl er Angebote zu Bischofsämtern erhielt und eine Berufung an die Universität von Kopenhagen. Er kümmerte sich vor allem um die Verbesserung und Verbreitung der Kirchenordnungen.

Wittenberg ehrt seinen ersten evangelischen Pfarrer mit einer Büste.

1521 versteckte Luther sich auf der Wartburg (Bild) und
Bugenhagen begann sein Studium in Wittenberg. Sie konnten noch
nicht ahnen, dass sie einmal enge Freunde würden.

Die Thesentür an der Wittenberger Schlosskirche symbolisiert Luthers Kampf gegen Missstände seiner Zeit.

7. LUTHERS KAMPF GEGEN DEN ABLASS

Ablass elektronisch

Über den Ablass schrieb der Redakteur Christoph Drösser am 2. September 2004 in der Wochenzeitung „Die Zeit": „Den Ablass assoziiert man immer mit dem tiefsten Mittelalter – eine Art ,Kuhhandel mit Gott', der von Luther angeprangert wurde. Auch wenn es heute keine listigen Pfaffen mehr gibt, die dem Volk die Qualen des Fegefeuers drastisch schildern und dann einen Ablassbrief zur Vermeidung der Pein verkaufen: Am Prinzip des Ablasses hält die katholische Kirche weiter fest. Das hat zuletzt Papst Paul VI. in der Apostolischen Konstitution Indulgentiarum doctrina im Jahr 1967 bekräftigt, auch Johannes Paul II. hat dieses Instrument eingesetzt. So konnten Gläubige im Heiligen Jahr 2000 einen vollständigen Sündenablass erlangen.

Ablass darf man nicht verwechseln mit der Vergebung der Sünden, die nur Gott gewähren kann. Aber auch der Sünder, dem vergeben wurde und der tätige Reue gezeigt hat, muss nach katholischem Glauben noch für seine Taten im Fegefeuer büßen. Dieser Strafe kann man entgehen – auch heute noch durch Geldspenden an karitative Organisationen, durch soziales Engagement, Pilgerfahrten oder Teilnahme an besonderen Gottesdiensten. Der Ablass ist also nicht ,heilsnotwendig', wie Paul VI. sagte, aber er kann das Leben nach dem Tod kolossal erleichtern. Eine ,Preisliste' für Sünder gibt es allerdings nicht. Eine gute Gelegenheit ist etwa der österliche Urbi-et-orbi-Segen des Papstes. Die Teilnahme kann zum Totalablass führen und ist auch per Radio oder Fernsehen möglich."

Der Ablassverkauf war nach Luthers Meinung skandalös, da der Sündenerlass mit politischen und wirtschaftlichen Zielen verquickt wurde. Dieses skandalöse Geldgeschäft prangerte er zunächst in seinen Vorlesungen und später in seinen Thesen an.

Das Erzbistum Mainz, das größte der damaligen Christenheit, Sitz des Erzkanzlers von Deutschland, hatte zwischen 1504 und 1514 drei Mal den Inhaber gewechselt. So mussten drei Mal die nach Rom zu zahlenden Gebühren für die Bestätigung eines neuen Erzbischofs und für die Erteilung des Palliums, des Zeichens der erzbischöflichen Würde, in Höhe von 10 000 Dukaten oder 14 000 Gulden gezahlt werden. Aufgrund dessen war das Erzbistum völlig überschuldet. Darum wurde bei der Neuwahl nach einem Kandidaten gesucht, der über die notwendigen Finanzen verfügte. Dazu wurde Albrecht von Hohenzollern-Brandenburg bestimmt, der bereits seit 1513 Erzbischof von Magdeburg war. Zwar war eine Häufung von Ämtern verboten, doch Rom erteilte nach Verhandlungen eine Ausnahmegenehmigung, allerdings nur gegen eine Zahlung von 21 000 Dukaten bzw. 29 000 Gulden. Über diese Summe verfügte Albrecht nicht und so lieh das Bankhaus Fugger ihm die Summe. Als Gegenleistung sollte Albrecht den Petersablass zum Bau des Petersdoms vertreiben lassen. Die Hälfte der Einnahmen sollte an Rom gehen, die andere Hälfte an die Fugger zur Tilgung der Schulden.

Die Ablassbulle *Sacrosancti salvatoris et redemptoris nostri* lässt von Anfang an ganz offen die Verbindung von seelsorgerischem und finanziellem Interesse erkennen. Der Ablass sollte acht Jahre lang in den Kirchenprovinzen Mainz und Magdeburg und in Brandenburg vertrieben werden. Bis auf wenige Ausnahmen erstreckte er sich auf alle Sünden. Für die Ablasskampagne wurden Unterkommissare, Ablassprediger und Beichtväter bestellt. Als Generalsubkommissar für den Ablassvertrieb in der Magdeburger Kirchenprovinz wurde am 22. Januar 1517 der Leipziger Dominikanermönch Johann Tetzel vereidigt.

Am 10. April war Tetzel in Jüterbog. Ihn haben wohl etliche Beichtkinder Luthers aufgesucht, sodass Luther unmittelbar mit den Folgen des Petersablasses konfrontiert wurde. Er versuchte daraufhin zunächst in Predigten die Dinge klarzustellen. Zwar konnte er die zum Ablasskauf führenden Schwierigkeiten mit dem Bußsakrament nachvollziehen, er hielt jedoch den Ausweg des Ablasses für die falsche Lösung.

Ablass-Schatulle, ursprünglich Teil eines Sebastiansaltars, 1522.

Noch Jahre später (1541) schreibt Luther empört über die Ablasspraxis:

Indessen erfahre ich, wie Tetzel habe gräuliche, schreckliche Artikel gepredigt, von denen ich diesmal einige nennen will: Er hätte solche Gnade und Gewalt vom Papst, dass er es vergeben könnte, wenngleich einer die heilige Jungfrau Maria, Gottes Mutter, geschwächt oder geschwängert hätte, wenn derselbe nur in den Kasten lege, was sich gebührt. Weiter: Das rote Ablasskreuz mit dem Wappen des Papstes, das in den Kirchen aufgerichtet werde, sei ebenso kräftig wie das Kreuz Christi ... Ferner: Wenn einer Geld für eine Seele im Fegfeuer in den Kasten lege, so führe die Seele (aus dem Fegfeuer) heraus in den Himmel, sobald der Pfennig auf den Boden fiele und klänge. Ferner: Die Ablassgnade sei eben die Gnade, durch welche der Mensch mit Gott versöhnt werde." [57]

Die 95 Thesen (Auswahl)

Aus Liebe zur Wahrheit und in dem Bestreben, diese zu ergründen, soll in Wittenberg unter dem Vorsitz des ehrwürdigen Vaters Martin Luther, Magisters der freien Künste und der heiligen Theologie sowie deren ordentlicher Professor daselbst, über die folgenden Sätze disputiert werden. Deshalb bittet er, die, die nicht anwesend sein und mündlich mit uns debattieren können, dieses in Abwesenheit schriftlich zu tun. Im Namen unseres Herrn Jesu Christi, Amen.[58]

1. Da unser Herr und Meister Jesus Christus spricht: „Tut Buße" usw. (Matth. 4,17), hat er gewollt, dass das ganze Leben der Gläubigen Buße sein soll.

5. Der Papst will und kann keine Strafen erlassen, außer solchen, die er aufgrund seiner eigenen Entscheidung oder der der kirchlichen Satzungen auferlegt hat.

21. Deshalb irren jene Ablassprediger, die sagen, dass durch die Ablässe des Papstes der Mensch von jeder Strafe frei und los werde.

24. Deswegen wird zwangsläufig ein Großteil des Volkes durch jenes in Bausch und Bogen und großsprecherisch gegebene Versprechen des Straferlasses getäuscht.

27. Menschenlehre verkündigen die, die sagen, dass die Seele (aus dem Fegefeuer) emporfliege, sobald das Geld im Kasten klingt.

28. Gewiss, sobald das Geld im Kasten klingt, können Gewinn und Habgier wachsen, aber die Fürbitte der Kirche steht allein auf dem Willen Gottes.

32. Wer glaubt, durch einen Ablassbrief seines Heils gewiss sein zu können, wird auf ewig mit seinen Lehrmeistern verdammt werden.

35. Nicht christlich predigen die, die lehren, dass für die, die Seelen (aus dem Fegefeuer) loskaufen oder Beichtbriefe erwerben, Reue nicht nötig sei.

36. Jeder Christ, der wirklich bereut, hat Anspruch auf völligen Erlass von Strafe und Schuld, auch ohne Ablassbrief.

37. Jeder wahre Christ, sei er lebendig oder tot, hat Anteil an allen Gütern Christi und der Kirche, von Gott ihm auch ohne Ablassbrief gegeben.

45. Man soll die Christen lehren: Wer einen Bedürftigen sieht, ihn übergeht und stattdessen für den Ablass gibt, kauft nicht den Ablass des Papstes, sondern handelt sich den Zorn Gottes ein.

46. Man soll die Christen lehren: Die, die nicht im Überfluss leben, sollen das Lebensnotwendige für ihr Hauswesen behalten und keinesfalls für den Ablass verschwenden.

50. Man soll die Christen lehren: Wenn der Papst die Erpressungsmethoden der Ablassprediger wüsste, sähe er lieber die Peterskirche in Asche sinken, als dass sie mit Haut, Fleisch und Knochen seiner Schafe erbaut würde.

51. Man soll die Christen lehren: Der Papst wäre, wie es seine Pflicht ist, bereit – wenn nötig –, die Peterskirche zu verkaufen, um von seinem Gelde einem großen Teil jener zu geben, denen gewisse Ablassprediger das Geld aus der Tasche holen.

52. Aufgrund eines Ablassbriefes das Heil zu erwarten ist eitel, auch wenn der (Ablass-) Kommissar, ja der Papst selbst ihre Seelen dafür verpfändeten.

53. Die anordnen, dass um der Ablasspredigt willen das Wort Gottes in den umliegenden Kirchen völlig zum Schweigen komme, sind Feinde Christi und des Papstes.

62. Der wahre Schatz der Kirche ist das allerheiligste Evangelium von der Herrlichkeit und Gnade Gottes.

92. Darum weg mit allen jenen Propheten, die den Christen predigen: „Friede, Friede", und ist doch kein Friede.

93. Wohl möge es gehen allen den Propheten, die den Christen predigen: „Kreuz, Kreuz", und ist doch kein Kreuz.

94. Man soll die Christen ermutigen, dass sie ihrem Haupt Christus durch Strafen, Tod und Hölle nachzufolgen trachten

95. und dass die lieber darauf trauen, durch viele Trübsale ins Himmelreich einzugehen, als sich in falscher geistlicher Sicherheit zu beruhigen.

500 Jahre Reformation 31.10.2017

Recht unterwürfig und respektvoll schrieb Luther am 31. Oktober 1517 einen Brief an den oben genannten Erzbischof Albrecht. Er kritisierte nicht die Ablasspraxis als solche, sondern sorgte sich wegen der Missverständnisse, die im Volk entstanden. Die Käufer der Ablässe wären der Meinung, dass sie nunmehr ihres Heiles sicher sein dürften und dass ihre Seele in den Himmel komme, sobald das Geld bezahlt wäre. (Hiermit spielte er an auf Tetzels Verkaufsslogan: „Sobald das Geld im Kasten klingt, die Seele aus dem Fegefeuer in den Himmel springt.") Ihm bereite es Sorgen, dass jede noch so schwere Sünde durch den Ablass vergeben werde.

Luther legte seinem Brief an den Erzbischof die 95 Thesen bei, die ja von mehreren Seiten aus den Ablass kritisieren.

Die Thesen enthalten eine Fülle von Argumenten und Blickrichtungen. Sie sind von Luther tatsächlich als Thesenpapier, d. h. als Diskussionsgrundlage, gedacht. Im Zusammenhang mit der Thesendiskussion setzt Luther immer wieder voraus, dass der Papst seine Auffassung zum Ablass teile. Noch 1541 betont Luther, er habe zunächst nicht gegen den Ablass, sondern nur gegen dessen Missbrauch vorgehen wollen[59]. Schon gar nicht wollte er sich gegen den Papst richten. Dies geht auch aus der Überschrift zu den Thesen hervor (s. o.). Doch Luther wurde von der Wirkung überrascht. Sobald die Thesen gedruckt vorlagen, begann seine spätere Feststellung zuzutreffen: „Als wären die Engel selbst Botenläufer und trügen's vor aller Menschen Augen."[60]

Luther irrte in der Annahme, dass der Papst bzw. die kirchliche Führungsspitze seine Thesen als Diskussionsgrundlage gelten lassen würden. Friedrich dem Weisen wurden auf einer Reise die Ablassthesen von Spalatin vorgelesen. Er kommentierte: „Ihr werdet sehen, der Papst wird das nicht leiden können."[61] Die Thesen wurden innerkirchlich heftig diskutiert und Luther musste im Februar und Mai 1518 Erklärungen zu ihnen verfassen. Durch die ständige Auseinandersetzung hatte Luther zwei Aufgaben vor sich: Die schwere und fast aussichtslose Auseinandersetzung mit dem kirchlichen System und seiner Spitze sowie den Ausbau und die Anwendung seiner neuen Erkenntnis in Theorie und Praxis.

Im Sommer 1518 wurde in Rom offiziell der Prozess gegen Luther eröffnet. Friedrich der Weise erreichte es jedoch, dass Luther statt nach Rom zum Verhör vor den Kardinal Cajetan nach Augsburg zitiert wurde. Das Verhör fand am 12. und 14.10. im dortigen Fuggerhaus statt (siehe Kapitel „Augsburg").

Wie ihm geraten worden war, warf Luther sich zu Beginn des Verhörs demütig vor Cajetan auf den Boden. Dennoch behielt er seine eigene Vorstellung von der Art des Verhörs. Cajetan stellte drei Forderungen an ihn: Er solle 1. zum Herzen der Kirche zurückkehren, er solle 2. seine Irrtümer widerrufen und er solle 3. in Zukunft von ihnen und von allem, was die Kirche verwirren könnte, Abstand nehmen. Luther aber bestand darauf, die Thesen gegen den Ablass zu diskutieren. Widerstrebend ging der Kardinal darauf ein. Er konterte mit einer Bulle aus dem Jahr 1343 und – was noch schwerer wog – mit dem Verdienst Christi: Papst Clemens VI. hatte in seiner Bulle darauf hingewiesen, dass Christus für die Kirche einen überschüssigen Schatz guter Werke verdient hätte. Den dürfe sie doch wohl den Sündern nun auch nach Ermessen austeilen – wenigstens zum Erlass begrenzter Strafen!

Luthers schriftliche Antwort wurde von Cajetan zurückgewiesen. Er forderte Luther zum Widerruf auf und drohte ihm und seinen Freunden mit Bann. In einem lautstarken Wortgefecht weigert sich Luther zu widerrufen. Freunde halfen ihm offenbar durch ein unbewachtes Stadttor zu eiliger Flucht nach Wittenberg, bis nach Nürnberg auf ungesatteltem Pferd.

Nach dem Augsburger Verhör folgte ein Stillhalteabkommen, Luther jedoch brannte auf eine Auseinandersetzung. Dazu sollte ihm bald die Leipziger Disputation mit dem Ingolstädter Theologieprofessor Johann Eck Gelegenheit geben.

Am 7. Februar 1519 schrieb Luther an Spalatin:

Übrigens hat unser Ruhmfresserchen Eck ein Flugblatt herausgegeben, wonach er in Leipzig mit Karlstadt diskutieren will. Und da dieser alberne Neidhammel seinem schon lange gegen mich gehegten Neid Genugtuung verschaffen will, stürzt er sich auf mich und meine Schriften. ... Deshalb habe ich gegen ihn eine Gegenschrift veröffentlicht, wie Du in dem beiliegenden Druck sehen wirst. Es wird Eck vielleicht Anlass geben, diese Angelegenheit, die er bisher nur als Spiel behandelt hat, endlich ernsthaft zu betreiben, und die römische Tyrannei zu ihrem Unglück zu beraten.[62]

Viele kamen, um der Debatte zuzuhören. Bereits am 22. Juni traf als Erster der Kontrahenten Eck ein, um am folgenden Tag an der Fronleichnamprozession teilzunehmen. Am 24. Juni zogen die Wittenberger in großer Zahl durch das Leipziger Tor. Der Einzug war so beeindruckend, dass auch Eck ein Ehrengeleit von den Leipziger Studenten erhielt. Luther wohnte während seines Leipziger Aufenthaltes im Haus des Buchdruckers Lotter in der Hainstraße. Die eigentliche Disputation begann am 27. Juni, nachdem vorher lang und breit die Vorgehensweise verhandelt worden war. Die Disputation zog sich über 17 Tage hin und wurde nur deswegen beendet, weil Herzog Georg den Kurfürsten Joachim von Brandenburg als Gast erwartete und die Pleißenburg für dessen Unterkunft benötigte.

Luther und Karlstadt versuchten beide Eck in der Diskussion zu überwinden, dennoch sah sich Eck als Sieger und schrieb im Oktober 1519 einen entsprechenden Brief an den Papst. Diesen forderte er darin auf, wegen hussitischer Häresie gegen Luther vorzugehen. Im September 1520 wurde denn auch in Meißen, Merseburg und Brandenburg die Bannandrohungsbulle angeschlagen. Sie betraf nicht nur Luther, sondern auch seinen Mitdisputanten Karlstadt und weitere Anhänger.

Spuren von Luther in Leipzig

Die Thomaskirche in Leipzig

M. Luther predigte mehrmals in Leipzig: so im Schloss am 29. Juni 1519 anlässlich der Disputation mit Eck, am Pfingstsonnabend (24. Mai) 1539 in der Schlosskapelle, am Pfingstsonntag (25. Mai) 1539 in der Thomaskirche und am 12. August 1545 in der Paulinerkirche.
Während seiner gelegentlichen Aufenthalte in Leipzig wohnte Luther überwiegend bei dem Drucker M. Lotter (1470? bis 1549) im späteren Haus „Zum Birnbaum" (heute: Hôtel de Pologne, Hainstraße 16/18, Gedenktafel), aber auch im Scherlschen Haus (heute Klostergasse 3).

In der Folge wurden in mehreren Städten Luthers Bücher verbrannt. In Wittenberg reagierte Luther darauf am 10. Dezember 1520 mit einer öffentlichen Verbrennung päpstlicher Bücher und des Kanonischen Rechts[63] mitsamt der Bannandrohungsbulle.

Am 10. Dezember 1520 schrieb Luther an Spalatin:

Heil! Im Jahre 1520, am zehnten Dezember um neun Uhr sind zu Wittenberg vor dem östlichen Tore bei der heiligen Kreuzkirche alle Bücher des Papstes verbrannt worden: das Dekret, die Dekretalen, die Sexten, die Klementinen, die Extravaganten und die neueste Bulle Leos X. ... und etliche andere (Schriften), die von anderen dazugetan wurden, damit die mordbrennerischen Papisten sehen, dass nicht große Macht dazu gehört, Bücher zu verbrennen, welche sie nicht widerlegen können.[64]

Papst Leo X.

Derjenige, der gegen Luther die Bannbulle verhängte, war Leo X. (Giovanni de' Medici), Papst vom 11. März 1513 bis 1. Dezember 1521. Leo studierte Theologie und Kirchenrecht in Pisa. Auf Betreiben seines Vaters wurde er 1489 zum Kardinal erhoben und förderte seine Familie in Florenz. Nach der vor allem durch den Dominikaner Girolamo Savonarola bewirkten Vertreibung der Medici aus Florenz hielt er sich meist in Frankreich, Deutschland oder Flandern auf, bis er nach dem Tod Alexanders VI. (1503) nach Rom zurückkehrte. Papst Julius II. sandte ihn 1511 nach Bologna und in die Romagna; im selben Jahr ernannte er ihn zum Oberbefehlshaber der spanischen und päpstlichen Truppen im Krieg gegen Frankreich.

Außenpolitisch hatte er wenig Glück: Bei der Kaiserwahl im Jahre 1519 unterstützte er zunächst den französischen König Franz I., dann den sächsischen Kurfürsten Friedrich den Weisen und schließlich den spanischen König Karl I., der bis 1556 als Kaiser Karl V. an der Spitze des Hl. Römischen Reiches Deutscher Nation stand. 1521 schloss Leo mit Karl V. ein Bündnis gegen Frankreich. – Getreu seinem Wahlversprechen berief Leo ein allgemeines Konzil ein: das (5.) Laterankonzil (1513 bis 1517), das trotz nützlicher Reformdekrete keine nennenswerten Wirkungen zeitigte, weil vor allem Papst und Kurie jeden ernsten Willen zur Erneuerung vermissen ließen.[65]

Feindlich ragt die Wormser Stadtmauer in den düsteren
Himmel. In Worms bezog Luther Stellung gegen den Papst.

8. Worms –
das Bekenntnis Luthers

Am 16. April 1521 war die 7 000 Einwohner zählende Stadt Worms voller Besucher. Man spürte, dass in der Stadt Entscheidendes geschehen sollte. Luther sollte sich anlässlich des Reichstages vor dem jungen Kaiser verantworten; dies hatte Kurfürst Friedrich gegen den päpstlichen Widerstand durchgesetzt. Luthers Reise nach Worms geriet zu einem Triumphzug. In Erfurt empfing ihn seine alte Universität und seine Ordenskirche war völlig überfüllt, als er dort predigte. Luther versuchte es zwei Mal dem Reichstag seine Vorstellungen deutlich zu machen, wurde aber danach jedes Mal energisch zum Widerruf aufgefordert. Daraufhin antwortete er mit einer langen lateinischen Rede und schloss sie mit den berühmten Worten:

Das Wormser Stadttor

Da Eure kaiserliche Majestät und Eure Herrlichkeiten eine schlichte Antwort begehren, so will ich eine solche ohne alle Hörner und Zähne geben: Wenn ich nicht durch Zeugnis der Schrift und klare Vernunftgründe überzeugt werde – denn ich glaube weder dem Papst noch den Konzilien allein, da es am Tage ist, dass sie des Öfteren geirrt und sich selbst widersprochen haben – so bin ich durch die Stellen der Heiligen Schrift, die ich angeführt habe, überwunden in meinem Gewissen und gefangen in dem Worte Gottes. Daher kann und will ich nichts widerrufen, weil wider das Gewissen etwas zu tun weder sicher noch heilsam ist.

Auf Deutsch fügte er hinzu:

Gott helfe mir, Amen.

Karl V. verhängte daraufhin über Luther mit dem Wormser Edikt die Reichsacht.

Heute noch in Worms zu besichtigen:

Der Dom

Ein Stein neben dem Dom erinnert an
das Gebäude des Reichstages.

Den heutigen Dom hat Bischof
Burchard Mitte des 12. Jahrhunderts
errichten lassen.

Reformationsdenkmal mit Luther und weiteren Reformatoren

Das Lutherdenkmal mit anderen Reformatoren wurde am 25. 6. 1868 enthüllt.
Die Lutherstatue war prägend für das
Lutherbild Ende des 19. Jahrhunderts
und es wurde häufig kopiert.

Eine Postkarte zeigt das Denkmal
um 1900.

Eisenach und die Bibelübersetzung

Luther machte sich auf den Heimweg und als er auf kursächsischem Gebiet war, wurde er durch einen vorgetäuschten Überfall von Leuten des Kurfürsten auf die Wartburg bei Eisenach gebracht. Er lebte dort als Junker Jörg und war durch Haare und Bart, die er sich hatte wachsen lassen, nicht mehr zu erkennen.

Buchstäblich gefangen konnte er den Burgbereich nicht verlassen und aufgrund der ungewohnten Nahrung und der fehlenden Bewegung ging es ihm dort in der ersten Zeit nicht eben gut.

Am 15. August 1521 schrieb er von der Wartburg aus an Spalatin:

Über das Ertragen meiner Verbannung mache Dir keinen Kummer. ... Ich bin letzten Montag (12. August) zwei Tage auf der Jagd gewesen, um jenes bittersüße Vergnügen der Helden kennenzulernen. Wir haben zwei Hasen und etliche arme Rebhühnlein gefangen; wahrlich eine Beschäftigung, die müßiger Menschen würdig ist! Ich trieb Theologie auch dort unter Netzen und Hunden. So viel Vergnügen aber dieses Treiben oberflächlich betrachtet auch brachte, so viel Mitleid und Schmerz mischte darunter ein Gleichnis: Denn was bedeutet dieses Bild anderes als den Teufel, der durch seine Nachstellungen und gottlose Lehrer, seine Hunde – nämlich die Bischöfe und Theologen – solche unschuldigen Tierchen jagt! Sehr nahe ging (mir) dieses überaus traurige Gleichnis auf die einfältigen und gläubigen Seelen. Es kam aber noch ein gräulicheres Gleichnis hinzu: Durch mein Bemühen hatten wir ein Häschen am Leben erhalten. Ich hatte es in den Ärmel meines Rockes gewickelt und war ein bisschen fortgelaufen. Unterdessen hatten aber die Hunde den armen Hasen aufgestöbert und durch den Rock hindurch brachen sie ihm erst seine rechte Hinterpfote und dann löschten sie ihm durch einen Biss in die Kehle das Leben aus. So nämlich wütet der Papst – und der Satan! –, dass er auch die bereits geretteten Seelen wieder verdirbt und sich um meine Mühen nicht kümmert.[66]

Bei (verhältnismäßig) besserem Befinden ging Luther die Übersetzung des Neuen Testamentes an. Dabei legte er Wert auf eine

Versteckt als Junker Jörg auf der Wartburg, übersetzte Luther die Bibel in verständliches Deutsch.

möglichst gemeinverständliche Sprache. Zur Überarbeitung zog er bei seinen Aufenthalten in Wittenberg Spalatin und Melanchthon hinzu und ließ sich, um Genauigkeit und Anschaulichkeit bemüht, für die Übersetzung des 21. Kapitels der Johannesoffenbarung Edelsteine aus dem kurfürstlichen Besitz bringen. Melanchthon hatte die Aufgabe, die Werte der alten Münzbezeichnungen möglichst korrekt umzurechnen.

Das Septembertestament (s. o.) war binnen kurzer Zeit vergriffen.

In seiner Vorrede zum Neuen Testament schrieb Luther:

So ist denn das Evangelium Gottes und das Neue Testament durch die Apostel in aller Welt erschollen als eine gute Nachricht und ein Siegesgeschrei von einem rechten David, der mit Sünde, Tod und Teufel gestritten und sie überwunden hat und der damit alle in Sünden Gefangenen, mit dem Tod Geplagten, vom Teufel Überwältigten ohne ihr Verdienst erlöst, gerecht, lebendig und selig gemacht und so zufriedengestellt und wieder heim zu Gott gebracht hat. Davon singen sie, danken und loben Gott und sind ewig fröhlich, wenn sie es nur fest glauben und beständig im Glauben bleiben.[67]

Von den Evangelien hat Luther das Johannesevangelium am höchsten geschätzt. In dem ursprünglich zu der Vorrede des Neuen Testaments gehörenden Abschnitt „Welches die rechten und edelsten Bücher des Neuen Testaments sind" (seit den Ausgaben der Bibel aus dem Jahr 1534 und den Sonderausgaben des Neuen Testaments aus dem Jahr 1539 ist dieser Abschnitt weggelassen) begründet Luther dies so:

> *Weil nun Johannes gar wenig Werke von Christo, aber gar viel von seiner Predigt schreibt, wiederum die andern drei Evangelisten viel seiner Werke, wenig seiner Worte beschreiben, ist Johannis Evangelium das ein(z)ige, zarte, rechte Hauptevangelium und den andern dreien weit, weit vorzuziehen und höher zu heben.*[68]

Luthers Übersetzung war nicht nur ein theologischer Meilenstein, sondern auch ein sprachgeschichtlicher. Luthers Sprache war vom Ostmitteldeutschen und vom Niederdeutschen geprägt, sodass sie von einer breiten Leserschicht verstanden wurde. Damit erklärt sich die starke Verbreitung der Bibelübersetzung und seiner anderen Schriften, mit denen er die deutsche

Heute herrscht Betriebsamkeit vor dem Zimmer, in dem Luther die Bibel ins Deutsche übersetzte.

Sprache wesentlich prägte. Diese Prägung hält bis heute an und noch heute werden von Luther geprägte Ausdrücke benutzt: So zum Beispiel Luthers relativ freie Übersetzung des Griechischen „Wes das Herz voll ist, des geht der Mund über".[69] Die Wirkung Luthers und die Verbreitung seiner Werke durch den Buchdruck kann am besten mit der heutigen Wirkung des Internets verglichen werden.

Luther selbst meinte:

> Ich habe keine bestimmte, besondere, eigene Sprache im Deutschen, sondern gebrauche die allgemeine Sprache, sodass mich beide, Ober- und Niederländer, verstehen können. Ich rede nach der sächsischen Canzley, welcher alle Fürsten und Könige in Deutschland nachfolgen.[70]

Luther und die Musik

Ende 1523 teilte Luther Spalatin den Entschluss mit, deutsche Psalmen oder geistliche Lieder für das Volk zu schaffen, damit das Wort Gottes auch durch Gesang unter den Leuten bleibe. Bereits gedichtet hatte er: „Aus tiefer Not" und „Es wolle Gott uns gnädig sein". Nun suchte er weitere fähige Poeten und wandte sich dazu auch an Spalatin:

> Ich habe die Absicht, nach dem Beispiel der alten Väter der Kirche gereimte Psalmen für das Volk zu schaffen, also geistliche Lieder, damit das Wort Gottes auch durch Gesang unter den Leuten bleibt. Wir suchen daher überall Dichter. Da Dir aber Reichtum und Eleganz in der deutschen Sprache gegeben ist, durch vielfältigen Gebrauch verfeinert, so bitte ich Dich, mit uns an dieser Sache zu arbeiten und zu versuchen, irgendeinen Psalm in ein Lied umzuformen, wie Du hier ein Beispiel von mir hast.[71] Ich würde mir aber wünschen, dass neue und höfische Worte vermieden werden, damit nach dem Fassungsvermögen des Volkes möglichst einfache und gebräuchliche und dabei doch reine und angemessene Worte gesungen werden. Außerdem soll der Sinn klar sein und den Psalmen so nahe wie möglich stehen.[72]

Vor den oben erwähnten Chorälen hatte Luther auch schon eine
Art Volkslied gedichtet, das als Flugblatt verbreitet wurde. Es
entstand aus folgendem Anlass: 1523 wurden auf dem Marktplatz in Brüssel zwei Ordensbrüder Luthers wegen ihres Glau-
bensbekenntnisses verbrannt. Schon die ersten Zeilen geben
Luthers Stimmung wieder: „Ein neues Lied wir heben an, das
walt' Gott unser Herre, zu singen, was hat Gott getan zu seinem
Lob und Ehre ..." Otto Schlißke bemerkt dazu: „Jubelnde Freude erfüllte ihn, dass das, was er als richtig erkannt hat, sich nun
in anderen so stark erwiesen hat, dass sie dafür mutig in den Tod
gehen konnten."[73]

Noch 1523 wurden die ersten Lieder Luthers in Einzeldrucken
veröffentlicht. Dazu gehörte „Nun freut euch, lieben Christen-
g'mein", eine seiner eindrucksvollsten Liedschöpfungen.
Das in vier Stimmbüchern 1524 in Wittenberg erschienene Chor-
gesangbuch enthielt Luthers erste zusammenhängende Äuße-

rung zum gottesdienstlichen Liedgesang. Nach dieser lag ihm viel daran, dass vor allem die Jugend die neuen Lieder lerne und Freude daran habe. Als Autor der meist vierstimmigen Sätze ist der Torgauer Kantor Johann Walter angegeben. Luther war der Schöpfer von Text und Melodie. Mit der Herausgabe des Gesangbuchs verfolgte er verschiedene Ziele. An erster Stelle stand dabei wohl die missionarische Absicht. Das Kirchenlied sollte biblische Inhalte und reformatorische Ideen verbreiten. Außerdem sollten Reim und Melodie helfen, christliche Inhalte leicht und bleibend dem Gedächtnis einzuprägen, und nicht zuletzt sollte das gemeinsame Singen gemeinschaftsbildend wirken. Die psychische Wirkung guter Musik hielt Luther für Medizin gegen das Böse und für Labsal gegen Verdruss.

Luther dichtete über 30 Kirchenlieder, darunter Kirchenjahreslieder wie „Vom Himmel hoch, da komm ich her", Katechismuslieder wie „Dies sind die heil'gen Zehn Gebot", Psalmlieder wie „Ein feste Burg ist unser Gott", Lieder zum häuslichen Gebrauch und liturgische Lieder.[74]

Warum Kirchenlieder auch noch wichtig waren

Um die Wichtigkeit der Kirchenlieder einschätzen zu können, muss die damalige Bildungssituation berücksichtigt werden: Die Fähigkeit zum Lesen und Schreiben war keineswegs Allgemeingut. In den (wenigen) Städten beherrschten sie etwa 20 % der Einwohner, auf dem Lande dagegen schätzungsweise 2 %. Demnach konnten lediglich Geistliche und Verwaltungsbeamte am Ort lesen und schreiben. Bildung oder Aufklärung konnte der Allgemeinheit also nicht durch Schriften vermittelt werden. Religiöse Inhalte wurden transportiert durch Bilder in den Kirchen, deren Vielfalt noch heute davon Zeugnis gibt. Eine noch größere Bedeutung kam dem gesprochenen Wort zu. Insofern bestand eine starke Abhängigkeit vom „Vermittlungswillen" der Lesekundigen, insbesondere von dem des Dorfpfarrers. Wenn dieser eine Flugschrift nicht verlesen wollte, ging das darin vermittelte Wissen an dem Dorf spurlos vorbei – wenn er hingegen meinte, nicht nur das vorlesen zu müssen, was er geschrieben fand, sondern selber auch noch einige mitteilenswerte Gedanken hatte, so mischte sich in die Inhalte des Flugblattes auch die eigene Meinung des Pfarrers.

Schon 989 wurde der Augsburger Perlachturm als Wachturm erbaut. In seiner heutigen Form stammt er von dem berühmten Baumeister Elias Holl (1573 bis 1646).

9. Augsburg – das Bekenntnis der Evangelischen Kirche

Kaiser Karl hatte seit Worms immer wieder versucht, die Reformation einzudämmen. Der Reichstag in Augsburg, der für den Sommer 1530 einberufen war, sollte klare Verhältnisse schaffen.

Dieser Reichstag ist u. a. insofern interessant, als trotz der hohen reformatorischen Bedeutung der dort verhandelten Fragen und Ergebnisse nicht Luther im Mittelpunkt stand. Der eigentliche Reformator musste ihm fernbleiben – noch immer hatte die in Worms verhängte Reichsacht gegen ihn Gültigkeit. Darum durfte er seinen Fürsten nur bis zur sächsischen Grenze begleiten.

Die Augsburger Verhandlungen musste er von der fernen Veste Coburg aus verfolgen. Hier unterstützte er seinen Freund Melanchthon, der ihn vertrat, mit aufmunternden Briefen. Auf dem Reichstag trug Melanchthon eine Zusammenfassung des evangelischen Glaubens vor, die sog. Confessio Augustana (Augsburger Bekenntnis). Karl V. schlief dabei ein, ließ aber eine scheinbare Widerlegung (confutatio) päpstlicher Theolo-

Eine der größten deutschen Burganlagen: die Veste Coburg

gen verlesen und hielt damit das Problem für gelöst. Von den Fürsten forderte er erneut die Durchsetzung des Wormser Ediktes, und zwar in einer von ihm vorgegebenen Frist. Da die Fürsten keinen Zweifel hegten, der Kaiser werde notfalls Gewalt anwenden, schlossen sie sich in Schmalkalden zu einem Verteidigungsbündnis zusammen und Luther erklärte in seiner Schrift „Warnung an meine lieben Deutschen", dass Widerstand gegen die Papisten – und unter den gegebenen Umständen auch gegen den Kaiser – nicht Aufruhr, sondern Notwehr sei.

Heute noch in Augsburg zu besichtigen:

Fuggerhäuser „Am Weinmarkt"

Am Weinmarkt, in der heutigen Maximilianstraße 36/38 besaß Jakob Fugger mehrere Gebäude. In einem von ihnen wurde Luther von Kardinal Cajetan verhört.

St. Anna

Diese Kirche gehört zu einem ehemaligen Karmeliterkloster (13. Jahrhundert), bevor sie 1525 evangelisch wurde. In einer der Mönchszellen wohnte Luther, als er 1518 durch Kardinal Cajetan verhört wurde.

Luthers Leiden

Über seine gesundheitlichen Nöte äußerte Luther sich in verschiedenen Briefen:

Am 27. Februar 1537 schrieb er aus Tambach an Käthe:

Denn ich selber bin gestern von Schmalkalden aufgebrochen und fuhr auf M.G.H. eigenem Wagen daher. Die Ursache ist, dass ich hier nicht drei Tage gesund gewesen bin. Bis zu dieser Nacht ist vom vorigen Sonntag (18. Februar) an kein Tröpflein Wasser von mir gekommen, ich habe nie geruhet noch geschlafen, kein Trinken noch Essen bei mir behalten können. In Summa, ich bin tot gewesen und habe Dich mit den Kindlein Gott befohlen und meinem gnädigen Herrn, als würde ich Euch in dieser Sterblichkeit nimmermehr sehen. Es hat mich Eurer sehr erbarmet, aber ich hatte mich dem Grabe

Kräuter besaßen eine hohe Bedeutung als Arznei. Das abgebildete Mädesüß sollte u. a. gegen Viertagefieber helfen.

beschieden. Nun hat man so hart für mich zu Gott gebetet, dass es vieler Leute Tränen vermocht haben, dass mir Gott diese Nacht der Blase Gang geöffnet hat und in zwei Stunden wohl drei bis vier Liter von mir gegangen sind und mich dünket, ich sei wieder von Neuem geboren.[75]

Von diesen oft beklagten Nieren- und Blasensteinleiden erholte er sich nur sehr langsam: Erst Anfang Juli konnte er seine Vorlesungen und Predigten wieder aufnehmen.

Die Krankheitsgeschichte des Reformators ist lang und es wurden über sie zahlreiche Bücher verfasst.

Gerade Nachrichten aus den letzten Lebensjahren betreffen häufig seinen Gesundheitszustand. Ihm setzten einige Krankheiten zu, doch sein Arbeitspensum reduzierte er nicht.

Den strengen Diätvorschriften der Ärzte begegnete er mit Skepsis, da er sich an den guten Gaben Gottes dankbar freuen wollte. Vorbeugende Maßnahmen waren nicht in seinem Sinn. In verschiedenen Versionen kursiert die von Brecht[76] zitierte, aber nicht belegte Äußerung:

Ich esse, was ich mag, und sterb, wenn Gott will.

Essen und Trinken zu Luthers Zeit

Zu Luthers Zeit wurde der Speiseplan geprägt vom Stand und von der jeweiligen Ertragslage. An Festtagen, im Herbst nach einem ertragreichen Sommer und in Schlachtzeiten gab es wohl wirklich den reichen Überfluss, der oft beschrieben wird. Einen krassen Gegensatz dazu bildeten aber die Hungersnöte nach Missernten. Von ihnen waren vor allem arme Bauern und Leibeigene betroffen, weil sie Abgaben an Naturalien leisten mussten und sich keine Nahrungsmittel kaufen konnten. Eine Missernte führte auf den regionalen Märkten zu höheren Preisen, da kein ausreichendes Saatgetreide vorhanden war. Durch die geringere Aussaat erfolgte oft wiederum eine nur kärgliche Ernte. Erst die aus Südamerika eingeführte Kartoffel beendet diesen Teufelskreis.

Zu den Standesunterschieden, die Wild, Geflügel, eiweißreiche Pasteten und damals auch feines Weizenbrot und Wein nur Adligen und reichen Grundherren vorbehielten, während einfache Bauern sich mit Hafer- bzw. Roggenbrot, Hausmannskost und Bier begnügen mussten, bemerkt Luther:

„Obwohl sie nicht so herrlich leben mit Essen und Trinken wie Könige und Fürsten, so genießen sie doch die allerbesten Güter wie Frieden und Ruhe und wohnen innerhalb ihres Zaunes viel sicherer und glückseliger als die Könige und Fürsten in ihren Schlössern oder Festungen wohnen."[77]

Gelegentlich bemerkt er auch, dass den Bauern nach der Arbeit ihr Schwarzbrot, Fleisch und Bier besser schmeckt als den Fürsten ihr Weißbrot, Wild und Wein.

Gewürze waren zu dieser Zeit ein Luxusgut, ebenso wie Rohrzucker; das allgemeine Süßmittel war Honig.

Über das richtige Benehmen bei Tisch informierten seit dem 13. Jahrhundert sog. Tischzuchten, die vorschrieben, das Messer nicht am Stiefel abzuputzen oder sich nicht mit dem Tischtuch zu schnäuzen.

Er wollte eine „gute, gemeine Hausspeise"[78] und einen guten Trunk. Schweinefleisch zog er dem trockneren Wild vor und gönnte sich nach dem Mahl einen kurzen Mittagsschlaf.

Krankheiten führte er auf Einwirkungen des Teufels zurück und hielt darum Glaube und Gebet für die beste Hilfe. Aber völligen Verzicht auf Arzt und Medikamente lehnte er als sträfliche Versuchung Gottes ab,[79] obwohl er gelegentlich äußerte, dass die Ärzte wegen ihrer gewagten Behandlungen einen „neuen Kirchhof" bräuchten. Seine häufigen Gichtanfälle standen möglicherweise mit seiner Ernährung in Zusammenhang.

Über die 1527 grassierende Pest schrieb er am 19. August an Spalatin:

> Die Pest hat hier zwar angefangen, aber sie ist recht gnädig. Erstaunlich ist jedoch die Furcht und die Flucht der Leute, sodass ich eine solche Ungeheuerlichkeit des Satans vorher noch nicht gesehen habe: … Hans Lufft ist wieder aufgekommen und hat die Pest überwunden, und viele andere würden wieder gesund werden, wenn sie Arznei nähmen. Aber viele sind so barbarisch, dass sie die Arzneien verachten und ohne Ursache sterben.

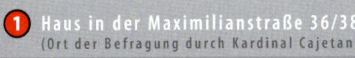

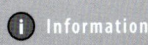

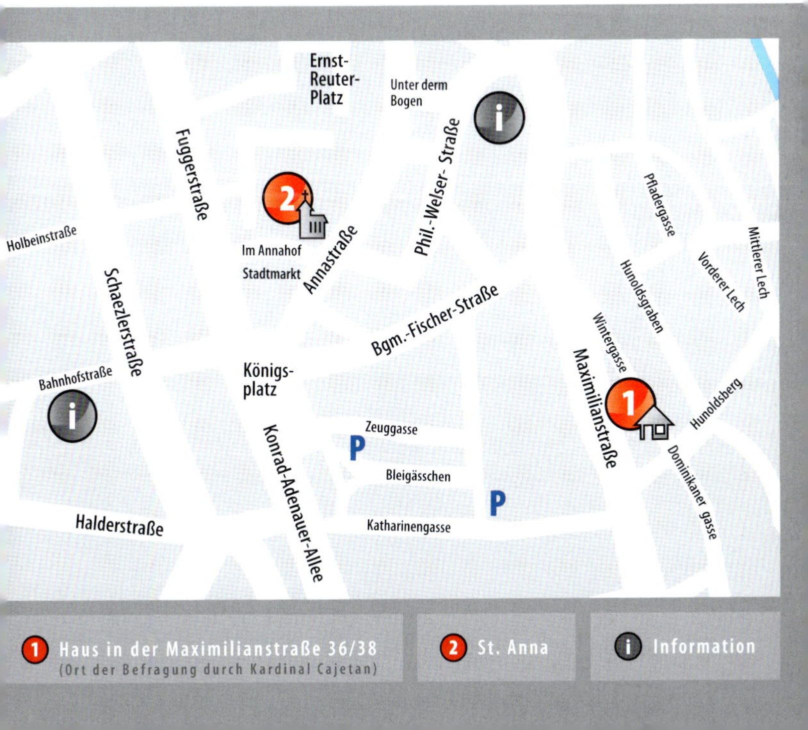

1 Haus in der Maximilianstraße 36/38
(Ort der Befragung durch Kardinal Cajetan)

2 St. Anna

i Information

Im 15. Jahrhundert wurde Torgau ständige kurfürstliche Residenz. Schloss Hartenfels ist ein steinerner Zeuge aus dieser Zeit.

10. TORGAU

Torgaus Blütezeit lag in der ersten Hälfte des 16. Jahrhunderts, als die ernestinischen Kurfürsten Torgau zur Residenzstadt ausbauten und die alte Burg zu dem Renaissanceschloss Hartenstein umgestalteten. Im Seitenflügel des Schlosses befindet sich die Schlosskirche. Diese wurde am 5. Oktober 1544 von Martin Luther geweiht.[80] In dieser Zeit entstanden auch viele der stolzen Bürgerhäuser, in deren Gemächern sich oftmals Gewölbe mit prachtvollen Deckenmalereien befanden, die zum Teil erhalten blieben.

Als Residenz Johann Friedrichs des Großmütigen wurde Torgau zum politischen Zentrum der Reformation. Luther predigte regelmäßig in der Schlosskapelle und bereiste die Stadt mehr als vierzig Mal. Dort wurde auch das Augsburger Bekenntnis formuliert.

Tafel zum Gedenken an die Torgauer Artikel, die die Grundlage für das Augsburgische Bekenntnis bilden

Für Katharina von Bora wurde die Stadt zur letzten Ruhestätte. Als Luther 1546 starb, begann für sie ein Leidensweg. Nicht genug damit, dass sie unter ihrer wirtschaftlichen Ungesichertheit litt: Sie musste vor dem Schmalkaldischen Krieg nach Magdeburg flüchten und nach vorübergehender Rückkehr noch einmal nach Braunschweig. Im Juli kehrte sie nach Wittenberg zurück. Im Jahr 1552 verließ sie das zerstörte Schwarze Kloster und floh vor der Pest nach Torgau. Dabei stürzte sie so unglücklich, dass sie sich von dem Unfall nie mehr erholte. Sie starb am 20. Dezember 1552, sechs Jahre nach dem Tode ihres Mannes, und wurde geehrt mit einem Begräbnis in der Torgauer Stadtkirche.

Am 25. Januar 1546 schrieb Luther an seine Frau:

Meiner freundlichen lieben Käthe. … Wir sind heute um acht aus Halle abgefahren, aber nicht nach Eisleben gekommen, sondern um neun wieder in Halle eingezogen, denn es begegnete uns eine große Wiedertäuferin mit Wasserwogen und großen Eisschollen, die bedrohte uns mit der Wiedertaufe und hat das Land bedeckt. Ebenso können wir auch nicht wieder zurück wegen der Mulde bei Bitterfeld und müssen hier zu Halle zwischen den Wassern gefangen liegen. Nicht, dass uns danach dürstete (sie) zu trinken, wir nehmen dafür gutes Torgauer Bier und guten rheinischen Wein, damit laben und trösten wir uns einstweilen in der Hoffnung, dass die Saale sich auszürnt. Denn weil die Leute und der Fährmeister selbst kleinmütig waren, haben wir uns nicht ins Wasser begeben und Gott versuchen wollen. Denn der Teufel ist uns gram und wohnt im Wasser.[81]

Elbe

Elbbrücke

Pestalozziweg

P P

Elbstraße

Gartenstraße

Elbstraße

Unter der Linden

Wintergrüne

Rosengarten

1

2

P

3

Ritterstraße

Pfarrstr.

Katharinen- straße

4

Nonnenstr.

Schloßstraße

ehem. Franziskaner-
kloster (Alltagskirche)

Fleischmarkt

Bäckerstraße

Rosa-
Luxemburg-
Platz

P

Markt

Fischerstraße

Kurstraße

Scheffelstr.

Rathaus

Reuter- Str.

Fritz-

Breite

Straße

Erzenstraße

Wittenberger Straße

Webergasse

Spitalstraße

Lorenzstraße

Holzweißigstraße

Neustraße

Leipziger Straße

Georgenstraße

Rudolf-Breitscheid-Straße

Leipziger Wall

i Information

3 Stadtkirche mit Grabplatte Katharinas v. Bora

4 Katharinas Haus

1 Schloss Hartenfels

2 Schlosskirche

Heute noch in Torgau zu besichtigen:

Schloss Hartenfels

Das Schloss ist das größte vollständig erhaltene Schloss der Frührenaissance Deutschlands. Im Schlossinneren befindet sich der Wendelstein, eine fast 20 Meter hohe freitragende steinerne Wendeltreppe. Traditionell werden im Burggraben Bären gehalten. Bereits 1425 zog der erste Bär im Graben ein.[82]

Schlosskirche

Die Kapelle von Schloss Hartenfels war der erste protestantische Kirchenneubau Deutschlands. Der Altar wurde nach Luthers Angaben als nur von Engeln getragene Tischplatte gestaltet. 1544 wurde die Kapelle durch Luther selbst eingeweiht.

Stadtkirche mit der Grabplatte Katharinas von Bora

In St. Marien, der ältesten Kirche Torgaus (romanische Basilika aus dem Jahr 1119), befindet sich das Grabmal von Luthers Frau.

Katharinas Haus

In diesem Haus in der Katharinenstraße 11 starb Katharina von Bora. Heute beherbergt es ein Museum.

Reisen im Mittelalter

Reisen war, wie Luthers obiger Brief an Käthe zeigt, nicht sehr angenehm. Die Reisenden waren den Naturgewalten unmittelbar ausgesetzt und gerade bei schlechter Witterung bestand sogar Lebensgefahr.

Die Straßen waren in einem maroden Zustand, obwohl Ende des Mittelalters das Wegenetz ständig verbessert wurde. Zu den Beschwerlichkeiten gehörten Umwege und Wartezeiten; diese waren abhängig vom Wetter und der politischen Lage. Brücken gab es damals nur wenige.

Durch das Gebirge führten Saumwege – Pässe waren relativ zahlreich. Die meisten erforderten jedoch beim Überqueren große Anstrengungen und im Winter waren sie praktisch unpassierbar. In vielen Fällen war eine Reise in den Bergen nur mithilfe gemieteter Führer möglich.

Bei guten Straßenverhältnissen konnte man an einem Tag theoretisch bis zu 60 Kilometer zurücklegen, durchschnittlich waren es jedoch 20 bis 40. In der Stunde schaffte ein Fußgänger bei gutem Tempo sechs Kilometer, vier bei gemächlichem Gang. Mehr als 40 Kilometer am Tag bedeuteten für einen ungeübten Wanderer eine sehr große Anstrengung.

Gasthäuser befanden sich an den Reisewegen im Abstand von drei bis fünf Meilen; das entsprach dem durchschnittlichen Tagesweg von 20 bis 40 Kilometern (eine Meile sind ca. 7,5 km). Bequemer und oft schneller als der

Landweg waren Wasserwege. Flussreisen waren verhältnismäßig ungefährlich, obwohl es Strudel, Brückenpfeiler, Felsen und Stromschnellen gab. Übernachtet wurde an Land.

Bei den Reisen musste man auf der Hut sein: Überfälle waren an der Tagesordnung. Einfache Kleidung verringerte das darin liegende Risiko.

Oft bildeten sich aus dem o. g. Grunde Gruppen mehrerer Reisender. In vielen Gegenden gab es die Möglichkeit zum „Geleit" durch einen vom Landesherrn berechtigten Geleitsherren, der gegen entsprechendes Entgelt bewaffnete Begleiter zum Schutz der Reisenden stellte. Außerdem mussten diese an vielen Zollstellen Zölle entrichten. Pilger waren generell davon befreit, Händler je nach Landeszugehörigkeit. Gegenseitige Zollbefreiung war häufig, zwecks Öffnung der Märkte. Wie andere deutsche Gesetzbücher gebot auch der Sachsenspiegel, sich an den Verlauf der Straße zu halten.

Pilger konnten in der Regel fast mittellos reisen. Andere Reisende mussten nicht nur aufkommen für Zölle, Geleitabgaben, Übernachtungs- und Verpflegungskosten, sondern auch für die Heuer der Fuhrleute bzw. Bootsführer sowie für Entgelte an Ortskundige und Lotsen. Besonders wer Pferde mit sich führte, musste mit hohen Kosten rechnen, da Nahrung, Stallmiete, Transport (z. B. über Flüsse) und Pflege große Summen verschlangen.

Mit der Bibel in der Linken und der Bannbulle in der Rechten: das Lutherdenkmal in Eisleben (1883).

11. EISLEBEN –
LUTHERS LETZTE REISE

Luther hatte recht enge Beziehungen zu den Grafen von Mansfeld, bis sie wegen der Bergwerke in heftigen Streit gerieten. Mehrere Versuche, die beiden zu versöhnen, waren fehlgeschlagen und deswegen wurde Luther gebeten zu vermitteln. Dies sollte in Eisleben geschehen.

Die Reise dorthin war beschwerlich und Katharina machte sich große Sorgen um ihren Mann.

Die Verhandlungen dauerten bis zum 17. Februar; an den letzten konnte Luther wegen seiner Schwäche bereits nicht mehr teilnehmen. Das Abendessen nahm er mit seinen Begleitern ein und sprach um acht Uhr in seinem Zimmer sein Abendgebet. Kurz darauf wurde er von Schmerzen, insbesondere von Beklemmungen in der Brust geplagt. Das war wohl ein Anfall von Angina Pectoris. Aurifaber, einer seiner Begleiter, ging zum Grafen, um ein Arzneimittel aus geschabtem Einhorn zu holen. Luther konnte danach wieder schlafen, wurde aber um ein Uhr erneut mit Schmerzen wach. Er rechnete nun damit, dass er in seiner Geburtsstadt auch sterben könnte. Zuversichtlich betete er den Vers Psalm 68,21: „Wir haben einen Gott, der da hilft, und den Herrn, der vom Tode errettet."

Nur wenig verschieden überliefert ist eines der letzten Gebete Luthers, das sein Leben mit dem von ihm entdeckten Evangelium als ein Leben mit Gott erkennen lässt. Sein Freund und erster Biograf Johann Matthesius schildert 1566 mit bewegenden Worten sein Lebensende und sein letztes Gebet wie folgt:

> O mein himmlischer Vater, ein Gott und Vater unseres Herrn Jesu Christi, du Gott alles Trostes, ich danke dir, dass du mir deinen lieben Sohn Jesum Christum offenbart hast, an den ich glaube, den ich gepredigt und bekannt habe, den ich geliebt und gelobt habe, welchen der leidige Papst und alle Gottlosen schänden, verfolgen und lästern. Ich bitte dich, mein Herr Jesu, lass dir mein Seelchen

befohlen sein. O himmlischer Vater, ob ich schon diesen Leib lassen und aus diesem Leben weggerissen werde, (so) weiß ich doch gewiss, dass ich bei dir ewig bleiben und aus deinen Händen mich niemand reißen kann. … (Es folgen auf Lateinisch die Bibelverse Johannes 3,16 und Psalm 68,21.) Als man aber allerlei Arzneien an ihm versucht, sagte er abermals: Ich fahre dahin und spricht dreimal sehr eilend aufeinander: „In deine Hände befehle ich meinen Geist, du hast mich erlöst, Herr, du treuer Gott!" Da beginnt er still zu sein. Man rüttelt, rieb, kühlt und rief ihm, aber er tat die Augen zu. D. Jonas und M. Coelius riefen ihm stark (ins Ohr) ein: Verehrter Vater, wollt ihr auf Christum und die Lehre, wie ihr die gepredigt, beständig (d.h. ohne Widerruf und Änderung) sterben? (Da) sprach er, dass man es deutlich hören konnte und vernehmen: „Ja." Darauf schläft er im Namen Jesu Christi ohne Quälung des Leibes ein, still und in großer Geduld am 18. Februar früh um drei[83].

Kurfürst Johann Friedrich empfand den Tod seines Schützlings als großen Verlust. Er ordnete an, seinen Leichnam nach Wittenberg zu überführen und in der Schlosskirche beizusetzen.

Er wurde in einen weißen Kittel gehüllt und am 19. Februar in einem Zinnsarg in die nahe gelegene Andreaskirche überführt. Jonas hielt die Leichenpredigt. Am Tag darauf hielt Michael

Das Grab Martin Luthers

Die Inschrift auf Luthers Grabstein

Coelius die zweite Leichenpredigt. Der Leichnam wurde aus der Stadt in Richtung Halle getragen, wo er die Nacht über in die Sakristei der Marienkirche gebracht wurde. Am nächsten Tag erreichte der Zug in Bitterfeld kursächsisches Gebiet.

Am 22. Februar erfolgte die Beisetzung in Wittenberg und Bugenhagen hielt die Predigt, Melanchthon an der Bahre die Gedenkrede. Das Grab war mit Bedacht unter der Kanzel gewählt, da diese Luthers wichtigste Wirkungsstätte war.

In seiner Gedenkrede sagte Melanchthon:

Wer von denen, die ihn gekannt haben, wüsste nun nicht, mit welch großartiger Menschlichkeit er begabt war, wie freundlich er im persönlichen Umgang mit anderen, wie so wenig streitsüchtig oder zänkisch er (da) war! Und doch war alles verbunden mit dem Ernst, der einem solchen Mann geziemt. ... Daher ist es offenkundig, dass seine sonstige Rauheit aus Eifer für die Wahrheit, nicht aber aus Streitsucht oder Bitterkeit floss. Des sind wir alle und viele, die nicht hier sind, Zeugen.[84]

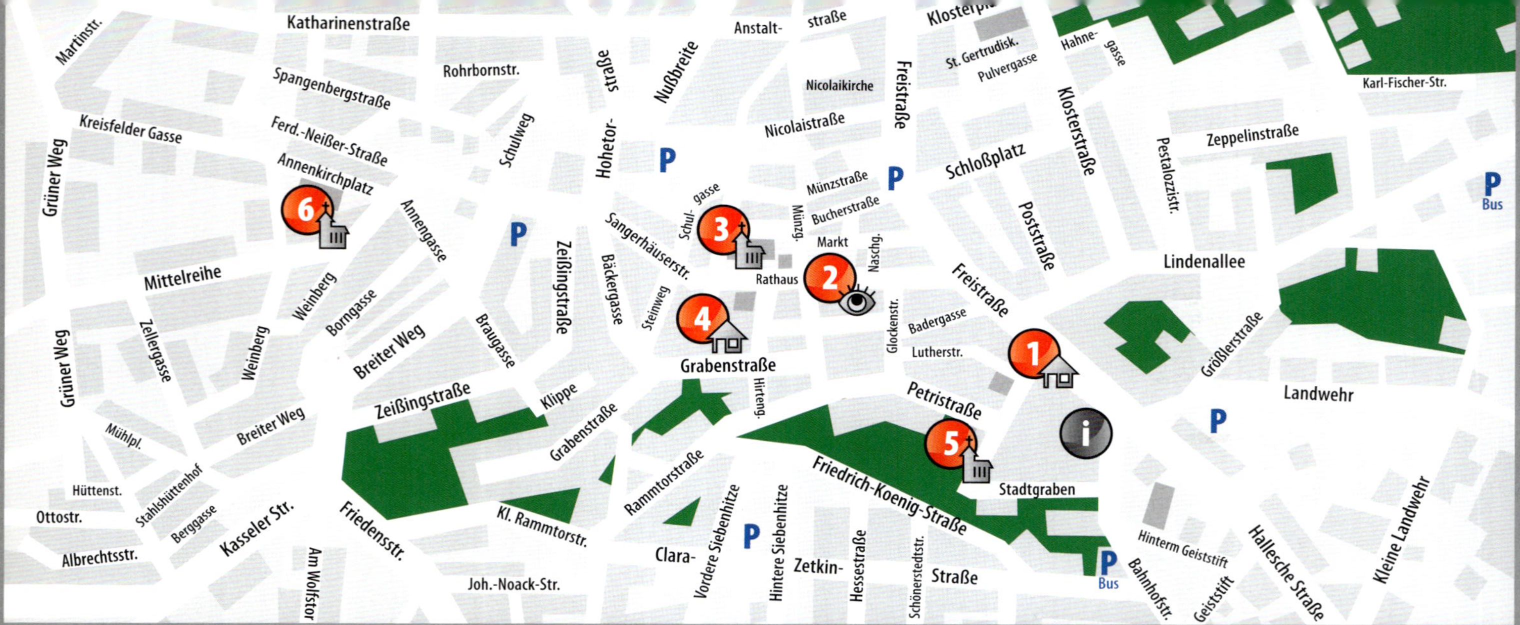

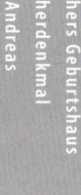

1 Luthers Geburtshaus
2 Lutherdenkmal
3 St. Andreas

4 Luthers Sterbehaus
5 St. Petri-Pauli
6 St. Annen

i Information

Heute noch in Eisleben zu besichtigen:

Luthers Geburtshaus

Das Geburtshaus (s. Abb. S. 2) ist ein ehemaliges Stadtwohnhaus aus der Mitte des 15. Jahrhunderts, in dem Martin Luther am 10. November 1493 geboren wurde. Die Stadt richtete hier bereits 1693 eine Erinnerungsstätte für Martin Luther und die Reformation ein. Sie ist damit eines der ältesten Museen im deutschsprachigen Raum. Auf dem benachbarten Grundstück baute man 1817 anlässlich des 300. Jahrestages der Reformation die Lutherschule.

Das Lutherdenkmal

Das Lutherdenkmal auf dem Markt wurde 1883 von Rudolf Siemering geschaffen.

St. Andreas

In dieser Kirche hat Martin Luther seine letzten Predigten gehalten. Die spätgotische Hallenkirche wurde im Wesentlichen im 15. Jahrhundert errichtet, die barocken Hauben der Hausmannstürme stammen aus dem Jahr 1601. Die Lutherkanzel hat so gut wie keine Veränderungen erfahren. In den Seitenchören befinden sich Grabdenkmäler der Mansfelder Grafen. Die Büsten der Reformatoren Martin Luther und Philipp Melanchthon schuf Johann Gottfried Schadow.

Luthers Sterbehaus

In diesem Haus sprach Martin Luther seine letzten Worte. Baugeschichtlich ist es ein spätgotisches Patrizierhaus und wurde ca. 1500 erbaut.

St. Petri-Pauli

Hier wurde Martin Luther getauft. Die dreischiffige Hallenkirche wurde 1333 erstmals urkundlich erwähnt.

St. Annen

Die Bergmannskirche St. Annen stammt aus dem Jahr 1514 (Grundsteinlegung). An die Kirche schloss sich das 1515 gegründete Augustiner-Eremiten-Kloster an. Als Distriktsvikar des Augustinerordens hielt sich Luther mehrmals in der ersten evangelischen Kirche des Mansfelder Landes auf. Zu erwähnen ist die „Eisleber Steinbilderbibel", die Hans Thon Uttendrup aus Münster 1585 geschaffen hat. Sie besteht aus 29 Sandstein-Relieftafeln und zeigt hauptsächlich Bilder aus dem Alten Testament.

Heute besticht Eisleben durch sein gemütliches Flair.

Luthers Kampf allein gegen die Macht Roms wird symbolisiert durch den riesigen Petersplatz.

12. Luthers Gegner

In seinen letzten Lebensjahren wuchs bei Luther die Sorge um die Zukunft seines Landes und seiner Kirche. Anlass zur Sorge gaben ihm allerlei Missstände wie Geiz, Wucher, Zuchtlosigkeit, Sektenwesen, die Feindschaft Roms und nicht zuletzt Übertritte zum Judentum.[85] Da unsere Zeit vieles dergleichen nicht mehr als Missstände beurteilt, wird sein gelegentlicher Unmut darüber oft nicht mehr verstanden und – gegen das o. g. Urteil Melanchthons – als Untergangsstimmung und gesundheitlich bedingte Griesgrämigkeit beurteilt. Seine letzten sehr humorvollen und aufmunternden Briefe an Käthe lassen aber wenig von Griesgrämigkeit erkennen.

Luther und die Juden

Das Verhältnis Luthers zu den Juden hat sich im Lauf der Jahre gewandelt. Noch 1523 hatte er die Schrift „Dass Jesus Christus ein geborener Jude sei" herausgegeben und bei den Juden für die Botschaften des Evangeliums geworben. Dabei setzte er sich dafür ein, sie nicht zu diskriminieren.

Doch gegen Ende seines Lebens zeigte Luther sich enttäuscht, dass sein Werben um die Juden keinen Erfolg zeitigte und verfasste Schriften gegen sie.[86] Sarkastisch beschreibt er die o. g. Plastik an der Stadtkirche zu Wittenberg:[87]

> Es ist hie zu Wittenberg an unserer Pfarrkirche eine Sau in Stein gehauen, da liegen junge Ferkel und Juden unter, die saugen. Hinter der Sau stehet ein Rabbi, der hebt der Sau das rechte Bein empor und mit seiner linken Hand zieht er den Pirzel[88] über sich, bückt und guckt mit großem Fleiß der Sau unter dem Pirzel in den Talmud hinein, als wollt er etwas Scharfes und Sonderliches lesen und ersehen.

Die „Judensau" an der Wittenberger Stadtkirche

Seine Schrift „Von den Juden und ihren Lügen"[89] (1543) forderte, die Synagogen zu verbrennen und die Juden, falls sie nicht arbeiten wollten, nach dem Beispiel Frankreichs, Spaniens und Böhmens[90] aus den Städten zu vertreiben. Brecht hält deswegen eine angemessene Kritik an Luther für angebracht, urteilt aber mit Recht: „Luthers Feindschaft gegen die Juden ist weder psychologisch als krankhafter Hass noch politisch als Verlängerung des landesherrlichen Antijudaismus zu deuten. Sein ... Gegensatz zu den Juden war im Kern religiös-theologischer Art ..."[91] Später nutzten die Nationalsozialisten Luthers theologisch motivierte Judenfeindlichkeit für ihren rassistisch motivierten Antisemitismus.

Das folgende kursächsische Judenmandat aus dem Jahr 1543 bringt dagegen ethische Mängel der Juden ausdrücklich mit dem „Geblüt" in Zusammenhang und kann sich insofern nicht auf Luther berufen. Es fordert:

> Erstlich, dass man ihre Synagogen oder Schulen mit Feuer anstecke und, was nicht verbrennen will, mit Erde überhäufe und beschütte, dass kein Mensch einen Stein oder Schlacke sehe ewiglich, und solches soll man tun unserm Herrn und der Christenheit zu Ehren, damit Gott sehe, dass wir Christen seien und solch öffentlich Lügen, Fluchen und Lästern seines Sohnes und seiner Christen wissentlich nicht geduldet noch gewilligt haben. ... Moses schreibt, dass, wenn eine Stadt Abgötterei triebe, man sie mit Feuer ganz zerstören und nichts davon übrig lassen solle. Und wenn er jetzt lebte, so würde er der Erste sein, der die Judenschulen und -häuser ansteckte. ... Wie sie denn im Anfang an uns Christen in aller Welt wohl erwiesen und noch gerne täten, wenn sie es könnten, haben's auch oft versucht und darüber auf die Schnauze weidlich geschlagen worden sind. – Sie haben solch giftigen Hass wider die Gojim (Nichtjuden) von Jugend auf von ihren Eltern und Rabbinern eingesoffen und saufen ihn noch ohne Unterlass in sich, dass es ihnen durch Blut und Fleisch, durch Mark und Bein gegangen, ganz und gar Natur und Leben geworden ist ... Darum wisse du, lieber Christ, und zweifle nicht daran, dass du nächst dem Teufel keinen bittereren, giftigeren, heftigeren Feind hast als einen rechten Juden, der mit Ernst ein Jude sein will. Es mögen wohl unter ihnen sein, die da glauben, was die Kühe und Gänse glauben, doch hängt ihnen allen das Geblüt an. Daher gibt man ihnen oft in den Historien Schuld, dass sie die Brunnen vergiftet, Kinder gestohlen und zerpfriemt haben. ...

Luther und die Türken

Die Türken stellten im 16. Jahrhundert für das christliche Abendland eine große Herausforderung dar, da die islamische Großmacht die Herrschaft über Vorderasien, Nordafrika und den Balkan innehatte. 1526 schlugen sie das ungarische Heer und 1529 standen sie vor den Toren Wiens, wurden dort aber zurückgeschlagen.

Luther beschäftigte dieses Thema sehr und er nahm sogar in seiner fünften These auf den Türkenkrieg Bezug. In seiner

Schrift „Vom Kriege wider die Türken" spricht er den Letzteren das Recht ab, andere Länder anzugreifen. Er konnte sich bei seinen Polemiken auf den Koran beziehen, den er in der lateinischen Fassung kannte.

Luther und der Papst

Durch seinen Konflikt mit dem Papst hat Luther die Zentralfigur der katholischen Kirche infrage gestellt und damit die Trennung von ihr herbeigeführt. Dadurch erlangte er globale Bedeutung.

Gegen das Papsttum verfasste er mehrere Schriften. Eine der bekanntesten ist „Christ und Antichrist", in der Luther zehn grobe cranachsche Spottbilder auf den Papst ebenso grob glossiert.

Anlässlich des im März 1545 in Trient zusammentretenden Konzils erscheint seine Schrift: „Wider das Papsttum zu Rom, vom Teufel gestiftet." Darin bezeichnet er den Papst als „Widerchrist und Werwolf, als einen Feind Gottes, als Feind Christi, als aller Christen und aller Welt Feind" und warnt, dass derjenige, der dem Papst folge, wissen müsse, „dass er dem Teufel gegen Gott gehorsam" sei.

Gegner aus dem „eigenen Lager"

Thomas Müntzer

Thomas Müntzer war zunächst ein glühender Verehrer Luthers und wurde auf dessen Empfehlung hin in Zwickau Pfarrer. Dort wurde er entlassen, da er bereits zu radikalen Aussagen neigte. Über ein Jahr fand er keine neue Pfarrstelle, bis er 1523 an die Neustadtkirche in Allstedt berufen wurde. Dort gewann er viele Anhänger.

Immer wieder kam es zu Auseinandersetzungen mit den Wittenberger Theologen. Müntzer gründete 1523 einen Geheimbund, dessen Ziel es war, „bei dem Evangelio zu stehen, Mönchen und Nonnen keinen Zins mehr zu geben und dieselben helfen verstören und vertreiben."

Luther betrachtete diese Entwicklung mit großer Sorge und befürchtete gewaltsame Aktionen und Aufruhr.

In einer Fürstenpredigt legte Müntzer sein theologisches Programm dar und zeigte mehrere Gegensätze zu Luther auf. So lehnte er dessen Zwei-Reiche-Lehre (Unterscheidung der weltlichen und geistlichen Reiche) ab und hieß gewaltsame Aktionen wie den Bildersturm gut. Müntzer griff Luther als angepassten Heuchler an, während dieser ihn, der sich ausdrücklich auf göttliche Offenbarungen berief und die Bibel abwertete,[92] als falschen Propheten ansah.

Der Konflikt eskalierte im Bauernkrieg: Während Luther die Bauern als Räuber und Mörder ansah, die eine Rebellion betrieben, ihren Herren die Treue gebrochen hätten und sich dabei fälschlicherweise auf das Evangelium beriefen, unterstützte Müntzer die Bauern bzw. zettelte in Thüringen selbst einen Aufstand an.

Luther verfasste zu dieser Zeit die Schrift „Wider die stürmenden Bauern", die als Sonderausgabe unter dem Titel „Wider die räuberischen und mörderischen Rotten der Bauern" bekannt wurde. Müntzer blieb weiterhin unbelehrbar und lehnte Verhandlungen ab.

Vor der Schlacht bei Frankenhausen schrieb er an Graf Ernst von Mansfeld:

Du elender, dürftiger Madensack! Wer hat dich zum Fürsten des Volkes gemacht? … Wirst du dich nicht demütigen vor den Kleinen, so wird dir eine ewige Schande vor der ganzen Christenheit auf den Hals fallen! Du wirst des Teufels Märtyrer werden.[93]

Die verheerende Niederlage der Bauern gab jedoch Luther recht. Müntzer versteckte sich in einem Bett, stellte sich krank und leugnete samt seiner Identität jede Teilnahme am Bauernkrieg. Durch einen Brief in seiner Tasche überführt,[94] wurde er in Mühlhausen am 27. Mai hingerichtet.[95]

Luther und Erasmus von Rotterdam

Mit Erasmus hatte Luther grundlegende theologische Auseinandersetzungen. Der Humanist begann den Streit 1524 in seiner
Schrift „De libero arbitrio dia-
tribe" („Abhandlung vom freien
Willen") durch einen Angriff auf
Luthers „Erklärung"[96] zu seiner
von Papst Leo verurteilten Be-
streitung der Willensfreiheit:

> Bald darauf aber hat sie Martin Luther heftiger getrieben, dessen
> Assertio über den freien Willen vorhanden ist. Obwohl ihm von
> verschiedenen Seiten geantwortet ist, so will doch ich auf Zureden
> guter Freunde es ebenfalls versuchen. ... Ich halte gewiss dafür,
> Luther selbst werde es nicht übel nehmen, wenn jemand von seiner
> Meinung abgeht.[97]

Zunächst zollt ihm Luther denn auch in seiner Entgegnung „De
servo arbitrio" Respekt für seinen sanften Stil und seine Bered-
samkeit.[98] Gegen Ende der Schrift rühmt er ihn sogar:

> Weiter lobe und preise ich dich auch deshalb außerordentlich, dass
> du als Einziger von allen anderen die Sache selbst angegangen bist,
> das heißt den eigentlichen Kern der Sache. ... Du einzig und allein
> hast den Angelpunkt erkannt und direkt nach der Kehle gegriffen.[99]

Aber nur zehn Zeilen später gibt er ihm zu verstehen:

> Dass du dieser unserer Sache gewachsen seist, hat Gott noch nicht
> gewollt und dir auch nicht gegeben.

Seine Beweisführung, dass Gottes Gebote mit nur menschlicher
Kraft nicht erfüllbar sind, sondern nach Römer 3,20 zur Sün-
denerkenntnis führen, schließt er mit dem Bekenntnis:

Wenn es irgendwie geschehen könnte, möchte ich nicht, dass mir
ein freier Wille gegeben werde. Denn mein Gewissen würde, wenn
ich auch ewig lebte und wirkte, niemals gewiss und sicher, wie viel
es tun müsste, damit es Gott genug tue ... Aber jetzt, da Gott mein
Heil aus meinem Willen herausgenommen und in seinen Willen
aufgenommen hat und durch seine Gnade und Barmherzigkeit mich
zu erhalten verheißen hat, bin ich sicher und gewiss, dass er getreu
ist und mir nicht lügen wird, auch mächtig und stark ist, dass keine
Teufel, keine Widrigkeiten ihn werden überwältigen oder mich ihm
werden entreißen können.[100]

Skepsis gegenüber der katholischen Kirche billigte Luther dem
Humanisten zwar zu, aber seine Anerkennung ihrer unbib-
lischen Riten kritisierte er – ebenso wie sein Willensverständ-
nis – als papistisch. Darüber hinaus schien ihm seine Sprache
unklar, unentschieden und geradezu glaubensgefährdend.[101]

Erasmus schrieb seinerseits über Luther an Huldreich Zwingli 1523 über den Tod dreier evangelischer Märtyrer:

Ich weiß nicht, ob ich ihren Tod beweinen muss. Gewiss sind sie
mit größter und unerhörter Standhaftigkeit in den Tod gegangen –
nicht wegen der (Glaubens)artikel, sondern wegen der ungereimten
Behauptungen Luthers, für die ich nicht in den Tod gehen wollte,
weil ich sie nicht einsehe. Ich weiß, dass es ruhmvoll ist, für Christus zu sterben. Frommen fehlte es nie an Bedrängnis, aber auch
Gottlose werden bedrängt, und listenreich ist der (Teufel), der sich
immer wieder verstellt in einen Engel des Lichtes, auch ist die Gabe
der Geisterunterscheidung selten. Luther gibt gewisse Rätsel auf, die
offensichtlich absurd sind: „Alle Werke der Heiligen seien auf Gottes
verzeihende Barmherzigkeit angewiesene Sünde"; „freier Wille sei
(nur) ein leerer Name", „der Mensch werde allein durch den Glauben
gerecht, ohne dass die Werke etwas dazutäten". In der Weise wie
Luther es wünscht, sehe ich nicht ein, welche Frucht es bringen soll,
dafür zu streiten.[102]

ANHANG

Lutherweg

Länderübergreifend wird zum Jubiläum 500 Jahre Reformation im Jahre 2017 ein Lutherweg entwickelt. Momentan sind 36 Stationen vorgesehen. Neben den bereits erwähnten Luthergedenkstätten in Eisleben und Wittenberg sind dies:

In Coswig die St.-Nicolai-Kirche.
Der Vorgängerbau wurde 1150 errichtet. Zu besichtigen sind ein gotischer Chor sowie Bilder von Cranach dem Jüngeren.
   Adresse: Schlossstr. 58, 06869 Coswig, Tel.: 03 49 03/6 29 38,
www.kirche-coswig.de

In Wörlitz wurde die ursprünglich romanische St.-Petri-Kirche 1201 geweiht. Unter Fürst Franz von Anhalt-Dessau wurde sie im neugotischen Stil umgebaut. Von der Plattform des 66 Meter hohen Kirchturmes hat man einen reizvollen Blick über den Park in die nähere Landschaft. Im November 1532 predigte Luther hier vor den askanischen Fürsten. Der Kirchturm ist gleichzeitig ein Bibelmuseum.
   Adresse: Kirchgasse 34, 06786 Wörlitz, Tel.: 03 49 05/2 05 08,
www.gartenreichkirchen.de, www.bibelturm.de

In Dessau sind folgende Stationen vorgesehen: Das Wörlitzer Gartenreich, der Johannbau, die St.-Johannis-Kirche sowie das Georgium.
Das UNESCO-Weltkulturerbe Wörlitzer Gartenreich wurde von Franz von Anhalt-Dessau geschaffen (1740–1817), es gilt als typischer Park der Aufklärung.
   Adresse: Schloss Großkühnau, 06846 Dessau-Roßlau,
   Tel.: 03 40/64 61 50,
www.gartenreich.com

Der Johannbau ist ein ehemaliges Residenzschloss, in dem sich eine Ausstellung zur Kultur und Geschichte von Anhalt befindet.

Adresse:

Schlossplatz 3 a, 06844 Dessau, Tel.: 03 40/2 20 96 12,
www.stadtgeschichte.dessau.de

Mitten in Dessau ist die Johanniskirche zu besichtigen, in der drei Cranachgemälde zu sehen sind.

Adresse: Johannisstr. 11, 06844 Dessau, Tel.: 03 40/21 49 75.

Im Schloss Georgium ist die anhaltische Gemäldegalerie untergebracht. Werke von Dürer und Cranach sind dort zu sehen.

Adresse:

Puschkinallee 100, 06846 Dessau, Tel.: 03 40/66 12 60 00,
www.georgium.de

In Roßlau liegt die St.-Marien-Kirche auf dem Lutherweg. Zu Luthers Zeiten stand dort bereits eine Kirche, in deren Nachbarschaft der Reformator des Öfteren nächtigte. Die heutige Kirche wurde 1854 errichtet und beheimatet eine 1 000 Jahre alte Taufglocke sowie mehrere Bilder aus der Werkstatt Lucas Cranachs.

Adresse: Große Marktstr. 9, 06862 Roßlau,
www.kirche-rosslau.de

In Zerbst ist das Francisceum, ein Gymnasium, zu besuchen, das seine Existenz Martin Luther verdankt. Er predigte hier mehrere Male. Heute befindet sich dort auch das Stadtmuseum, in dem eine Bibel aus der Cranach-Werkstatt zu besichtigen ist.

Adresse:

Weinberg 1, 39261 Zerbst/Anhalt, Tel.: 0 39 23/42 28,
www.museum.zerbst@t-online.de

Nahe beieinander liegen die barocke St.-Trinitatis-Kirche und die gotische St.-Nicolai- Kirche: Ehemals größte Kirche Anhalts, wurde St. Nicolai im Zweiten Weltkrieg schwer zerstört. Das Kirchenschiff verfügt über kein Dach, die Doppelturmfassade ist jedoch erhalten. St. Trinitatis wurde unter dem Fürsten Carl Wilhelm, der evangelisch war, bis 1696 erbaut.

Adresse: Rennstr. 7, 39261 Zerbst, Tel.: 0 39 23/32 91,
www.sanktnicolai-zerbst.de

In Reppichau ist im Museum Sachsenspiegel die Präsentation eines der ersten deutschen Gesetzbücher, des Sachsenspiegels zu sehen. Schreiber war Eike von Repgow, dessen Name wohl vom Dorfnamen herrührt.

Adresse:
Akener Str. 3 a, 06386 Reppichau, Tel.: 03 49 09/7 07 00,
www.reppichau.de

In Köthen liegen die St.-Jakobs-Kirche und die Bachgedenkstätte auf dem Weg. Die spätgotische Kirche stammt aus dem Jahr 1518. Durch Fürst Wolfgang von Anhalt wurde sie lutherisch. In der Gruft sind Gräber von verschiedenen Fürstengeschlechtern, unter anderem von Fürst Leopold, dem sog. Bachfürsten (1694 – 1728).

Adresse:
Hallesche Str. 15 a, 06366 Köthen, Tel.: 0 34 96/21 41 57,
www.koethen-anhalt.de

Die Bachgedenkstätte befindet sich im Schloss Köthen. Der Komponist und Musiker war Hofkapellmeister des Fürsten Leopold von Anhalt-Köthen. Im Ludwigsbau informiert die Ausstellung über Bachs Wirken.

Adresse:
Schlossplatz 4, 06366 Köthen, Tel.: 0 34 96/21 25 46,
www.kulturstaetten-koethen.de

Die ursprünglich romanische Wohlsdorfer Kirche zeigt das Kreuz der Templerorden am Eingang. Sie wurde 1518 reformiert. Die Kirche ist momentan aufgegeben, soll aber wieder belebt werden.

Adresse: Dorfstraße, 06408 Wohlsdorf, Tel.: 03 47 22/3 10 57

In Bernburg präsentiert sich am östlichen Saaleufer das ehemalige Residenzschloss der Fürsten und späteren Herzöge von Anhalt Bernburg. Es wurde im 16. Jahrhundert zu einem Residenzschloss ausgebaut. Zu sehen sind im Schlossmuseum wertvolle Ausgaben von Luthers Werken sowie Originalreliefs von protestantischen Fürsten.

Adresse:
Schlossstr. 24, 06406 Bernburg, Tel.: 0 34 71/62 50 07,
www.museumschlossbernburg.de

Die gotische St. Marienkirche fand 1228 erstmals Erwähnung. Fürst Wolfgang führte hier 1526 die Reformation ein.

Adresse: Breite Str. 81, 06406 Bernburg, Tel.: 0 34 71/35 36 13,
www.bernburger-marienkirche.de

Die Stadtkirche St. Nikolai in Wettin stammt aus dem 13. Jahrhundert und wurde im 16. Jahrhundert nach protestantischen Anforderungen umgebaut.

Adresse:
Könnernsche Str. 3, 06198 Wettin, Tel.: 03 46 07/2 04 34,
www.nikolaikirche.de.vu

Das Seeburger Schloss geht auf das 11. Jahrhundert zurück. Es gehörte den Grafen von Mansfeld. Luther verfasste hier bei einem Aufenthalt die Fürstenpredigt.

Adresse:
Schlossstr. 18, 06317 Seeburg, Tel.: 03 47 74/7 08 68,
www.seeburg-schloss.de

In Halle werden das Landesmuseum für Vorgeschichte, die Marktkirche Unserer lieben Frauen und die Franckeschen Stiftungen empfohlen.

Das Landesmuseum nennt die Himmelsscheibe von Nebra ihr Eigen. Ab dem 31. 10. 2008 wird für ein Jahr eine Sonderausstellung zum Thema „Fundsache Luther" zu sehen sein – eine Sonderausstellung, die völlig neue archäologische Funde aus Wittenberg und Mansfeld präsentiert.

    Adresse: Richard-Wagner-Str. 9, 06114 Halle/Saale,

    Tel.: 03 45/5 24 73 61,

                                `www.fundsache-luther.de`

Die Marktkirche Unserer lieben Frauen verwahrt die Totenmaske von Martin Luther und besitzt einen Cranach-Altar. Charakteristisch sind die beiden Turmpaare, die die Silhouette der Stadt prägen und Motiv vieler Künstler, u. a. Lionel Feiningers war. Aus zwei mittelalterlichen Kirchen ließ Kardinal Albrecht, der Gegenspieler Luthers, die neue große Kirche errichten. Am Karfreitag 1541 hielt Luthers enger Freund Justus Jonas hier den ersten evangelischen Gottesdienst.

    Adresse: An der Marienkirche 2, 06108 Halle/Saale,

    Tel.: 03 45/5 17 08 94,

                                `www.marktkirche-halle.de`

Die Franckeschen Stiftungen zu Halle beherbergen eine Vielzahl kultureller, wissenschaftlicher, pädagogischer und sozialer Einrichtungen. Sie wurden 1698 durch den Theologen und Pädagogen August Hermann Francke gegründet. Zu besichtigen ist eine Kulissenbibliothek, das längste Fachwerkhaus Europas und eine originale Kunst- und Naturalienkammer.

    Adresse: Franckeplatz 1, Haus 37, 06110 Halle/Saale,

    Tel.: 03 45/2 12 74 50,

                                `www.francke-halle.de`

Weitere Station ist das Kloster auf dem Petersberg. Die romanische Stiftskirche stammt aus dem 12. Jahrhundert und bildet
den Mittelpunkt der Anlage. Die Kirche ist die Grablege des
Fürstengeschlechts der Wettiner. Reste des Kreuzganges sind
noch zu besichtigen. Sie sind von einem romanischen Kloster-
garten umrahmt. Die evangelische Communität Christusbru-
derschaft lädt zum Mitleben und zur Einkehr ein.

Adresse: Bergweg 11, 06193 Petersberg, Tel.: 0 46 06/2 04 09,
www.christusbruderschaft.de

Die St.-Jakobs-Kirche in Brehna war ehemals Teil einer romanischen Klosteranlage. In das Kloster der Augustinerinnen wurde 1505 Katharina von Bora, die spätere Ehefrau Martin Luthers,
als Schülerin aufgenommen. Heute ist die Kirche eine Auto-
bahnkirche, die auf der Reise zum Innehalten einlädt.

Adresse: Bahnhofstr. 8, 06796 Brehna, Tel.: 03 49 54/4 82 09,
www.autobahnkirche-brehna.de

Kemberg, nahe bei Wittenberg, war oft Ziel von Luthers Visitati-
onen. Sein Freund, der Kemberger Propst Bernhardi, war der
erste Geistliche, der 1521 heiratete und somit das evangelische
Pfarrhaus begründete. In der Kirche ist ein Teil eines Cranach-
Altars zu besichtigen.

Adresse: Kreuzstr. 8, 06901 Kemberg, Tel.: 03 49 21/2 04 07,
Lampadius@web.de

In Gräfenhainichen ist die Paul-Gerhard-Kapelle zu besichtigen.
Der größte Kirchenliederdichter der evangelischen Kirche wurde in dieser Stadt geboren. Die klassizistische Kapelle beherbergt eine Dauerausstellung sowie eine Bibliothek.

Adresse: Breitscheidstr. 7, 06773 Gräfenhainichen,
Tel.: 03 49 53/3 57 57,
www.graefenhainichen.de

Informationen zum Lutherweg generell:
www.lutherweg.de, www.tourismusregion-wittenberg.de

Informationen und Kontakte

Zu Kapitel 1, Die Wurzeln

Zu Eisleben siehe Kapitel 11.

1.1 Möhra
Allgemeine Informationen
Heimat- und Wanderverein Möhra e.V.
G. Erbe
Tel.: 0 36 95/8 43 80

1.2 Mansfeld
Allgemeine Informationen
Stadtinformation Mansfeld
Junghuhnstr. 2
06343 Mansfeld
Tel.: 03 47 82/9 03 42
Fax: 03 47 82/9 03 42 44
E-Mail: stadtinfo@mansfeld.eu
Siehe auch www.eisleben-tourist.de
(Luthers Spuren in Mansfeld)

Öffnungszeiten:
Montag bis Freitag: 9 – 12 Uhr und 13 – 15.30 Uhr

Luthers Elternhaus
Spangenbergstraße 2

St. Georg
Lutherstraße

Schloss Mansfeld
Schloss 1
06343 Mansfeld-Lutherstadt
Tel.: 03 47 82/2 02 01

1.3 Magdeburg

Allgemeine Informationen
Magdeburg Tourismus GmbH
Domplatz 1 b
39104 Magdeburg
Tel.: 03 91/1 94 33
Fax: 03 91/83 80-4 10
E-Mail: info@magdeburg-tourist.de

www.magdeburg-tourist.de

Öffnungszeiten
November bis März
Montag bis Freitag: 10.00 – 18.00 Uhr
Samstag: 10.00 – 15.00 Uhr
April bis Oktober
Montag bis Freitag: 10.00 – 18.30 Uhr
Samstag: 10.00 – 16.00 Uhr

Zu Kapitel 2, Eisenach und die Wartburg

Allgemeine Informationen
Tourismus Eisenach GmbH
Markt 9
D-99817 Eisenach
Tel.: 0 36 91/7 92 30
Fax: 0 36 91/79 23 20
E-Mail: info@eisenach.info

www.eisenach-tourist.de

Wartburg
Wartburg-Stiftung
Auf der Wartburg
D-99817 Eisenach,
Tel.: 0 36 91/25 00
Fax: 0 36 91/20 33 42
E-Mail: info@wartburg-eisenach.de

www.wartburg-eisenach.de

Öffnungszeiten: ganzjährig geöffnet
März bis Oktober: 8.30 – 17.00 Uhr,
November bis Februar: 9.00 – 15.30 Uhr

Lutherhaus
Lutherhaus Eisenach
Lutherplatz 8
D-99817 Eisenach
Tel.: 0 36 91/2 98 30
Fax: 0 36 91/29 83 31
E-Mail: lutherhaus@t-online.de

www.lutherhaus-eisenach.de

Konzerte im Festsaal der Wartburg von Mai bis Oktober
Orgelkonzerte in der Kapelle der Wartburg
Thüringer Bachwochen   in der Osterzeit

Zu Kapitel 3, Erfurt

Allgemeine Informationen
Tourismus Gesellschaft Erfurt mbH
Benediktsplatz 1
D-99084 Erfurt
Tel.: 03 61/66 40-0
Fax: 03 61/66 40-2 90
E-Mail: service@erfurt-tourist-info.de

www.erfurt-tourist-info.de

Evangelisches Augustinerkloster zu Erfurt
Augustinerstraße 10
99084 Erfurt,
Tel.: 03 61/57 66 00
Fax: 03 61/5 76 60 99
E-Mail: AK-Erfurt@ augustinerkloster.de

www.augustinerkloster.de

Öffnungszeiten:

April bis Oktober:

Montag bis Samstag (Führungen stündlich): 10.00 – 17.00 Uhr,
Sonntag: 11.00 – 15.00 Uhr

November bis März:

Montag bis Samstag (Führungen stündlich): 10.00 – 16.00 Uhr,
Sonntag: 11.00 – 15.00 Uhr

Einladung zum Gebet:

Im Augustinerkloster arbeitet und betet seit 1996 die Schwesternschaft der Communität Casteller Ring als Ordensgemeinschaft im Geist der Regel Benedikt von Nurias.

Gebetszeiten (täglich außer dienstags): um 7.00, 12.00, 18.00
und 19.30 Uhr (außer samstags) in der Kirche.

Zu Kapitel 5, Wittenberg

Allgemeine Informationen

Wittenberg-Information

Schlossplatz 2

D-06886 Lutherstadt Wittenberg

Tel.: 0 34 91/49 86 10

Fax: 0 34 91/49 86 11

E-Mail: wb_info@wittenberg.de

www.wittenberg.de

Lutherhaus

Stiftung Luthergedenkstätten in Sachsen-Anhalt

Collegienstraße 54

06886 Lutherstadt Wittenberg

Tel.: 0 34 91/42 03-0

Fax: 0 34 91/42 03-2 70

Melanchthonhaus

(Ansprechpartner ist ebenfalls die
Stiftung Luthergedenkstätten)

Collegienstraße 60

Tel.: 0 34 91/40 32 79

info@martinluther.de

www.martinluther.de

Schlosskirche
Schlossplatz
Tel.: 0 34 91/40 25 85
Fax: 0 34 91/45 97 26
E-Mail: schlosskirche@kirche-wittenberg.de

Stadtkirche St. Marien
Jüdenstraße 36
06886 Lutherstadt Wittenberg
Tel.: 0 34 91/62 83-0
Fax: 0 34 91/62 83-11
E-Mail: info@kirche-wittenberg.de
　　　　　　　　www.stadtkirchengemeinde-wittenberg.de

Orgelkonzerte:
ein ganz besonderes Musikerlebnis in der
Schloss- und Stadtkirche
Schlosskirche: Ladegast-Orgel, Mai bis Oktober,
Dienstag: 14.30 – 15.00 Uhr
Stadtkirche: Sauer-Orgel, Mai bis Oktober,
Freitag: 18.00 Uhr

Sommerkonzerte: von Mai bis Oktober, in der Schloss- und
Stadtkirche jeden zweiten Samstag 17.00 Uhr

Cranachhaus am Markt 3–4 und
Cranachhof in der Schlossstraße 1
Tel.: 0 34 91/4 20 19 11
Fax: 0 34 91/4 20 19 19
E-Mail: cranach-stiftung@web.de, cranach-hoefe@t-online.de
　　　　　　　　www.cranach-stiftung.de

Öffnungszeiten der Ausstellungen des Cranachhaus
am Markt 3–4:
April bis Oktober: Montag bis Samstag: 10.00 – 17.00 Uhr
Sonntag: 13.00 – 17.00 Uhr
November bis März: Dienstag bis Samstag: 10.00 – 13.00 Uhr
Sonntag: 13.00 – 17.00 Uhr

Bugenhagenhaus
Evangelische Stadtkirchengemeinde Wittenberg
Tel.: 0 34 91/62 83-0
Fax: 0 34 91/62 83-11
E-Mail: stadtkirche@kirche-wittenberg.de

Zu Kapitel 8, Worms

Allgemeine Informationen
Tourist Information Worms
Marktplatz 2
67547 Worms
Tel.: 0 62 41/2 50 45
Fax: 0 62 41/2 63 28
E-Mail: touristinfo@worms.de

www.worms.de

Zu Kapitel 9, Augsburg

Allgemeine Informationen
Regio Augsburg Tourismus GmbH
Schießgrabenstraße 14
86150 Augsburg
Tel.: 08 21/50 20 70
E-Mail: tourismus@regio-augsburg.de

www.augsburg-tourismus.de

Haus in der Maximilianstraße:
Dieses Gebäude, in dem Luther durch Kardinal Cajetan verhört
wurde, ist leider nur von außen zu besichtigen.

St. Anna
Fuggerstr. 8
86150 Augsburg
Tel.: 08 21/34 37 10
Fax: 08 21/34 37-1 24
E-Mail: pfarramt@st-anna-augsburg.de

www.st-anna-augsburg.de

Öffnungszeiten:
Montag: 12.00 – 17.00 Uhr
Dienstag bis Samstag: 10.00 – 12.30 Uhr
15.00 – 18.00 Uhr (1. Mai bis 31. Oktober)
15.00 – 17.00 Uhr (1. November bis 30. April)
Sonn- und Feiertage:
10.00 – 12.30 Uhr (Gottesdienste); 15.00 – 16.00 Uhr
An die Kirche grenzt das Museum „Lutherstiege".
Die Öffnungszeiten entsprechen denen der Kirche.

Zu Kapitel 10, Torgau

Allgemeine Informationen

Torgauer Tourismus & Bäder GmbH
Torgau-Informations-Center
Markt 1
04860 Torgau
Tel.: 0 34 21/7 01 40
Fax: 0 34 21/70 14 15
E-Mail: info@tic-torgau.de

Schloss Hartenfels

Schlossstraße
04860 Torgau
Informationen ebenfalls unter 0 34 21/70 14-0

Stadt- und Kulturgeschichtliches Museum

(mit Katharina-Luther-Stube)
Wintergrüne 5
04860 Torgau
E-Mail: koenig@museum-torgau.de

www.museum-torgau.de

Öffnungszeiten: täglich 10.00 – 18.00 Uhr

Zu Kapitel 11, Eisleben

Allgemeine Informationen
Fremdenverkehrsverein Lutherstadt Eisleben/Mansfelder Land e. V.
Bahnhofstraße 36
06295 Lutherstadt Eisleben
Tel.: 0 34 75/60 21 24 oder -1 94 33
Fax: 0 34 75/60 26 34
E-Mail: info@eisleben-tourist.de
                                    www.eisleben-tourist.de

Martin Luthers Geburtshaus
Stiftung Luthergedenkstätten
Martin Luthers Geburtshaus
Lutherstraße 15
06295 Lutherstadt Eisleben
Tel.: 0 34 75/71 47 80
Fax: 0 34 75/7 14 78 15

Sterbehaus
Andreaskirchplatz 7
06295 Lutherstadt Eisleben
Tel./Fax: 0 34 75/60 22 85

St. Andreas
Gemeindebüro:
Petrikirchplatz 22
06295 Lutherstadt Eisleben
Tel.: 0 34 75/60 22 29
Fax: 0 34 75/61 23 45
                          www.ev-kirche-eisleben-anp.de

Orgelkonzerte
1. Mai bis 30. September
Dienstag: 12.00 – 12.30 Uhr

St. Annen
Annenkirchplatz 2
06295 Lutherstadt Eisleben
Tel.: 0 34 75/60 41 15
Fax: 0 34 75/61 23 45
E-Mail: st.annen-eisleben@freenet.de
www.st-annen-eisleben.de

Öffnungszeiten:
Mai bis Oktober: Montag bis Samstag: 14.00 – 16.00 Uhr
Sonntag: nach dem Gottesdienst, gegen 11.00 Uhr
(Im Sommerhalbjahr findet monatlich ein Gottesdienst gemeinsam mit anderen Kirchen statt. An diesen Sonntagen ist die Kirche nicht geöffnet.)

Links zu Luther und seinen Werken

Allgemeine Texte von Luther
http://www.ekd.de/martinluther/texte.htm
http://www.glaubensstimme.de/doku.php
http://gutenberg.spiegel.de/luther/misc/roemer.html

Kirchenlieder
http://gutenberg.spiegel.de/luther/lieder/ohtmldir.htm
http://www.martinschlu.de/kulturgeschichte/renaissance/
    frueh/luther/lieder/start.htm (mit den 95 Thesen)

Predigten
http://www.luther.enet.de
http://www.predigten.de/luther
http://www.sermon-online.de

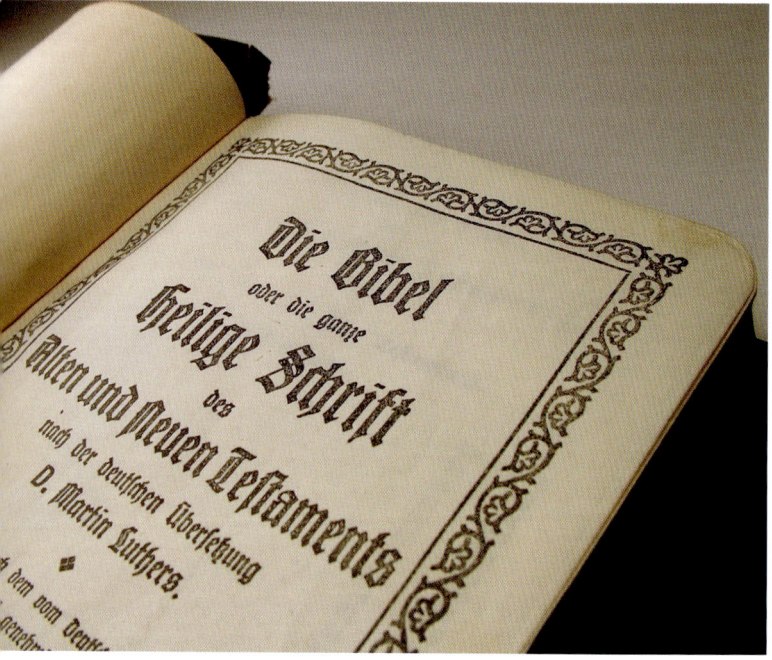

Zeittafel

1463   Geburt Friedrich des Weisen, 1486–1525 Sächsischer
Kurfürst

1472   Geburt Cranachs

1483   10. November: Geburt Martin Luthers in Eisleben,
11. November Taufe

1484   Übersiedlung der Familie nach Mansfeld

1488   Besuch der Lateinschule

1497   Schulbesuch bei den „Brüder vom gemeinsamen
Leben" in Magdeburg

1498   Umzug nach Eisenach, Besuch der Pfarrschule
St. Georgen

1501   Mai: Besuch der Universität Erfurt

1505   Promotion zum Magister Artium im Januar, Mai Studium der Rechte, 2. Juli: Erlebnis von Stotternheim,
17. Juli: Eintritt in das Augustiner Kloster in Erfurt

1507   3. April: Priesterweihe, Beginn des Studiums der Theologie

1508   Lucas Cranach erhält das erbliche Wappen durch
Kurfürst Friedrich den Weisen, die geflügelte
Schlange

1510   November: Romreise

1511   Rückreise, Versetzung nach Wittenberg

1512   19. Oktober: Promotion zum Doktor der Theologie

1513   Turmerlebnis

1517   31. Oktober: Veröffentlichung der 95 Thesen gegen
den Ablass

1518	Sermon von Ablass und Gnade; 7. August: (Vergebliche) Zitierung Luthers nach Rom, 12.–14. Oktober: Verhör durch Kardinal Cajetan, Verweigerung des Widerrufs
1519	Tod von Kaiser Maximilian, Wahl Karls V. zum Kaiser, 4.–14. Juli: Disputation zwischen Luther und Eck
1520	Wiederaufnahme des Prozesses gegen Luther, Bulle „Exsurge Domine" enthält Bannandrohung, August: „An den christlichen Adel deutscher Nation", Dezember: öffentliche Verbrennung der Bannandrohungsbulle
1521	3. Januar: Verhängung des Bannes über Luther durch die Bulle „Decet Romanum Pontificem; März: Ladung Luthers zum Reichstag in Worms, 17./18. April: Auftritt vor dem Reichstag, 26. April: Abreise aus Worms, 4. Mai: Ankunft auf der Wartburg, 8. Mai: Ächtung Luthers durch das Wormser Edikt, Dezember: Beginn der Übersetzung des Neuen Testaments
1522	6. Januar: Auflösung der Augustinerkongregation in Wittenberg, 1.–6. März: heimliche Reise von Luther nach Wittenberg aufgrund der dortigen Unruhen und der Bilderstürmereien, April: Beginn der Reformation durch Zwingli in Zürich, September: Erscheinung von Luthers Übersetzung des Neuen Testaments
1523	März: Schrift „Von weltlicher Obrigkeit", 1. Juli: Verbrennung der ersten Märtyrer in Brüssel, Luther schreibt seine ersten Lieder
1524	Juni: Beginn der Bauernaufstände im Schwarzwald, Oktober: Luther legt die Ordenskleidung endgültig ab

1525   Bauernkrieg, Schrift: „Wider die himmlischen Prophe-
        ten", Reisen nach Sachsen und Thüringen und Pre-
        digten gegen die Aufständischen, 5. Mai: Eheschlie-
        ßung Luthers mit Katharina von Bora, Dezember:
        Schrift „De servo arbitrio", Entgegnung auf „De libero
        arbitrio" von Erasmus

1526   Der Reichstag zu Speyer verschiebt die Durchführung
        des Wormser Ediktes nach der (vorläufigen) Regel
        cuius regio, eius religio („wes Region des Religion")

1529   Oktober: Marburger Religionsgespräch mit Zwingli

1530   April bis Oktober: Luthers Aufenthalt auf der Veste
        Coburg, Juni bis September: Reichstag zu Augsburg

1534   Erste Gesamtausgabe der Bibelübersetzung Luthers:
        „Biblia, das ist die ganze Heilige Schrift Deutsch"

1537   Erkrankung Luthers in Schmalkalden

1539   September: erster Band einer Gesamtausgabe von
        Luthers Werk

1541   Reformation in Genf durch Johann Calvin

1543   Schrift „Von den Juden und ihren Lügen"

1544   Weihung der Schlosskirche in Torgau, der erste evan-
        gelische Kirchenbau nach Luthers Angaben

1546   18. Februar: Luthers Tod in Eisleben

1547   Schlacht bei Mühlberg, Kapitulation Wittenbergs

1552   20. Dezember: Tod Katharina von Boras

1553   Tod von Lucas Cranach

1560   Tod von Melanchthon

Bibliografie
(Abkürzungen der Fußnoten in Klammern)

Bainton, Roland H.: Martin Luther, 3. Auflage, Göttingen 1959, berechtigte Übersetzung aus dem Amerikanischen von Hermann Dörries, Titel des Originals: Here I stand. A life of Martin Luther

Brecht, Martin: Martin Luther, 3 Bände, Stuttgart 1986 (Brecht)

Bretschneider, Carolus Gottlieb (Hg.): Corpus Reformatorum (CR) Bd. 11, Halle 1843, Sp. 730, 3. Abschnitt

Beutel, Albrecht: Luther Handbuch, Tübingen 2005

Hürlimann, Martin (Hg.): Martin Luther dargestellt von seinen Freunden und Zeitgenossen etc., Berlin 1933 (Hürlimann)

Junghans, Helmar: „Martin Luther und Wittenberg", München, Berlin 1996

Köstlin, Julius: Martin Luther. Sein Leben und seine Schriften (Köstlin), Bd.1 – 2, 2. Aufl., Elberfeld 1883

Lilje, Hans: Luther, Reinbek bei Hamburg, 1965, 17. Auflage Januar 1994

Luther, Martin: D. Martin Luthers Werke (W), kritische Gesamtausgabe, Bd. 1 – 58, Weimar 1883 ff

Luther, Martin: D. Martin Luthers Werke, kritische Gesamtausgabe, Briefwechsel (B), Bd. 1 – 15, Weimar 1930 – 1978

Luther, Martin: D. Martin Luthers Werke, kritische Gesamtausgabe, Tischreden (T), Bd. 1 – 6, Weimar 1912 – 1921

Luther, Martin: D. Martin Luthers Werke, kritische Gesamtausgabe, Deutsche Bibel (DB) Bd. 1 – 12 Weimar 1906 – 1961

Luther Martin: Joh. Georg Walch (Hg.): Dr. Martin Luthers sämmtliche (sic) Schriften (Walch), (2. Aufl.), Bd. 1 – 23, St. Louis, Mo. (1880 – 1910)

Luther Martin: Hans Volz/ Heinz Blanke (Hg.): Die gantze Heilige Schrifft Deudsch 1545/ Auffs new zugericht, Bd. 1 – 2 (Volz)

Matthesius, M. Johann (Hg. Buchwald, Georg): D. Martin Luthers Leben in siebzehn Predigten, Leipzig 1887 (Matthesius)

Oberman, Heiko: Luther, Mensch zwischen Gott und Teufel, Berlin 1982

Schlißke, Otto: Handbuch der Lutherlieder, Göttingen 1948 (Schlißke)

Steinwachs, Albrecht/Pietsch, Jürgen: Die Stadtkirche der Lutherstadt Wittenberg, Wittenberg 2000

Treu, Martin: Luther und Torgau, Wittenberg 1995

Treu, Martin: Katharina von Bora, Wittenberg 1995

Warnke, Martin: Cranachs Luther, Frankfurt/Main 1984

Bildnachweis

© 2008 Dr. Cornelia Dömer: S. 2 (Das Geburtshaus Luthers);
S. 12 (Wartburg, Nahaufnahme); S. 86 (Wartburg, Arbeitszim-
mer Martin Luthers (von außen); S. 14 (Lutherhaus Eisenach);
S. 30 (Garten des Augustinerklosters Erfurt); S. 30 (Fassade des
Augustinerklosters Erfurt); S. 26 (Eingang des Augustinerklos-
ters Erfurt); S. 35 (Lutherhaus Wittenberg, früher Kloster); U1-
Klappe, S. 51 (Marktplatz und Stadtkirche St. Marien); S. 50
(Melanchthonhaus); S. 39 (Rathaus); S. 53 (Cranachhof hoch-
kant); S. 38, 52 (Lutherdenkmal Marktplatz Wittenberg); S. 52
(Rathaus Breitseite); S. 68 (Johannes Bugenhagen [Büste]);
S. 100 (Schloss Torgau, Torbogen); S. 100 (Schloss Torgau, In-
nenhof); S. 100 (Torgau, Schlosskirche Portal); S. 100 (Torgau,
Schlosskirche Portal Ausschnitt); S. 101 (Stadtkirche St. Marien,
Torgau, Grabplatte Katharina von Bora [gesamt]); S. 101 (Stadt-
kirche St. Marien); S. 97 (Torgauer Artikel: Hinweisschild an der
Alten Superintendentur); S. 109 (Lutherdenkmal Eisleben);
S. 106 (065_Wittenberg Luthergrab Platte_CD_101-0115_IMG.
JPG); S. 109 (Luthers Sterbehaus)

shutterstock.com: S. 16 (Wartburg Abend), © Joerg Humpe;
S. 85 (Wartburg Nacht), © Joerg Humpe; S. 17 (Wartburg Kano-
nen), © Ulrich Willmünder; S. 20 (Kathedrale Schmalseite),
© Andrea Seemann; S. 21 (Erfurt Dächer), © guentermanaus;
S. 27 (Erfurt Kathedrale), © Andrea Seemann; S. 22 (Erfurt Bar-
füßerkirche), © Andrea Seemann; S. 23 (Erfurt Kathedrale Ein-
gang), © Andrea Seemann; S.33 (Basilika St. Peter [Vatikan]),
© Margita; S. 80 (Stadtmauer), © Oxana Zubov; S. 90 (Augsburg
Rathausplatz, Perlachturm schon zu Luthers Zeiten), © Bob
Cheung; S. 94 (Altes Fass), © Andrew Mc Donough; S. 94 (Ge-
treide), © Semjonow Juri; S. 127 (Informationssymbol), © Bruno
B.; S. 136 (Lutherbibel aufgeschlagen), © Hannah Gleghorn

Wikipedia: S. 9 (Johanneskirche Magdeburg), © 2005 Olaf2;
S. 10 (Magdeburger Dom), © 2006 SurferRosa; S. 32 (Treppe_
Lateranpalast), © 2004 Diana; S. 41 (Leucorea), © 2006 Torsten
Schleese; S. 44 (Schlosskirche), © 2005 Cethegus; S. 78 (Tho-
maskirche Leipzig), © 2003 Dirk Goldhahn; S. 83 (Lutherdenk-

mal Worms um 1900), © um 1900; S. 91 (Veste Coburg), © 2007
Störfix; U4, S. 96 (Schloss Torgau [Schloss Hartenfels]), © 2007
Charlotte Nordahl, Dresden; S. 107 (Wittenberg Luthergrab
Inschrift), © 2003/2006 Smoritz81; S. 114 (Abbildung Judensau
Stadtkirche Wittenberg), © Torsten Schleese; S. 88 (Orgelpfei-
fen), © Kantor. JH.; S. 37 (Lutherrose Symbol), © Jed;

pixelio.de: S. 1 (Lutherdenkmal Eisleben), © Gabi Schoene-
mann; S. 8 (Magdeburg Stadtansicht), © Holzmichel;
U4, S. 50, 70 (Thesentür der Schlosskirche Wittenberg), © Gabi
Schoenemann; S. 81 (Worms Stadttor), © Uwe Pisker; S. 83
(Wormser Dom), © Holger Knecht; S. 112 (Petersplatz), © Oliver
Spriestersbach; S. 93 (Mädesüß, eine alte Heilpflanze), © Jou-
jou;

fotolia.de: S. 111 (Eisleben Häuserzeile); © Johannes Lüthi, S. 69
(Wartburg); © I-pics;

akg-images.de: S. II (Porträt Luther von Lucas Cranach d. Ä.,
1528); S. 28 (Luthers Freund vom Blitz erschlagen); S. 54 (Ka-
tharina von Bora Porträt); S. 59 (Friedrich der Weise), © Erich
Lessing; S. 60 (Melanchthon); S. 63 (Cranach); S. 65 (Die Zehn
Gebote); S. 73 (Ablasskasten), © Erich Lessing; S. 79 (Papst);
S. 118 (Erasmus); S. 48 (Frau zu Luthers Zeit, gemalt von Hans
Memling), © Erich Lessing

© Bibelmuseum der Universität Münster: S. 57 (griech. Handschrift; Miniatur zum Matthäus-Evangelium: 676, eap†, XIII, Pg,
344, 1, 28, 19, 6x15, Münster, Bibelmus., MS. 2)

© Förderverein Schloss Mansfeld e. V.: S. 7 (Schloss Mansfeld,
Blick in den Innenhof); S. 47 (Schloss Mansfeld, Blick vom Tal)

Trotz intensiver Nachforschungen konnten leider nicht alle
Rechteinhaber ermittelt werden. Der Verlag dankt für Hinweise.

Anmerkungen

1	T5, Nr. 5362, Anmerkung 4. Vgl. auch Brecht 1, S. 14, 6 Anm. 5
2	T5, Nr. 6250 (nach 1530) cum ille dixisset, me fore = während jener sagte, ich solle …
3	vgl. http://www.mansfeld-lutherstadt.de
4	nach: http://www.heiligenlexikon.de/BiographienA/Anna.htm
5	s. S. 18 f.
6	das fließende Licht der Gottheit V,34
7	http://www.heiligenlexikon.de/BiographienE/Elisabeth_von_Thueringen.htm
8	T3, 2871 b, 20
9	Der Saal, in dem jeden Tag ein Kapitel der Bibel verlesen wurde
10	vgl. http://www.erfurt-web.de Die Summe der lateinischen Buchstaben mit Zahlenwert verrät das Jahr der Vollendung des Baus.
11	Brecht I, S. 57
12	Brecht I, S. 461, führt dazu folgende Fülle von Quellen an: W8; 573, 20 ff. T1; Nr. 116. T4; Nr. 4414 und 4407. T5; Nr. 5373.- B2; 384, 80
13	T5, 6250
14	Brecht I, S. 60

15   Dieses Gebet hat in deutscher Sprache folgenden Wortlaut: Sei gegrüßt o Königin, Mutter der Barmherzigkeit, unser Leben, unsre Wonne und unsre Hoffnung sei gegrüßt! Zu dir rufen wir verbannten Kinder Evas; zu dir seufzen wir trauernd und weinend in diesem Tal der Tränen. Wohlan denn, unsre Fürsprecherin, wende deine barmherzigen Augen uns zu und nach diesem Elend zeige uns Jesus, die gesegnete Frucht deines Leibes! O gütige, o milde, o süße Jungfrau Maria

16   Sonderverordnungen

17   Titel für den Leiter eines Mönchsordens

18   Brecht I, S. 105

19   zu geistlichem Dienst verpflichtende Einkünfte

20   nämlich im Evangelium (Römer 1,17)

21   Die Übersetzung des letzten Satzes stützt sich auf die von Brecht I, 219

22   s. Anm. 15

23   Römer 1,17

24   Durch den Glauben wird die geschenkte Gerechtigkeit also angenommen.

25   W54, 185 f.

26   B5,445, 2 ff.

27   s. dazu auch Irene Dingel: „Luther und Wittenberg" in Albrecht Beutel (Hrsg.): Luther Handbuch, Tübingen 2005

28   s. auch Helmar Junghans: Luther und Wittenberg, München/Berlin 1996

29   Diese Bachläufe sind im Laufe der aktuellen Stadtsanierung wieder geöffnet worden.

30   d. h.: Sechs weitere Geistliche lebten davon.

31   Überbleibsel von verstorbenen Heiligen. Eine gebüh-
        renpflichtige Betrachtung gewährte Ablass, d. h.
        Erlass von Schuld und Strafe. (s. u.)

32   s. dazu auch Helmar Junghans: Martin Luther und
        Wittenberg

33   Näheres zu ihr s. u.

34   B11, Nr. 4139, S.149 – 148. S. dazu auch Julius Köstlin:
        Martin Luther II, Elberfeld 1883, S. 618 f.

35   Köstlin 2, 619

36   frei nach Walch1, Sp. 271 f.

37   nach seinem Herkunftsort nannte er sich Karlstadt,
        s. u.

38   siehe dazu auch das Kapitel „Luther und die Juden"!

39   Der Rabbiner, der die Nahrung reicht, ist nicht als
        Sau, sondern als Mensch dargestellt, macht allerdings
        andere durch schädliche Nahrung zu säugenden Fer-
        keln.

40   „Jehovah", eigentlich Jahwe, von den Aposteln im
        Neuen Testament durchweg mit „Herr" übersetzt.

41   Damit wird auf das Hakenkreuz (altindisch: Swastika)
        der Nationalsozialisten Bezug genommen.

42   http://de.wikipedia.org/wiki/
        Rathaus_%28Lutherstadt_Wittenberg%29

43   vgl. http://www.baufachinformation.de/denkmalpfle-
        ge.jsp?md=2001017177233

44   vgl. http://www.cranach-stiftung.de

45   T1, Nr. 49

46   siehe dazu auch Treu: Martin Luther

47 So seine bekannte Formulierung im Kleinen Katechismus. Eine volle Gleichberechtigung lehnte er jedoch ab: Sein Kommentar zu Epheser 5,22, Kolosser 3,18, 1. Petrus 3,2:
„Erstlich will er (Gott), dass die Weiber ihren Männern untertan sein sollen." (Walch3. Sp. 1233, Zeile 18)

48 Martin Luther, An die Ratsherren und Bürgermeister aller Städte deutschen Landes, dass sie christliche Schulen aufrichten und erhalten sollen (1524), W15 33,5

49 B9 505,12, deutsch Walch 21 b Sp. 2641

50 B10 176,14, deutsch Walch 21 b Sp. 2800

51 B10 520,32, deutsch Walch 21 b Sp. 2950 f.

52 siehe auch Irene Dingel: Luther und Wittenberg, in Albrecht Beutel Luther Handbuch, Tübingen 2005, S. 168 – 179

53 T5 Nr. 5375c (1540)

54 siehe auch Christian Peters: Luther und Melanchthon, in Albrecht Beutel: Luther Handbuch, Tübingen 2005

55 Brecht II, S. 60

56 siehe auch Albrecht Steinwachs/ Jürgen M. Pietsch: Die Stadtkirche der Lutherstadt Wittenberg, Wittenberg 2000

57 W51,531,13 ff.

58 Aus Platzgründen wird hier nur eine Auswahl von Luthers Thesen abgedruckt. Alle 95 Thesen sind im Internet zu finden, z. B. unter http://www.ekd.de/ glauben/95_thesen.html; die Orthografie der angegebenen Quelle ist in diesem Buch übrigens der neuen Rechtschreibung angepasst.

59 Brecht I, S. 194

60   Brecht I, S. 200

61   Brecht I, S. 198

62   Lateinisch B1,325, 12 ff.

63   (Katholisches) Kirchenrecht

64   Lateinisch B2,234, 4 ff., deutsch Walch 21 a,
        Spalte 324, Nr. 356

65   www.bautz.de

66   Lateinisch B2,380, 56 ff., deutsch Walch 15,
        Spalte 2524 f.

67   in originaler Fassung und Orthografie bei Volz 2,
        S. 1962, 19 ff.

68   Walch 14, Spalte 91, Abschn. 3

69   Matthäus 12,34

70   T2 639, 28 ff.

71   Beigefügt hatte Luther die Lieder „Aus tiefer Not" und
        „Es wolle Gott uns gnädig sein"

72   B3 220, 1 ff.

73   Schlißke 116

74   vgl. Martin Rößler, Liedermacher im Gesangbuch. Lied-
        geschichte in Lebensbildern, Stuttgart 2001, S. 35 – 81

75   B8 51, 5 – 15

76   3, 229

77   Walch 2 Sp. 553, Abschnitt 63

78   Brecht III, 229

79   s. unten seine Bemerkung zur Pest!

80   Sie gilt als der erste protestantische Kirchenneubau.

81   B11,269, 3. Eine etwas abweichende Fassung:
        Walch 21 b Spalte 3186, 3

82   vgl. http://www.torgau.eu/p/d2.asp?artikel_id=1067

83   Matthesius, 360 f.

84   CR11, Sp. 730, 3. Abschnitt

85   W53, 587, 1 ff.

86   so „Vom Schem Hamphoras und vom Geschlecht Christi" W53, 573 – 648

87   W53,600, 26 ff.

88   Hinterteil (W53,600; Anmerkung 5)

89   W53, 412 ff.

90   W53,526,12

91   Brecht III, 345

92   Walch 16 Sp. 173, Abschn. 67

93   Walch 16 Sp. 121, Abschn. 2 und 4

94   Walch 16 Sp. 172, Abschn. 60 – 61

95   Walch 16 Sp. 173, Abschn. 68

96   Lateinisch W7 94 ff. insbes. 142, 23 ff., deutsch W7

97   Deutsch bei Walch 8 Sp. 1600. Walch übersetzt Assertio mit „Behauptung". Aber behauptet wird der freie Wille darin ja gerade nicht, sondern eine (gegenteilig lautende) Erklärung darüber abgegeben.

98   W18, 600, 15 ff.

99   W18, 786, 30 ff.

100   W18, 783, 17 ff.; 28 ff.

101   siehe auch Oberman Heiko, Luther, Mensch zwischen Gott und Teufel, Berlin 1982

102   Erasmus von Rotterdam. Zitiert in: P. S. und H. M. Allen, M. A. (Hg.), Opus Epistolarum des Erasmi Roterdami. Bd. 5 (1522–1524), Oxford 1924, Nr. 1384, S. 327, 3 ff.

Legende

	Kirche / Dom
	Gebäude
	Sonstige Sehenswürdigkeiten
P	Parkplatz
III	Bahnlinie

Die Karten sind nicht maßstabsgetreu, sondern dienen nur der groben Orientierung.